Formule 1

voor dummies®

Formule 1 voor dummies 2e editie

SPIEKBRIEF

Vlaggen en signalen

- **Zwart-wit geblokte vlag:** de sessie is afgelopen
- **Gele vlag:** gevaar op de baan
- **Dubbele gele vlag:** wees voorbereid om direct de auto te stoppen
- **Groene vlag:** een gevaarlijke situatie is opgelost
- **Rode vlag:** de sessie wordt gestopt
- **Blauwe vlag:** een snellere deelnemer moet voorbij gelaten worden
- **Geel-rood gestreepte vlag:** een deel van de baan is extra glad
- **Zwarte vlag met oranje cirkel:** een deelnemer met een technisch probleem moet de pitstraat in
- **Half zwarte, half witte vlag:** waarschuwing voor onsportief gedrag
- **Zwarte vlag:** diskwalificatie voor een deelnemer
- **Witte vlag:** er is een langzaam bewegend voertuig op de baan
- **SC:** de safety car is op de baan
- **VSC:** de virtuele safety car is ingesteld
- **Wet Race:** het regent tijdens de race, het bandenreglement verandert

Teams, motoren en vaste coureurs in 2023

- **Red Bull-Honda RBPT:** Max Verstappen (VER #1) & Sergio Perez (PER #11)
- **Ferrari:** Charles Leclerc (LEC #16) & Carlos Sainz jr. (SAI #55)
- **Mercedes:** Lewis Hamilton (HAM #44) & George Russel (RUS #63)
- **Alpine-Renault:** Pierre Gasly (GAS #10) & Esteban Ocon (OCO #31)
- **McLaren-Mercedes:** Lando Norris (NOR #4) & Oscar Piastri (PIA #81)
- **Alfa Romeo-Ferrari:** Zhou Guanyu (ZHO #24) & Valtteri Bottas (BOT #77)
- **Aston Martin Aramco-Mercedes:** Fernando Alonso (ALO #14) & Lance Stroll (STR #18)
- **Haas-Ferrari:** Kevin Magnussen (MAG #20) & Nico Hülkenberg (HUL #27)
- **AlphaTauri-Honda RBPT:** Nyck de Vries (DEV #21) & Yuki Tsunoda (TSU #22)
- **Williams-Mercedes:** Logan Sargeant (SAR #2) & Alexander Albon (ALB #23)

Formule 1 voor dummies 2e editie

SPIEKBRIEF

WK-puntenverdeling per Grand Prix

Hoofdrace		Sprintrace	
Positie	WK-punten	Positie	WK-punten
1e	25	1	8
2e	18	2	7
3e	15	3	6
4e	12	4	5
5e	10	5	4
6e	8	6	3
7e	6	7	2
8e	4	8	1
9e	2		
10e	1		
Snelste raceronde	1 (mits in top 10 geklasseerd)		

Formule 1

voor **dummies**®

2e editie

Joe van Burik

BBNC
uitgevers

Gouda, 2023

ISBN: 978-90-453-5851-2
NUR: 480 Sport en spel algemeen
BISAC: SPO028000 SPORTS & RECREATION / Motor Sports
Thema: SMFA Autoracen
Trefw.: Formule 1, autoracen

Dit is een uitgave van BBNC uitgevers bv, Gouda
www.bbnc.nl
www.dummies.nl

Redactie en zetwerk: Fontline, Nijmegen
Onder speciale redactie van en met bijdragen van Harry Verolme
Druk- en bindwerk: Wilco bv, Amersfoort

Inhoud in vogelvlucht

Inhoud

Over de auteur

Joe van Burik is als als journalist en mediamaker gespecialiseerd in alles wat te maken heeft met auto's, autosport, digitale technologie en videogames. Hij groeide met deze passies op en besloot als tiener om hierover te gaan schrijven. Zijn fascinatie voor de Formule 1 werd versterkt door interviews met diverse coureurs uit het heden en het verleden.

In de periode dat Max Verstappen doorbrak als autocoureur, volgde Joe de internationale autosportwereld op de voet voor onder meer *AutoWeek* en *NU.nl*. Als Formule 1-verslaggever werkte hij ook voor diverse andere tijdschriften, websites en kranten, evenals het Radio 1-programma B.V.S.C. van BNN-VARA en de Ziggo eBattle op tv. Sinds 2020 is Joe vooral actief als presentator en techredacteur bij BNR Nieuwsradio en betrokken bij (digitale) autosportprojecten van de Nederlandse en internationale autosportbonden KNAF en FIA.

Na een blauwe maandag zelf te hebben geracet op Circuit Zandvoort, belandde Joe in de rallysport als navigator. Ook mocht hij rijden in de Formule 1-auto waarmee Kimi Räikkönen in 2012 de Grand Prix van Abu Dhabi won – drie rondjes, waarbij hij in de laatste ronde de auto liet spinnen ...

Harry Verolme is Formule 1-redacteur voor Red Bull en schrijft een klein decennium over automotive en autosport. Hij werd gepubliceerd in internationale titels als *Road & Track* en *The Red Bulletin* en schreef binnenslands voor onder andere Autoblog.nl, *AutoWeek* en RacingNews365.nl.

Dankwoord

Deze *Formule 1 voor Dummies, 2e editie* was er niet geweest zonder de mogelijkheden die allerlei mensen me door de jaren heen geboden hebben. Zonder hen had ik mijn kennis en vaardigheden als journalist en mediamaker nooit kunnen ontwikkelen tot wat deze nu zijn.

Daarom wil ik iedereen bedanken die mij de gelegenheid gaf om te praten, te luisteren, te reizen, te observeren, te leren en bovenal te genieten van de wondere wereld van autosport in het bijzonder. Ik ben ervan overtuigd dat elke ervaring heeft bijgedragen aan de vorming van inzichten – die ontzettend waardevol zijn bij het begrijpelijk maken van een complex fenomeen als de Formule 1.

Aan deze tweede editie van dit boek heeft Harry Verolme een zeer waardevolle bijdrage geleverd. Ik ken hem al jaren als een getalenteerd auto(sport)journalist, die de Formule 1 nog steeds nauwlettend volgt voor zijn werk en zo zijn actuele kennis en inzichten heeft verwerkt. Zonder hem was deze actualisering niet gelukt.

Speciale dank gaat ook uit naar mijn goede vriend en vakgenoot Daan de Geus, zowel voor zijn onvoorwaardelijke steun als de bereidheid om altijd parate kennis over de hoogste autosportklasse met me te delen.

Verder extra waardering voor alle medewerkers van BBNC uitgevers (en hun geduld), evenals mijn vrienden van Local Heroes voor de extra motivatie om dit boek te maken. En voor de mensen bij BNR Nieuwsradio, die me nieuwe kansen boden toen ik ze het meest nodig had.

Tot slot wil ik mijn ouders bedanken voor alles wat ze me hebben meegegeven. En bovenal Denise – voor haar liefdevolle gezelschap in een leven dat iets vaker dan gepland beheerst werd door doldwaze autosportavonturen – en aan onze James, aan wie ik deze tweede editie van dit boek opdraag.

Inleiding

De Formule 1 is, simpel gezegd, het allerhoogste niveau van de internationale autosport. In deze klasse racen de beste coureurs met de snelste auto's tijdens de duurste autosportevenementen ter wereld. Het wereldkampioenschap Formule 1 is niet voor niets, na de Olympische Spelen en het wereldkampioenschap voetbal, de meest invloedrijke sportaangelegenheid ter wereld. Sinds het officiële begin van het wereldkampioenschap voor autocoureurs, in 1950, heeft de Formule 1 vele honderden miljoenen mensen bereikt – vooral met dank aan de televisie.

Daar mogen we ons best over verwonderen, want de Formule 1 is tegelijkertijd een van de meeste complexe soort competities die er zijn! In de eerste plaats omdat we hier – zoals bij elke vorm van auto- en motorsport – te maken hebben met een **mechanische sport**. Het gaat dus niet alleen om de prestaties van de coureurs, maar ook om hoe de auto's het er in technisch opzicht van afbrengen. Daarnaast spelen de teams met al hun (honderden) leden een belangrijke rol. En dan zijn er nog allerlei invloeden van buitenaf, van commerciële belangen tot ontwikkelingen op het gebied van veiligheid, media en nog veel meer. Om een beetje wegwijs te raken in deze spannende, lastige maar vooral boeiende wereld, lees je nu *Formule 1 voor Dummies, 2e editie*.

Over dit boek

Allereerst kom je meer te weten over het ontstaan van Formule 1 en autosport in algemene zin. Al sinds we ons kunnen voortbewegen bestaat het idee van wedstrijden om te zien wie de snelste is, dus je zou Formule 1 kunnen zien als de meeste recente en ultieme versie daarvan. In de loop der jaren is er natuurlijk wel een hoop veranderd. We bespreken daarom de meeste van de belangrijke ontwikkelingen, zodat je begrijpt waarom de hoogste autosportklasse nu is zoals die is.

Daarnaast leg ik je natuurlijk uit hoe die hypermoderne raceauto's eigenlijk werken. Met ingang van 2023 is er bovendien een heel pakket aan technische veranderingen doorgevoerd, met als primaire doel om het inhalen van andere auto's te vergemakkelijken en de aantrekkelijkheid van de sport te vergroten. Ik licht zoveel mogelijk toe hoe die vernieuwingen in zijn werk gaan. Maar omdat het seizoen 2023 op het moment van schrijven nog moet beginnen, zijn er ook nog veel onzekerheden over de wijzigingen in het reglement.

Verder komen natuurlijk alle elementen van het Formule 1-circus aan bod, van de verschillende circuits tot de coureurs. Uiteraard is er speciale aandacht voor Max Verstappen, die in 2016 als eerste Nederlander ooit een Formule 1 Grand Prix wist te winnen en in 2021 de eerste Nederlandse Formule 1-wereldkampioen werd, en debutant Nyck de Vries, wereldkampioen Formule E. Het is bepaald niet gemakkelijk om zelf net zo'n serieuze autocoureur te worden, maar ik kan je wel vertellen op welke manieren je (nog) meer kunt genieten van Formule 1 en autosport in algemene zin. Racen staat immers garant voor veel show, actie en sensatie!

In dit boek gebruikte conventies

In dit boek kom je een paar conventies tegen om je te helpen dit boek door te nemen:

- **Vetgedrukt** is gebruikt wanneer het om een begrip, naam of andere specifieke term gaat, die in de bijbehorende passage nader wordt toegelicht. Deze term kun je ook vaak terugvinden in de index.
- *Cursief* geeft aan dat het om een (van oorsprong) vreemdtalige term gaat, maar wordt ook gebruikt voor de titels van 'mediaproducties' zoals televisieprogramma's en boeken.

Wat je niet hoeft te lezen

Dit boek is natuurlijk geschreven om je in zo begrijpelijk mogelijke taal wijzer te maken in de wondere wereld die Formule 1 heet. Daar komt echter een hoop (technische) informatie bij kijken, die niet altijd even cruciaal is om te weten. Daarom geef ik even aan wat je eventueel 'over mag slaan':

- Kadertekst. De grijs gekleurde vakken met tekst die je hier en daar in het boek aantreft, zijn kaderteksten. Ze bevatten vaak voorbeelden van een bepaalde situatie, anekdotes en leuke weetjes.
- De copyrightpagina. Nee, dit is geen grap. Je treft daar geen interessante zaken aan, tenzij je diepgaand geïnteresseerd bent in wetteksten, herdrukken en informatie over eerdere edities.

Aannamen

Natuurlijk ga ik ervan uit dat je in elk geval interesse hebt in de Formule 1. Tegelijkertijd is het goed voor te stellen dat je *Formule 1 voor Dummies, 2e editie* hebt opgepakt omdat je nog niet zoveel weet over de hoogste autosportklasse, of omdat je er gewoon nog (veel) meer over te weten wilt komen. Grote kans dat je nieuwsgierigheid onlangs pas is aangewakkerd door de prestaties van Max Verstappen en Nyck de Vries. In elk geval neem ik aan dat je dit boek leest vanuit één van de volgende situaties:

- Je weet wat de Formule 1 is, maar kent de regels en gebruiken nog (helemaal) niet en wilt daarover graag meer te weten komen.
- Je snapt dat autoracen gaat om wie als snelste een bepaalde afstand aflegt, maar ook dat er zaken als strategie, politiek en financiële middelen meespelen. (Zoals eigenlijk in elke sport.)
- Je vindt de Formule 1 erg leuk, maar bent geen absolute kenner die moeiteloos alle feitjes opdreunt en altijd een uitgebreide mening erover klaar heeft.
- Je bent een groot Formule 1-liefhebber, wilt alle belangrijke informatie overzichtelijk kunnen lezen en krijgt middels dit boek graag een uitgebreide blik achter de schermen van het hele circus.

De opbouw van dit boek

Formule 1 voor Dummies, 2e editie bestaat uit verschillende delen. Elk deel bevat een aantal hoofdstukken. Op die manier is het voor jou makkelijker om de informatie te vinden die je zoekt. De indeling vind je hierna.

Deel 1: Formule 1, de koningsklasse van de autosport

We beginnen met uitleg over de belangrijkste zaken in de Formule 1. Wat maakt een Formule 1-auto zo bijzonder en herkenbaar, wie doen er mee en waar wordt eigenlijk geracet? Ook leg ik uit welke belangen er zoal spelen en hoe de sport in Nederland zo populair is geworden. In hoofdstuk 2 wordt in vogelvlucht de gehele geschiedenis van de autosport beschreven, waarbij Formule 1 pas (ongeveer) de laatste zeventig jaar op de voorgrond is getreden. Daarna neem ik je mee naar een Grand Prix in hoofdstuk 3, waarin we beschrijven wat er allemaal gebeurt – van begin tot eind – in de loop van een raceweekend – en het hele seizoen.

Deel 2: Snelle persoonlijkheden

Waarschijnlijk ken je al een hoop Formule 1-coureurs, maar het is goed om te weten wie er nu precies actief zijn en hoe zij (net als de succesvolste van hun vele voorgangers) in de hoogste raceklasse terecht zijn gekomen. In hoofdstuk 4 lees je alles over het leven van een Formule 1-coureur. Speciale aandacht is er in hoofdstuk 5 voor coureurs uit Nederland en België, met name Max Verstappen en Nyck de Vries. De minder bekende, maar minstens zo belangrijke mensen die zelf niet racen, zoals teambazen en bestuurslieden, behandelen we in hoofdstuk 6 – waarin we ook iets dieper ingaan op de teams zelf.

Deel 3: Auto's, banen en centen

In tegenstelling tot sporten zoals voetbal of hardlopen, speelt techniek een zeer belangrijke rol in de Formule 1. In de eerste plaats natuurlijk omdat een auto helemaal moet worden ontworpen, ontwikkeld en opgebouwd voordat je ook maar een meter kunt racen! Ook na het bouwproces blijft techniek een van de belangrijkste factoren. Dat leg ik uit in hoofdstuk 7. Bovendien is het goed om te weten waar en waarom Grands Prix worden verreden – over die locaties en circuits hebben we het in hoofdstuk 8. In hoofdstuk 9 beschrijf ik hoe de regels binnen de sport bepaald worden, waarbij het niet alleen om de spelregels gaat, maar ook om zaken als veiligheid en de verdeling van het geld.

Deel 4: Dicht op de actie

Op welke manieren kun je zelf genieten van Formule 1 en autoracen in algemene zin? (Los van het lezen van dit boek natuurlijk.) Dat vertel ik je in hoofdstuk 10. Om de snelste raceauto's ter wereld met eigen ogen te kunnen aanschouwen, zul je waarschijnlijk een eindje moeten reizen, al zijn er allerlei andere mogelijkheden om te genieten van autosport. Dat er meer is in de racewereld dan alleen Formule 1, zoals andere vormen van circuitracen en rallysport, leer je in hoofdstuk 11.

Deel 5: Het deel van de tientallen

Om de Formule 1 écht te kunnen waarderen – en om erover mee te kunnen praten – wil je natuurlijk je klassieken leren kennen. Daarom heb ik de tien succesvolste Formule 1-coureurs aller tijden op een rij gezet. Nog belangrijker zijn de tien meest cruciale Grands Prix in de Formule 1: prachtige, emotionele of simpelweg zeer bijzondere races die de sport op een of andere manier voorgoed hebben veranderd en gemaakt tot wat de Formule 1 nu is.

Pictogrammen die in dit boek worden gebruikt

In dit boek kom je op bepaalde pagina's pictogrammen tegen. Deze kleine tekeningen verwijzen naar specifieke informatie. Hierbij licht ik ze even voor je toe:

BELANGRIJK

Dit pictogram staat vaak bij een alinea die belangrijk is om de Formule 1 beter te leren kennen en begrijpen. Deze informatie beantwoordt in veel gevallen ook vragen die je zult hebben over de sport.

TECHNISCHE INFO

Omdat de Formule 1 vrij letterlijk een technische sport is (waarin zaken als mechaniek, aerodynamica en elektronica een belangrijke rol spelen), kom je dit pictogram geregeld tegen. We gebruiken het ook om lastige informatie aan te geven, die je echter niet altijd direct hoeft te begrijpen om de Formule 1 beter te leren kennen.

VOORBEELD

Dit pictogram wordt gebruikt wanneer in een passage een voorbeeld wordt toegepast, waarmee bijvoorbeeld bepaalde gebruiken of regels verduidelijkt worden.

PAS OP

Niet alles is wat het lijkt, ook in de Formule 1! Als iets misleidend kan zijn, gebruiken we dit pictogram om je te vertellen dat je extra op je hoede moet zijn om goed bij te blijven.

Klaar voor de start?

Nu je weet wat je van *Formule 1 voor Dummies, 2e editie* kunt verwachten, is het de hoogste tijd voor actie. Natuurlijk mag je door dit boek racen om alles eruit te halen wat je nog niet wist. Maar je kunt ook eerst rustig opwarmen, goed opletten om extra veel te weten te komen en zo een echte Formule 1-expert te worden. Iedere aanpak is anders – net als die van de verschillende coureurs en teams – en kan leiden tot succes. Juist dat maakt de Formule 1 zo mooi!

1 Formule 1, de koningsklasse van de autosport

IN DIT DEEL . . .

Een introductie in de wereld van Formule 1.

De geschiedenis van de autosport, Grand Prix-racen en het huidige wereldkampioenschap.

In vogelvlucht door elk raceweekend van een heel seizoen.

IN DIT HOOFDSTUK

- De belangrijkste Formule 1-feiten
- Belangrijke teams, coureurs en andere bestuurders
- Populariteit op internationaal niveau en in de Benelux

Hoofdstuk 1

Wat is de Formule 1?

Eigenlijk is autoracen maar een rare sport. Heel anders dan andere wereldsporten, zoals voetbal en atletiek – al is er natuurlijk wel een grote overeenkomst met het principe van hardlopen, waarin de snelste deelnemer aan een wedstrijd wint.

BELANGRIJK

Toch is autosport het buitenbeentje van alle competities. Het is een fenomeen dat is uitgegroeid tot zijn eigen cultuur en dat door honderden miljoenen mensen zowel fanatiek geliefd als verguisd wordt. Autosport is bij uitstek hevig beïnvloedbaar door commerciële belangen van allerlei verschillende miljardenbedrijven en verandert mede daardoor veel meer en sneller dan andere wereldsporten, zowel qua regels als de manier waarop het beleefd wordt.

Dat komt ook door de grote rol die is weggelegd voor techniek. Sterker nog, op het eerste gezicht hoeven coureurs weinig anders te doen dan gas geven, remmen en sturen – zou je kunnen denken. Hoe kun je dat nou een sport noemen? In de praktijk ligt dat behoorlijk anders, maar de leek ziet in principe vooral een aantal auto's dat veelal lange tijd hetzelfde rondje (of een bepaalde afstand) rijdt.

Het wordt pas een beetje interessant wanneer de deelnemers duidelijk zichtbaar heel hard rijden of extra hun best moeten doen voor een bepaalde positie. Helemaal wanneer coureurs in hun auto's op de limiet van hun kunnen terechtkomen, sneller geneigd zijn om fouten te maken en sensationeel afgaan door te spinnen of te crashen. Of door hun kwaliteiten te tonen en het er op zo'n moment juist heel goed van af te brengen.

De combinatie van inspanning, techniek, actie en mystiek bezorgt de autosport zijn unieke aantrekkingskracht. Het is een zeer complex fenomeen, met z'n eigen (geschreven en ongeschreven) regels en gebruiken, die het extra lastig maken om de sport te leren kennen, begrijpen en waarderen. In *Formule 1 voor Dummies, 2e editie* probeer ik je daarom al die zaken zo goed mogelijk uit te leggen, zodat jouw interesse, kennis en vooral plezier kunnen groeien.

Eredivisie van de autosport

De Formule 1 is, simpel gezegd, de allerhoogste klasse in de internationale autosport. Voor heel veel (beginnende) autocoureurs is de Formule 1 het hoogst haalbare doel en wereldwijd is het de raceklasse die door de meeste mensen gevolgd wordt. En hoewel er meer vormen van autosport zijn dan alleen de circuitracerij (van oudsher ook wel **autorensport** genoemd), variërend van competities op verschillende soorten terrein (zoals **rallysport**) tot auto's die zo snel mogelijk gaan op een kaarsrechte baan (de zogeheten **dragraces**), wordt de Formule 1 algemeen gezien als het absolute hoogtepunt.

BELANGRIJK

Een officiële, voor het wereldkampioenschap meetellende Formule 1-race wordt ook wel een ***Grand Prix*** genoemd – een Franse term die in het Nederlands vaak vertaald wordt als **Grote Prijs**. Die aanduiding wordt vooral gebruikt om aan te geven dat het om een wedstrijd op het allerhoogste niveau van de sport gaat, wat ook gebeurt in onder meer de paardensport en motorsport. Later in het boek gaan we verder in op het gebruik van de term.

Elk kalenderjaar kent een Formule 1-seizoen dat bestaat uit een aantal Grands Prix. Op die manier wordt sinds 1950 elk jaar het **wereldkampioenschap Formule 1** verreden. De coureur die aan het einde van een seizoen de meeste **WK-punten** heeft verzameld door in Grands Prix op hoge posities te eindigen, wordt uitgeroepen tot wereldkampioen Formule 1. Daarnaast is er (sinds 1958) een **constructeurskampioenschap**, dat gewonnen wordt door het team met de meeste WK-punten.

Als hoogste klasse op wereldniveau is het wereldkampioenschap Formule 1 qua status het beste te vergelijken met het wereldkampioenschap voetbal en de Olympische Spelen – al worden die evenementen in principe slechts eens in de vier jaar gehouden. Bovendien komen Formule 1-coureurs in eerste instantie niet in actie voor het land van hun nationaliteit, maar voor een team dat ze heeft vastgelegd.

De snelste raceauto's ter wereld

In principe zijn Formule 1-auto's de snelste raceauto's ter wereld – dat is immers een van de belangrijkste redenen dat de klasse als de allerbelangrijkste wordt beschouwd. In elk geval zijn deze bolides technisch zeer geavanceerd en mede daarom ook behoorlijk moeilijk om te besturen.

PAS OP

Een normaal mens kan er zeker niet zomaar mee overweg, vooral omdat raceauto's – met name in de Formule 1 – veel complexer en gevoeliger zijn en over (veel) meer vermogen beschikken dan personenauto's die gebouwd worden voor de openbare weg. Het besturen van een raceauto is dan ook heel wat anders dan rijden in een personenauto: in principe geef je dan het grootste deel van de tijd volgas, je remt zo laat en hard mogelijk wanneer dat nodig is en je stuurt in op een manier die je auto zo snel mogelijk door de bochten laat gaan. Alles draait immers om snelheid.

Op de openbare weg, waar veiligheid en doorstroom van het verkeer juist het belangrijkst zijn, levert zulk rijgedrag gegarandeerd levensgevaarlijke taferelen op! (Probeer het daarom dus ook vooral niet zelf na te doen.)

Hoe herken je een Formule 1-auto?

In principe beschikt een Formule 1-auto over dezelfde onderdelen als bijna elke andere soort raceauto en zelfs de productieauto's waarmee we ons verplaatsen in het normale verkeer: vier wielen, een krachtbron en een stuur. Daarnaast zijn er zaken zoals de remmen, wielophanging en versnellingsbak, die in de absolute basis voor een deel overeenkomen met die van vrijwel elke andere auto.

TECHNISCHE INFO

Je kunt een Formule 1-auto herkennen aan deze eigenschappen:

- Een Formule 1-auto waarmee geracet wordt, heeft in principe maar één stoel, en die biedt plaats aan de coureur. Niet voor niets noemen we **formuleraceauto's** ook wel **eenzitters**.
- De wielen van Formule 1-auto's zijn eigenlijk altijd helemaal open – er zijn dus geen spatborden of wielkasten, zoals op bijna alle normale productieauto's. In het Engels spreken we daarom ook wel van ***open wheel race cars*** wanneer het om formuleraceauto's gaat.
- Een Formule 1-auto is bijna altijd extreem laag. Volgens de huidige regels mag de hoogte niet meer dan één meter zijn.
- Sinds de jaren zestig van de vorige eeuw zijn Formule 1-auto's altijd te herkennen aan de **vleugels** (ook wel ***spoilers*** genoemd) voor op de neus en aan de achterkant. Ook op andere plekken kun je (kleinere) vleugels en andere aerodynamische onderdelen aantreffen, evenals de zogenoemde 'luchthappers' aan de zijkanten (***sidepods***) en op de bovenkant (***airbox***) van de auto.
- Het interieur van een Formule 1-auto, de ***cockpit***, is zeer nauw en niet afgesloten. De coureur zit in een liggende houding in de **kuipstoel** achter het stuur – dat losgehaald kan worden voor een iets gemakkelijkere instap.
- Een Formule 1-auto kan moeilijk te onderscheiden zijn van andere formuleraceauto's, zoals een Formule 2-, Formule 3- of Formule 4-auto. Wat een Formule 1-auto uiteindelijk het meest onderscheidt, is de snelheid – geen enkele andere formuleraceauto rijdt sneller een rondje over een Grand Prix-circuit.

Regels en afspraken

Zoals bij elke sport het geval is, zijn er regels waaraan alle deelnemers aan Formule 1 Grands Prix zich moeten houden. Het gaat daarbij echter niet alleen om spelregels die de competitie structuur geven, maar ook om bindende afspraken op het gebied van techniek, de verdeling van de inkomsten en omgang met de media.

BELANGRIJK

Een team moet in een seizoen bij elke Grand Prix van het wereldkampioenschap aanwezig zijn om mee te mogen doen. Tijdens de meeste van zulke raceweekends zijn er twee **vrije trainingen** op vrijdag, een vrije training op zaterdag, een **kwalificatietraining** op zaterdag en de race op zondag. Alleen in de race zijn WK-punten te verdienen. Sinds 2021 experimenteert de Formule 1 echter ook met korte kwalificatieraces (ook wel **sprintraces** of 'sprints' genoemd), waarin de top acht sinds 2022 ook punten verdient. Wie als eerste het vastgestelde aantal ronden weet af te leggen, wint de wedstrijd en krijgt de meeste punten – samen met de nummers twee en drie wordt hij gehuldigd op het erepodium. Aan het einde van het seizoen wordt de coureur (evenals het team) met de meeste punten wereldkampioen.

Natuurlijk is niet alles toegestaan om een race te winnen. In de eerste plaats moeten teams zich in vele opzichten aan strenge regels houden bij het ontwerpen, bouwen en ontwikkelen van een Formule 1-auto. Het idee is dan ook dat ze binnen de mogelijkheden die het **technisch reglement** biedt een bolide weten te bouwen die zo goed mogelijk kan presteren.

Daarnaast moeten coureurs zich natuurlijk ook aan de regels houden. Zo worden ze allemaal geacht te allen tijde geen gevaar voor anderen te veroorzaken – al levert dat geregeld discussies op, omdat er op hoge snelheid om posities wordt gevochten! Ook zijn de rijders verplicht om zich te melden bij bepaalde evenementen zoals keuringen, briefings en persconferenties.

BELANGRIJK

De regels worden bedacht door de zogenoemde ***F1 Strategy Group***, waarin mensen van de grootste teams en de twee belangrijkste organisaties achter de Formule 1 vertegenwoordigd zijn. De eerste van die twee is de ***FIA*** (***Fédération Internationale de l'Automobile***), een mondiale organisatie die verantwoordelijk is voor de invoering en handhaving van de regels. De andere is de ***Formula One Group***: deze instantie kun je zien als een groep bedrijven (waarbij één de grootste is en de meeste macht heeft), die gaat over alle commerciële zaken en die gezien wordt als 'eigenaar' van de Formule 1.

De beste mensen en middelen

Omdat Formule 1 beschouwd wordt als de allerhoogste internationale autosportklasse, zou je zeggen dat het voor zich spreekt dat alleen de allerbeste mensen daarin actief kunnen zijn. In de praktijk is dat nog weleens anders, maar in principe is dat wel zo: voor (jonge) autocoureurs is de Formule 1 bijna altijd het hoogste doel en ook voor andere teamleden, zoals monteurs en ontwerpers, is de klasse eigenlijk het hoogst haalbare.

Grote coureurs en bobo's

In *Formule 1 voor Dummies , 2e editie* lees je natuurlijk veel meer over bekende en minder bekende namen die door hun betrokkenheid bij de Formule 1 groot zijn geworden. Ik neem wel aan dat je bepaalde namen uit het heden al een beetje kent, zeker wanneer het gaat om actieve wereldkampioenen zoals Lewis Hamilton en Fernando Alonso – maar ook legendarische coureurs zoals Michael Schumacher en Niki Lauda. Datzelfde geldt natuurlijk voor nationale helden als Max Verstappen en Nyck de Vries.

Maar er zijn natuurlijk veel meer mensen betrokken bij de Formule 1, van andere coureurs tot teambazen en van mensen in de organisatie tot onafhankelijke experts. Niet voor niets wordt deze klasse in beschrijvingen vaak vergeleken met een rondreizend circus, maar ook met een soort soapserie op televisie: de hele club gaat als een karavaan de wereld over en iedereen heeft op bijna elk moment wel iets te zeggen over bepaalde ontwikkelingen of andere mensen.

Fabrieksteams en 'privéteams'

Wat de Formule 1 (en autosport in algemene zin) ook op een bepaalde manier onderscheidt van sporten als voetbal en atletiek, is het feit dat er teams van verschillende categorieën actief zijn. Wel hebben die als overeenkomst dat het vrijwel altijd commerciële bedrijven zijn, net als professionele voetbalclubs en de grootste sportverenigingen. Uitzonderingen daargelaten, wordt er in de autosport eigenlijk nooit met landenteams gewerkt – in tegenstelling tot bijvoorbeeld het wereldkampioenschap voetbal of de Olympische Spelen.

BELANGRIJK

Het grote verschil zit hem in de zogenoemde **fabrieksteams**. Dat zijn autofabrikanten die zelf een raceteam hebben of een meerderheidsaandeel in een team bezitten en voor de meeste financiering zorgen. Ferrari is daarvan het beste voorbeeld; sterker nog, het automerk is ooit opgericht om productiewagens te verkopen om zo de raceactiviteiten te kunnen betalen.

PAS OP

Daarnaast zijn er in de huidige situatie fabrieksteams van de merken Mercedes, Alpine (het sportieve dochtermerk van Renault) en Aston Martin – en vanaf 2026 ook Audi. Die hebben echter niet zelf een renstal opgericht, maar op enig moment genoeg geld betaald om eigenaar te worden van een team. Hoewel Mercedes uit Duitsland komt en Renault een Frans merk is, staan hun Formule 1-fabrieken in Engeland – wat overigens geldt voor de meeste teams. Eigenlijk gaat het hier dus meer om een slim stukje marketing.

Ook zijn er teams die op een vergelijkbare manier werken als fabrieksteams, maar dat niet helemaal zijn. Op het moment vallen de renstallen van Red Bull en McLaren (dat overigens ook in relatief bescheiden oplage sportauto's produceert) onder die noemer. Hoewel ze niet direct bij een groot automerk horen (maar er wel mee samenwerken), beschikken ze over (financiële) middelen die enigszins vergelijkbaar zijn met die van Mercedes en Renault.

BELANGRIJK

De andere categorie noemen we **privéteams** of klantenteams. Deze renstallen zijn niet direct gekoppeld aan een groot automerk en beschikken over minder middelen dan fabrieksteams – al hebben ze vaak wel samenwerkingsverbanden met fabrieksteams, bijvoorbeeld voor het gebruik van motoren. In 2023 zijn AlphaTauri, Haas en Williams strikt gezien actief als privéteams in de Formule 1. Daarnaast is er het team Alfa Romeo, dat weliswaar de naam van het Italiaanse automerk draagt, maar feitelijk betreft dit extra uitgebreide sponsoring van het team Sauber. Sauber verandert per 2026 wél in een fabrieksteam dankzij een nieuwe samenwerking met Audi.

PAS OP

AlphaTauri geldt tegelijkertijd als **opleidingsteam** voor jonge coureurs die Red Bull al onder contract heeft staan, dus helemaal onafhankelijk is het niet. Hetzelfde geldt voor Haas en Alfa Romeo, die nauw samenwerken met Ferrari, en in zekere mate voor Williams, dat vooral in recente jaren nauwe banden onderhield met Mercedes.

Fabrieksteams worden over het algemeen geacht betere prestaties te kunnen leveren dan privéteams. Ze beschikken doorgaans immers over meer geld, betere (en vaak meer ervaren) coureurs en andere teamleden en een grotere invloed op de Formule 1. Toch is het – om uiteenlopende redenen – lang niet altijd zo dat Ferrari, Mercedes, Alpine, Red Bull en McLaren betere resultaten behalen dan de rest van het veld. Niet in de laatste plaats vanwege het in 2021 geïntroduceerde budgetplafond (***cost cap***), maar daarover later meer.

Circuits voor Grands Prix

Je kunt niet zomaar overal met een Formule 1-auto racen – dat gebeurt uitsluitend op daarvoor bestemde **circuits**. Die moeten aan verschillende eisen voldoen. Voor de organisatie van een Formule 1 Grand Prix gelden de strengste voorwaarden.

TECHNISCHE INFO

Dit zijn de belangrijkste voorwaarden:

- Op een circuit wordt uitsluitend in één richting gereden, meestal over een afstand van tussen de vier en zeven kilometer. In het verleden waren er zelfs parcoursen van meer dan twintig kilometer lang!
- De baan is volledig afgesloten, zodat er geen auto's of mensen op de baan kunnen komen die daar niet mogen zijn.
- De toplaag van de baan zelf bestaat vrijwel altijd uit asfalt – dat biedt de beste combinatie van gladheid en grip. Daarnaast hebben veel circuits uitloopstukken (zodat een auto die van de baan raakt niet gelijk in de muur belandt) van asfalt of beton.
- Naast deze verharde ondergrond vind je van oudsher ook (kunst)gras en grind naast de baan in de grindbakken, die een vertragende werking hebben op een wagen die van de baan is geschoten. Aan de rand staan metalen vangrails (**Armco**) of betonnen

muren, met daarvoor vaak bandenstapels of **Tecpro** (een soort kunststof) om een auto bij een crash op te vangen.

- Er is een pitstraat, van waaruit de auto's de baan op kunnen gaan en waar ze deze ook weer kunnen verlaten. Hier worden ook pitstops gemaakt en staan de auto's in **pitboxen** als ze niet rijden.
- Een circuitcomplex bestaat ook uit diverse toegangswegen en een **paddock**, ook wel de **pits** genoemd, waar teams en andere aanwezigen hun trailers en tijdelijke gebouwen neer kunnen zetten. Ook zijn er faciliteiten zoals een medisch centrum en een landingsplaats voor helikopters.
- Naast de baan is ruimte voor tribunes en camera's, zodat fans zowel in levenden lijve als via uitzendingen van de rijdende auto's kunnen genieten. Verder zijn er plekken waar aangewezen mensen als baanposten de actie van dichtbij observeren en in noodgevallen kunnen helpen.

Ondanks al deze overeenkomsten is er ook een fundamenteel verschil tussen de diverse circuits waarop Formule 1 Grands Prix worden georganiseerd. Over het algemeen spreken we namelijk van twee baansoorten: **permanente circuits**, die zijn aangelegd om zo snel mogelijk met (race)auto's te kunnen rijden, en **stratencircuits**, die bestaan uit afgezette stukken van openbare wegen – zoals het beroemde stratencircuit van Monaco.

BELANGRIJK

Los van deze eigenschappen op het gebied van afsluiting, veiligheid en faciliteiten is er nog een zeer belangrijke reden waarom wel of niet een bepaald circuit gekozen wordt voor de organisatie van een Formule 1 Grand Prix: er moet genoeg geld op tafel komen (dat ontvangen wordt door de eigenaar van de Formule 1) om een Grand Prix te mógen organiseren.

Eén groot machtsspelletje

Zoals we hebben vastgesteld, kun je de Formule 1-teams (en zelfs elk van hun coureurs) ook wel zien als bedrijven die met elkaar een grote show opvoeren, als een soort rondreizend circus. Dat geldt voor nog meer mensen en partijen, van sponsoren tot aandeelhouders – waaronder de FIA en de Formula One Group. Juist omdat er door alle partijen bij elkaar vele miljarden euro's in de sport worden geïnvesteerd, is het voor alle betrokkenen van belang dat de Formule 1 als sport succesvol is.

BELANGRIJK

Regels, afspraken en andere zaken staan daarom bijna constant ter discussie. Zeker omdat de macht ook nog eens verdeeld is en de grootste teams inspraak hebben op de regelgeving binnen de Formule 1. Omdat deze renstallen maar wat graag sportieve successen willen (blijven) behalen, zullen ze er alles aan doen om hun invloed zo te gebruiken dat hun kansen op succes vergroot worden. Zo kan namelijk het meeste geld verdiend worden: hoe beter een team scoort, hoe meer prijzengeld er in de wacht wordt gesleept en hoe meer sponsoren bereid zullen zijn om grotere bedragen te betalen voor betrokkenheid bij dat team.

Mede daarom wordt over werkelijk alles wat op een of andere manier met de Formule 1 te maken heeft, regelmatig gediscussieerd; of het nou gaat om nieuwe technische regels, de manier waarop coureurs in de gaten worden gehouden door de wedstrijdleiding, de circuits waarop geracet wordt of de manier waarop de sport via de media (vooral de videobeelden op televisie) bij de fans terechtkomt. Immers: hoe meer mensen de Formule 1 volgen, des te interessanter het is voor partijen om zich daarmee te profileren.

Populariteit

Sinds het begin van het Formule 1-wereldkampioenschap in 1950 is het niet alleen de allerhoogste, maar ook de populairste raceklasse ter wereld geweest. Wel zijn er in de loop der jaren bepaalde periodes geweest waarin de Formule 1 extra hard groeide qua volgers, met name door specifieke gebeurtenissen en ontwikkelingen in de jaren zeventig en negentig.

BELANGRIJK

De afgelopen twintig jaar kreeg de Formule 1 echter wel te maken met een afname in mondiale populariteit. Toch geldt de Formule 1 nog steeds als de belangrijkste internationale raceklasse en het kan zich als sportfenomeen nog steeds meten met het wereldkampioenschap voetbal en de Olympische Spelen. Deze situatie is ontstaan door een combinatie van factoren, waaronder deze:

- De races zijn lang niet altijd even spannend, ondanks verschillende maatregelen die bijvoorbeeld het uitvoeren van inhaalacties gemakkelijker maken.
- Diezelfde maatregel kan averechts werken, omdat puristen de 'gemakkelijkere' inhaalacties als 'kunstmatig' beschouwen, wat volgens hen afbreuk doet aan de authenticiteit van de sport.
- Bepaalde teams hebben van tijd tot tijd het deelnemersveld gedomineerd door heel veel geld in ontwikkeling te steken of door een briljante technische uitvinding te doen.
- In veel landen (waaronder Nederland) zijn Formule 1 Grands Prix alleen live te zien (geweest) als je daar apart voor betaalt.
- Na de opkomst van internet – en later social media (zoals Facebook, Twitter en YouTube) – besteedde de eigenaar van de Formule 1 lange tijd te weinig aandacht aan de manier waarop fans online de sport konden volgen. Hiermee is sinds 2018 echter wel een inhaalslag gemaakt.
- Door de introductie van de huidige motoren produceren Formule 1-auto's minder spectaculair geluid, wat tot veel klachten van bepaalde liefhebbers leidt.

Effecten in de Benelux

Sinds de opkomst van de Formule 1 is de sport hier altijd wel redelijk bekend geweest, met dank aan de **Grand Prix van Nederland** op het circuit van Zandvoort (die in 1985 voor het laatst georganiseerd werd, tot deze in 2021 terugkeerde) en sporadische deelname van verschillende Nederlandse coureurs.

In de jaren negentig steeg de Nederlandse populariteit van Formule 1 explosief door de deelname van **Jos Verstappen**, die in 1994 de eerste Nederlander werd die een podiumplaats behaalde. Daarna zwakte de liefde weer wat af, tot zijn 17-jarige zoon Max Verstappen ruim twintig jaar later debuteerde als jongste Formule 1-coureur aller tijden. De gekte werd in Nederland compleet toen Max voor een sensatie zorgde door als eerste Nederlander en jongste coureur ooit een Formule 1 Grand Prix te winnen in 2016. In de jaren die volgden, groeide de populariteit van Max naarmate hij meer successen boekte – met als hoogtepunt zijn eerste wereldtitel als Formule 1-coureur (en die voor Nederland) in 2021. Verstappen wist zijn titel in 2022 met succes te verdedigen. De Red Bull Racing-coureur was dermate dominant dat hij vijftien overwinningen noteerde, een nieuw record.

In België is er altijd wat meer betrokkenheid bij de Formule 1 geweest. Op enkele jaren na heeft het land bijna elk seizoen een Grand Prix georganiseerd (veelal op het circuit van Spa-Francorchamps). Qua coureurs deed België het al veel eerder beter dan Nederland: **Olivier Gendebien** en **Willy Mairesse** wisten al in 1960 de eerste podiumplaatsen voor het land te scoren.

Enkele jaren later had België met **Jacky Ickx** een coureur die uiteindelijk acht Grands Prix won en zelfs mee kon strijden om de wereldtitel – maar die nooit wist te veroveren. In 1989 en 1990 werd **Thierry Boutsen** driemaal geëerd als racewinnaar.

Na zijn Formule 1-debuut in 2016 was de Belgische hoop op succes van een landgenoot gevestigd op **Stoffel Vandoorne**, al wist hij nooit een Grand Prix op het podium te finishen. Overigens is het goed om te weten dat **Max Verstappen** in België is geboren en getogen, maar over een Nederlands paspoort beschikt en ook racet onder de Nederlandse vlag.

Hoop voor de toekomst

De Formule 1 kan als grootste internationale raceklasse natuurlijk niet overleven met louter een grote groep Nederlandse fans. Daarom worden er van tijd tot tijd maatregelen bedacht die de algemene populariteit moeten opkrikken.

BELANGRIJK

Zo werden er in 2017 nog technische reglementen geïntroduceerd waarmee de Formule 1-auto's nog sneller konden dan ooit tevoren – in voorgaande jaren waren ze juist wat tammer geworden, om een veelvoud van redenen. Of dat leidde tot spannendere races die meer fans aantrekken, valt te betwisten, ook omdat Mercedes sindsdien verreweg de meeste races won. In 2022 werden daarom opnieuw maatregelen genomen die de Formule 1 aantrekkelijker moesten maken, zowel voor deelnemers als fans. Nieuwe technische regels zorgden ervoor dat auto's beter met elkaar in gevecht konden gaan, met als gevolg een stijging in het aantal inhaalmanoeuvres en actie op de baan.

Ook is het goed om te weten dat de Formule 1 in de loop van 2016 'verkocht' werd aan een nieuwe eigenaar, Liberty Media. Daarmee kwam een einde aan de heerschappij van **Bernie Ecclestone** – de commerciële topman die door zijn slimme manier van zakendoen in de jaren zeventig de meeste zeggenschap kreeg over de

Formule 1 en zo de sport groot wist te maken. In zijn laatste jaren als alleenheerser kreeg Ecclestone echter ook veel kritiek, omdat hij vasthield aan bestaande verdienmodellen.

IN DIT HOOFDSTUK

Van snelheidswedstrijden tot autosportwedstrijden

Grand Prix-racen door de jaren heen

Het Formule 1-wereldkampioenschap: van 1950 tot tegenwoordig

Hoofdstuk 2

De geschiedenis van de autosport

Het is niet gemakkelijk om precies vast te stellen wanneer autoracen nou eigenlijk is begonnen. Wel kunnen we concluderen dat het vlak na de uitvinding van de auto gebeurde. Niet voor niets zei **Henry Ford**, de oprichter van het gelijknamige Amerikaanse automerk, ooit: 'Autoracen begon direct nadat de tweede auto was gebouwd.'

Het begin van de Formule 1 kwam pas veel later. Toch is de allerhoogste autosportklasse ter wereld er natuurlijk niet zomaar gekomen: daar zijn allerlei ontwikkelingen en zelfs een hoop politiek aan voorafgegaan. Om te begrijpen hoe de Formule 1 geworden is zoals we hem vandaag de dag kennen, gaan we helemaal terug in de tijd. Ik vertel je waar onze fascinatie voor snelheid en competitie vandaan komt, hoe autoracen leidde tot de eerste Grand Prix en hoe het wereldkampioenschap Formule 1 daar weer van afstamt.

De allereerste snelheidswedstrijdjes

Voor de oorsprong van racen in algemene zin kunnen we nog veel verder terug in de tijd. Als levende wezens zijn we eigenlijk altijd wel in beweging geweest.

VOORBEELD

Ga maar na: als oerorganismen verplaatsten we ons vanuit het water op het land. Later moesten we rennen voor ons leven om aan gevaarlijke roofdieren te ontkomen en leerden we vooral ook om zelf achter prooien aan te hollen om ze te kunnen vangen. Zo ontstond de eerste mogelijkheid om onszelf zo snel mogelijk voort te bewegen: hardlopen – en natuurlijk wilden we graag zien wie dat het beste kon! Dus was het slechts een kwestie van tijd voordat er competities volgden.

Volgens sommige onderzoekers begonnen we daar ruim duizend jaar voor onze jaartelling al mee, in die periode werden bijvoorbeeld de eerste Tailtische Spelen in Ierland gehouden. Het bekendste voorbeeld vormen natuurlijk de originele Olympische Spelen in Griekenland – bedoeld om de goden te eren – die volgens de meeste historici in 776 voor Christus voor het eerst plaatsvonden.

Paardenraces en wagenrennen

BELANGRIJK

Opvallend is dat zowel de Tailtische als de Olympische spelen niet alleen hardloopwedstrijden, maar ook paardenraces als onderdelen kenden. Sterker nog: er werd toen ook al met wagens achter de paarden geracet – het zogeheten wagenrennen. De oude Grieken (die paardenraces met een vierspan in het jaar 680 voor Christus tot een Olympische sport maakten) bouwden zelfs de eerste paardenrenbanen, **hippodromen** genoemd, die we dus kunnen beschouwen als de voorgangers van de huidige racecircuits! Datzelfde geldt natuurlijk voor wagenrennen met paarden en de autosport.

De Romeinen maakten deze betrekkelijk primitieve manier van racen nog veel groter. Onder hun invloed groeide het wagenrennen zelfs uit tot de grootste en belangrijkste sport. Eeuwenlang trokken wedstrijden de aandacht van honderdduizenden toeschouwers. De betrokken teams hadden op politiek en zelfs militair niveau een hoop macht in handen.

RENSTALLEN UIT ROME

TECHNISCHE INFO

Er bestaan opvallend veel gelijkenissen tussen de huidige Formule 1 en het wagenrennen in de Romeinse tijd. Ook toen al was het een sensationele en gevaarlijke sport, waarin mannen met gevaar voor eigen leven op circuits streden om de eerste van de snelste deelnemers te worden. Succesvolle deelnemers konden er belachelijk rijk mee worden. Volgens de geschiedverhalen zou Gaius Appuleius Diocles vele miljoenen hebben verdiend door in zijn 24 jaar lange carrière in 4257 races te starten en er daarvan 1462 te winnen.

Ook slimme toeschouwers konden er een aardig centje mee verdienen door te gokken op deelnemers en teams – waarvan er vier waren: het Rode Team, het Witte Team, het Groene Team en het Blauwe Team. In tegenstelling tot de huidige opzet met twee auto's per Formule 1-team, werden er in de Romeinse tijd drie wagens ingezet door elke **renstal** – een woord dat tot op de dag van vandaag nog wordt gebruikt in de autosport.

Na de ondergang van het Romeinse rijk in de vijfde eeuw na Christus daalde de interesse in de sport echter flink. Het zou ongeveer veertienhonderd jaar duren voordat snelheidscompetities weer echt groots werden. Toen echter niet zozeer met paarden, als wel met paardenkrachten.

De prehistorie van de auto

Voordat er met auto's geracet kon worden, moest de auto natuurlijk eerst uitgevonden worden. Over de exacte geboorte van de 'automobiel' lopen de cijfers en meningen ietwat uiteen, al kan ik je natuurlijk wel het een en ander vertellen over de belangrijkste uitvindingen en andere mijlpalen.

TECHNISCHE INFO

Al in de zeventiende en achttiende eeuw werden de eerste apparaten gebouwd die in principe benaderen wat wij tegenwoordig een auto noemen. In diezelfde periode werd de stoommachine 'uitgevonden' en vooral uitgewerkt tot een bron van aandrijfkracht die op allerlei manieren toepasbaar was. Niet voor niets waren de eerste auto's dan ook afhankelijk van stoomkracht.

Stoommachines waren echter zwaar en inefficiënt, waardoor het principe een stuk beter werkte voor de uitvinding van de stoomlocomotief – en dus de ontwikkeling van de trein – dan voor iets dat altijd en overal zo mobiel moet zijn als een auto. Een hoop uitvinders lieten zich daardoor echter niet tegenhouden. Sommigen durfden zelfs te gaan racen met hun stoomauto's.

TECHNISCHE INFO

DE EERSTE (ILLEGALE STRAAT)RACE

De eerste vooraf afgesproken wedstrijd tussen twee wagens die op eigen kracht konden rijden, vond volgens archiefdocumenten plaats in de vroege ochtend van 30 augustus 1867. Deze race ging tussen de stoomauto's van uitvinder **Isaac Watt Boulton** en **Daniel Adamson**, over een traject van ongeveer dertien kilometer, in de buurt van het Britse Manchester. Boultons auto won de wedstrijd - naar eigen zeggen één van de zes waarmee hij door de jaren heen had geracet.

Wie er achter het stuur zaten, is niet duidelijk. Destijds gold in het Verenigd Koninkrijk namelijk de zogenoemde '**rode-vlagwet**': wagens die op eigen aandrijving konden rijden, werden verplicht om voorafgegaan te worden door een voetganger met een rode vlag of lantaarn - om aanwezigen in de buurt te waarschuwen voor de komst van het voertuig. Je kunt dus wel zeggen dat de allereerste competitie gelijk een illegale straatrace was.

Wat we kunnen bestempelen als de eerste legale snelheidswedstrijd is een competitie die door de overheid van het Amerikaanse Wisconsin werd uitgeschreven in 1875. Pas op 16 juli 1878 werd die verreden, over een kolossaal parcours van meer dan driehonderd kilometer. Er werd zelfs tienduizend dollar aan prijzengeld uitgeloofd aan wie een voertuig kon bouwen dat met een gemiddelde snelheid van minimaal acht kilometer per uur het traject af zou kunnen leggen - én wagens met lading trekken.

Na jaren van planning door zes inschrijvers verschenen er slechts twee (eveneens door stoommachines aangedreven) wagens aan de start, vernoemd naar de steden waarin ze gebouwd waren: **Oshkosh** en **Green Bay**. Laatstgenoemde was sneller, maar ging stuk, waardoor Oshkosh na 33 uur en 27 minuten als winnaar over de eindstreep kwam.

Saillant detail: de staat weigerde in eerste instantie het prijzengeld te betalen, omdat de Oshkosh verre van goedkoop en praktisch toepasbaar was. Uiteindelijk kreeg het winnende team alsnog vijfduizend dollar uitgekeerd.

De uitvinding van de auto

Terwijl de ontwikkeling van de stoomauto gestaag voortging, verschenen er in de negentiende eeuw twee 'alternatieve' soorten aandrijving: de **elektromotor** en de **verbrandingsmotor**.

BELANGRIJK

In die laatste categorie werd in 1886 de belangrijkste uitvinding gedaan door **Karl Benz**, die de **Benz Patent-Motorwagen** onthulde. Feitelijk was dit niet meer dan een driewielige koets met een verbrandingsmotor (die de Duitser in 1873 al uitvond) die de achterste twee wielen aandreef. Wat zijn creatie echter onderscheidde van de rest, was het feit dat er 25 exemplaren kwamen (waarmee het de eerste in serie geproduceerde auto, oftewel **productieauto**, werd) en het feit dat Karls vrouw Bertha in haar eentje een reis van 194 kilometer aflegde zonder noemenswaardige problemen. Daarmee werd het bewijs geleverd dat de auto met verbrandingsmotor praktisch genoeg was voor iedereen.

PAS OP

Hoewel Benz meestal als de officiële uitvinder van de auto wordt genoemd, waren er zeker meerdere mensen die in dezelfde periode soortgelijke prototypes op de weg wisten te brengen, waaronder **Gottlieb Daimler** en **Siegfried Marcus**.

Dat bracht in die tijd ook nogal wat teweeg: vervoer gebeurde aan het eind van de negentiende eeuw nog vooral per paard, koets, boot en stoomtrein. Auto's waren een opvallend en soms zelfs angstaanjagend fenomeen, dat door vele politici (vaak onder invloed van belanghebbenden in de al bestaande vervoersectoren, zoals de spoorwegen en de trekboot) verketterd werd en middels lastige wetgeving aan banden gelegd.

Desondanks was de ontwikkeling van de auto niet meer te stoppen. Uitvindingen volgden elkaar in rap tempo op en aan het begin van de twintigste eeuw werd de auto al snel gemeengoed. Zeker toen Henry Ford de betrouwbare, betrekkelijk simpele en betaalbare **Ford Model T** in 1908 op de markt bracht – die vanaf 1913 ook nog eens goedkoper en sneller geproduceerd kon worden dankzij het gebruik van een lopende band in de fabriek.

De stoommachine legde het (wat auto's betreft) mede daardoor af tegen de verbrandingsmotor, die gemakkelijker lange afstanden kon afleggen, ook door het groeiende petroleumaanbod. Van elektrische auto's hoorde men ook vele tientallen jaren nagenoeg niets – tot in de jaren negentig de **hybrideauto** zijn intrede deed.

De eerste echte autoraces

Voor de eerste echte autoraces moeten we even terug naar het einde van de negentiende eeuw. In tegenstelling tot de wat paniekerige houding van andere overheden en volkeren, werd de ontwikkeling van de automobiel in Frankrijk juist bejubeld en gestimuleerd. Dat creëerde ook meer mogelijkheden voor de begindagen van de autosport.

Een poging om op 28 april 1887 in de buurt van Parijs de allereerste echte autorace te organiseren, op initiatief van de hoofdredacteur van het Franse tijdschrift Le Vélocipède, mislukte toen er slechts één deelnemer kwam opdagen. Desondanks volgde er een behoorlijk spectaculaire demonstratie toen **Georges Bouton** achter het stuur kroop van zijn met **Jules-Albert de Dion** (een edelman wiens naam je vooral moet onthouden) gebouwde **De Dion-Bouton**. Bouton legde het twee kilometer lange parcours namelijk af met een voor die tijd halsbrekende snelheid van zestig kilometer per uur!

BELANGRIJK

In de jaren daarna volgden er meer solo-optredens van 'raceauto's'. Pas op 22 juli 1894 lukte het **Pierre Giffard** van het Parijse tijdschrift *Le Petit Journal* om daadwerkelijk meerdere deelnemers aan de start van een snelheidswedstrijd te krijgen. Deze 'competitie voor wagens zonder paard' moest laten zien dat de voertuigen 'niet gevaarlijk, gemakkelijk te besturen en goedkoop' waren.

Van de 102 aanmeldingen – waaronder serieuze automerken als **Peugeot**, **Panhard** en (daar is hij weer) De Dion – kwamen er 69 in aanmerking voor een kwalificatierace van 50 kilometer. Uiteindelijk gingen er 25 auto's van start in de 127 kilometer lange finalerace van Parijs naar Rouen. De Dion won, echter met een illegale stoomauto, waardoor Peugeot en Panhard tot winnaars werden uitgeroepen. De gemiddelde snelheid bedroeg een ietwat teleurstellende 19 kilometer per uur – al moet daarbij wel gezegd worden dat de heren halverwege de wedstrijd stopten om gezellig te gaan lunchen ...

VOORBEELD

Zo volgden er meer competities, waaronder een uitputtingsslag van 1178 kilometer (Parijs-Bordeaux-Parijs) en de eerste echte autorace in de Verenigde Staten, beide in 1895. In Nice werd anno 1897 zelfs een heuse raceweek georganiseerd, waarbij ook de eerste heuvelklimwedstrijden en zelfs dragraces (zo snel mogelijk optrekken in een rechte lijn) plaatsvonden.

Wereldkampioenschap in Frankrijk

BELANGRIJK

Het zal je inmiddels duidelijk zijn dat de opkomst van de autosport een behoorlijk Franse aangelegenheid was geworden. Niet alleen dankzij de open houding van Frankrijk ten aanzien van de automobiel, maar ook door het feit dat keizer Napoleon Bonaparte al aan het begin van de negentiende eeuw de nodige verharde wegen had laten aanleggen. Daarop kwamen de nog betrekkelijk fragiele eerste auto's immers een stuk beter tot hun recht dan op de onverharde paden waarmee men het destijds nog grotendeels moest doen.

Ook werd in Frankrijk in 1895 de eerste officiële autovereniging opgericht door (jawel) De Dion en de Nederlands-Belgische baron Étienne **van Zuylen van Nyevelt van de Haar**: de ***Automobile Club de France***. Deze ***ACF*** bemoeide zich met nieuwe autogerelateerde uitvindingen, wetgeving en de organisatie van auto(sport) evenementen. Daarnaast genoten de hooggeplaatste leden graag van de vele faciliteiten op hun hoofdkwartier, van sportzalen tot bioscopen en zelfs een kapsalon.

BELANGRIJK

In 1899 stelde **James Gordon Bennett jr.**, een rijke Amerikaanse krantenuitgever en organisator van sportwedstrijden, voor om een jaarlijkse autorace te organiseren voor alle landen. De achterliggende gedachte was om daarmee de ontwikkeling van auto's te stimuleren, zodat ze nog beter en sneller zouden worden. De ACF kreeg als eerste de sportieve en technische leiding in handen. Elke natie mocht maximaal drie deelnemers afvaardigen, met zowel een coureur als een monteur aan boord. Bovendien moesten de auto's elk in een eigen, voor het land kenmerkende kleur gespoten zijn.

Deze ***Gordon Bennett Cup*** (officieel ***I Coupe Internationale*** genoemd) werd op 14 juni 1900 gehouden en wordt beschouwd als de eerste grote internationale autorace. Met drie Franse deelnemers (in het blauw), een Belgische (in het geel) en een Amerikaanse (in het rood) was het nog altijd een behoorlijk Franse feestje. De bijna 570 kilometer lange route van Parijs naar Lyon werd met een gemiddelde snelheid van zo'n 62 kilometer afgelegd.

PAS OP

Hoewel de race door een belabberde organisatie en grote verschillen tussen de auto's niet als een succes werd beschouwd, volgden er nog vijf edities in Frankrijk, Ierland (waar voor het eerst op een afgesloten parcours werd geracet) en Duitsland. De ontwikkeling van de (race)auto kreeg daardoor in elk geval een enorme boost: de gemiddelde snelheden liepen op tot bijna honderd kilometer per uur – vijf keer zoveel als amper tien jaar daarvoor ...

Het échte begin

Na de laatste Gordon Bennett Cup maakte de ACF bekend dat het met een eigen grote autorace zou komen. Letterlijk zelfs: de ***Grand Prix de l'Automobile Club de France***, wat we kunnen vertalen als de Grote Prijs van de Franse Automobielclub, was de eerste internationale wedstrijd zonder limieten qua deelnemers uit verschillende landen.

Om aan te geven dat dit echt de 'race der races' moest zijn – en omdat de aanduiding Grote Prijs al snel, vertaald in allerlei talen, werd gebruikt als naam voor autosportevenementen – bestempelden de Fransen de wedstrijd als een '***Grande Épreuve***', wat zich laat vertalen als 'grote beproeving'.

De allereerste Grand Prix

BELANGRIJK

Omdat racen op de reguliere openbare weg al voor meerdere (dodelijke) ongelukken met toeschouwers had gezorgd, koos men voor een afgesloten circuit: een bijna 105 kilometer lang, driehoekig traject ten oosten van **Le Mans** – dat later zijn eigen grote langeafstandsautorace zou krijgen. Ook opvallend: deze Grand Prix werd gedurende twee dagen verreden.

Het circuit voerde de deelnemers door velden, bossen en dorpen, over stoffige, onverharde wegen die met teer bedekt waren. In sommige gevallen werd er zelfs over houten planken gereden. Om toeschouwers te behoeden voor ernstige of zelfs dodelijke ongevallen, liet de organisatie op bepaalde plekken houten palen als omheining plaatsen, evenals houten voetbruggen.

Met merken als **Renault**, Panhard en **Hotchkiss** was het deelnemersveld (net als in de Gordon Bennett Cup) weer vooral een Franse aangelegenheid – al was Italië met **Fiat** en **Itala** vertegenwoordigd, terwijl **Mercedes** de eer van Duitsland verdedigde. Groot-Brittannië en de Verenigde Staten deden niet mee – die beschouwden de Grand Prix vooral als één grote propagandashow voor de Franse automobielindustrie. Wel waren er Britse, Amerikaanse en ook Belgische coureurs onder de 34 inschrijvingen.

TECHNISCHE INFO

De ACF stelde zelfs een technisch reglement op: auto's mochten niet meer wegen dan 1000 kilo, exclusief zaken als gereedschap en verlichting. Hoewel een minimumgewicht logischer zou zijn, was de gedachte dat door deze bovengrens fabrikanten niet al te grote motoren konden gebruiken – in de praktijk koos iedereen voor een viercilinder verbrandingsmotor, met een **slaginhoud** (de totale inhoud van alle cilinders bij elkaar) van tussen de 7,4 en 18,3 liter. Bovendien moest het brandstofverbruik onder de 30 liter per 100 kilometer blijven (oftewel 1 liter op 3,3 kilometer). Ook mocht na de eerste dag van coureurs en uitrusting gewisseld worden.

BELANGRIJK

Verder kwam Michelin (dat net als Dunlop en Continental de banden voor de eerste Grand Prix leverde) met een baanbrekende uitvinding: het verwisselbare wiel. In plaats van een oude, kapotte band van een wiel te moeten halen met een mes en een nieuwe te plaatsen, konden de deelnemers gewoon het geheel vervangen door een nieuwe set.

TECHNISCHE INFO

Zo ging op de vroege ochtend van zaterdag 26 juni 1906 de allereerste Grand Prix van start. De eerste deelnemer vertrok om zes uur 's ochtends, nadat geloot was om de startvolgorde. In die volgorde vertrok elke negentig seconden een auto – een manier van starten die later juist niet meer in de Grand Prix-racerij, maar in de rallysport zou worden toegepast. Door de deelnemers één voor één te laten starten, miste de wedstrijd eigenlijk direct al de spanning die tegenwoordig kenmerkend is voor een autorace.

De eerste Grand Prix mondde echter wel uit in een loodzware uitputtingsslag: niet alleen door de totale afstand van 1238 kilometer, maar ook door de hitte. Er werden dat weekend rondom Le Mans temperaturen van maar liefst 49 graden Celsius aangetikt. Het teer op de weg smolt en kwam zelfs in de ogen van coureurs terecht, ondanks de stofbrillen die gedragen werden. (Van helmen had toen nog niemand gehoord – petten en soms mutsen waren wel gemeengoed.)

BELANGRIJK

Nadat de overgebleven deelnemers op zaterdag zes rondjes hadden afgelegd, volgde een andere noviteit in de autosport: alle auto's kwamen in een zogeheten ***parc fermé*** terecht, waarin het verboden was om aan de voertuigen te werken totdat de wedstrijdleiding het groene licht gaf. Dit principe wordt vandaag de dag nog steeds gehanteerd in diverse vormen van autosport, waaronder de Formule 1.

VOORBEELD

Om de volgorde van de eerste dag voort te zetten, mochten alle deelnemers op zondagochtend starten volgens hun finishtijd van die zaterdag. Zo deed de eerste deelnemer over de eerste zes ronden 5 uur en 45 minuten, dus mocht hij op zondag om kwart voor zes de baan weer op om nog zes ronden af te leggen. Velen kozen er echter voor om eerst het nodige onderhoud te plegen, alvorens ze aan het tweede deel van de Grand Prix begonnen.

Na 12 uur, 12 minuten en 7 seconden kwam de 33-jarige **Ferenc Szisz** uit Hongarije als winnaar over de eindstreep. De Renault-coureur was maar liefst 32 minuten sneller dan de Italiaan **Felice Nazzaro** (Fiat), die op zijn beurt 3 minuten voor **Albert Clément** (Clément-Bayard) uit Frankrijk finishte.

TOEN AL BANDENPOKER

TECHNISCHE INFO

De uitslag van de eerste Grand Prix werd om meerdere redenen bekritiseerd, ook door de ACF. De organisator stelde dat coureurs en meerijdende monteurs het in de race eigenlijk te zwaar hadden, omdat alleen zij reparaties aan hun auto mochten uitvoeren. Maar vooral het voordeel van Michelins verwisselbare wielen was van grote invloed geweest. Clément had deze luxe immers niet en werd op de tweede dag door Szisz gepasseerd, terwijl hij op de ouderwetse manier een band moest verwisselen.

De discussie over de invloed van banden op autoraces is er een van alle tijden. Zelfs tegenwoordig wordt nog betwist of de invloed van **Pirelli**'s speciaal ontwikkelde, verschillende banden (die voor alle teams beschikbaar zijn) in de Formule 1 niet te groot is.

Ook opvallend: Szisz legde de race af met een gemiddelde snelheid van ruim 101 kilometer per uur, maar tikte ook een topsnelheid van een destijds duizelingwekkende 154 kilometer per uur aan – met een zeer experimentele, gammele en open raceauto op vrijwel onverharde, stoffige wegen!

Hoewel de wedstrijd eigenlijk niet zo spannend was om te volgen, leverde de eerste Grand Prix zowel Szisz als Renault een hoop op. De coureur kreeg een trofee en 45.000 Franse franken (omgerekend zo'n 20.000 euro) aan prijzengeld.

BELANGRIJK

Nog veel significanter was het effect van de allereerste Grand Prix-zege voor het automerk. In 1906 verkocht Renault namelijk 1600 auto's, maar dat verdubbelde een jaar later bijna tot 3000 exemplaren. Weer een jaar verder gingen er zelfs 4600 Renaults naar klanten.

PAS OP

Hoewel moeilijk te bewijzen is of die overwinning er daadwerkelijk voor zorgde dat meer mensen een auto van Renault kochten – zeker in een tijd dat de ontwikkeling en verkrijgbaarheid van auto's zo snel vorderde – vormde deze gedachte voor automerken een geldig excuus om zich steeds meer bezig te houden met autosport.

VOORBEELD

In de jaren zestig sprak de Amerikaanse Ford-dealer **Bob Tasca** zelfs een beroemd gezegde uit: '*Win on Sunday, sell on Monday!*' (Letterlijk vertaald: win op zondag, verkoop op maandag!)

Feit was wel dat de autosport al snel te boek stond als een geweldige manier om de technische ontwikkeling van auto's vooruit te helpen, de verkoop van modellen te promoten en voor een groot spektakel te zorgen. Zeker met de grandeur en reuring die de allereerste echte Grand Prix teweeg had gebracht.

PAS OP

DE ANDERE ALLEREERSTE 'GRAND PRIX'

Er is wat verwarring over de eerste keer dat de term Grand Prix gebruikt werd voor een autorace. Vóór de eerder beschreven Grande Épreuve in 1906 was er namelijk al een evenement dat in 1901 als ***Grand Prix du Sud-Ouest*** werd aangeduid, in de omgeving van Pau in het zuidwesten van Frankrijk.

Dat betrof echter de tweede editie van een evenement dat de regionale automobielclub al in 1900 organiseerde als ***Circuit du Sud-Ouest*** en dat in 1901 van naam veranderde. De aanduiding Grand Prix wijst volgens de overlevering alleen (vrij letterlijk) op verschillende prijzen en niet op één bepaalde autorace.

Om de verwarring compleet te maken: in 1930 werd de 'echte' Grand Prix van Frankrijk voor het eerst georganiseerd in Pau en in 1933 werd daar de eerste **Grand Prix van Pau** gehouden. Deze wedstrijd bestaat vandaag de dag nog steeds, maar wordt niet met Formule 1-auto's verreden en staat dus ook niet te boek als een officiële Grand Prix.

Grand Prix-racen

Hoewel de Franse Grand Prix van 1906 geen doorslaand succes bleek, was er wel degelijk reden genoeg om een tweede editie te organiseren in Frankrijk. Nu werd echter gekozen voor een eendaagse race van 10 ronden over een 77 kilometer lang traject in de buurt van de stad Dieppe, op dinsdag 2 juli 1907. De wedstrijd werd gewonnen door Nazzaro, die ditmaal titelverdediger Szisz voor wist te blijven.

Hoewel Frankrijk zich de ontluikende Grand Prix-racerij bleef toe-eigenen met de Grandes Épreuves, waren er inmiddels al meer grote autoraces bijgekomen, die eigenlijk van hetzelfde kaliber waren qua uitdaging en sensatie. Italië omarmde de autosport al snel met al z'n passie en ook in Duitsland, België, Rusland en zelfs Cuba werden snelheidswedstrijden met 'paardloze wagens' georganiseerd.

BELANGRIJK

Groot-Brittannië kon niet achterblijven, maar werd beperkt door een landelijke snelheidslimiet van 32 kilometer per uur voor alle wegen. Daarom werd in het graafschap Surrey het eerste permanente circuit van Europa aangelegd. De 4,4 kilometer lange, ovalen **kombaan** van **Brooklands** was niet alleen bedoeld voor races, maar ook voor ontwikkelingswerk aan auto's en zelfs recordpogingen.

PAS OP

De eer voor de allereerste permanente racebanen ter wereld ging echter naar diverse circuits in de Verenigde Staten. Wel betrof het hier vooral verbouwde, ovalen paardenrenbanen met vaak een onverharde ondergrond – een onbedoelde, maar mooie verwijzing naar de hoogtijdagen van het wagenrennen in de Romeinse tijd.

Feit is dat ook de Amerikanen, mede in navolging van de Gordon Bennett Cup, in de ban raakten van de autosport. Al in 1904 werd gestreden om de **Vanderbilt Cup** – een naam die tot in de 21e eeuw werd gebruikt voor belangrijke kampioenschappen.

Bovendien was de stad Savannah in de Amerikaanse staat Georgia in 1908 het decor van de eerste ***Grand Prize***, in navolging van de eerste Franse Grand Prix. Ook hier verschenen mannen als Szisz en Nazzaro aan de start. Louis Wagner ging er voor Fiat echter met de winst vandoor.

PAS OP

HOEVEEL GRANDS PRIX?

We beschouwen de Grand Prix die op 26 en 27 juni 1906 in de buurt van Le Mans werd gehouden als de allereerste Grand Prix, maar volgens een latere telling zou dit opeens alweer de negende zijn. Hoe zit dat?

In de jaren twintig besloot de ACF om eerder georganiseerde races met terugwerkende kracht ook te bestempelen als Grands Prix. Zo werd een race van Parijs naar Bordeaux en terug in 1895 plots de allereerste genoemd, gevolgd door zeven andere wedstrijden die eveneens vanaf dat moment gebombardeerd waren tot Grands Prix. Vanaf 1933 werd deze telling 'officieel' gehanteerd.

Niet alle leden waren het eens met deze keuze: sommigen deden het af als een kinderachtige poging van de ACF om het ontstaan van de Grand Prix-racerij nog meer te kunnen claimen.

Verschillende vormen van autosport

De ontstane wildgroei aan autosportwedstrijden zorgde voor de meest uiteenlopende competities, op verschillende soorten terrein en over zowel korte als extreem lange afstanden.

In 1907 werd voor het eerst een wedstrijd van de Chinese hoofdstad Peking tot Parijs georganiseerd – een afstand van 15.000 kilometer! Het kostte de Italiaanse prins **Scipione Borghese** en zijn reisgenoten twee maanden om de rit als eerste te voltooien. Alsof dat nog niet genoeg was, volgde een jaar later een race van maar liefst 35.000 kilometer. Deze rit voerde de deelnemers van New York tot Parijs in 169 dagen – bijna een halfjaar.

BELANGRIJK

Tegenwoordig worden dat soort ritten (al dan niet in competitief verband) eigenlijk alleen nog maar afgelegd door recordjagers en hobbyisten. Toch droegen dit soort wedstrijden oorspronkelijk wel degelijk bij aan de ontwikkeling. Door de nadruk op avontuur en uithoudingsvermogen vormden ze de basis voor wat later de **rallysport** werd.

Die term werd pas voor het eerst gebruikt in 1911, tijdens de **Rally van Monte Carlo**. Oorspronkelijk liet deze wedstrijd deelnemers op allerlei plekken starten en naar de hoofdstad van Monaco rijden. De winnaar werd op een wat dubieuze manier vastgesteld: bij aankomst keek een jury naar het design, comfort en de staat van de auto.

Jaren later ontwikkelde de rallysport zich als sportief evenement waarbij niet alleen snel gereden moest worden, maar ook de juiste route moest worden aangehouden.

VOORBEELD

Veel langere routes over vaak zeer moeilijk begaanbaar terrein, zoals de routes die de avonturiers van Peking of New York naar Parijs aflegden, hadden wat dat betreft meer het karakter van een expeditie. Niet voor niets werden ze in het Frans ook wel aangeduid als '***raid***' – ietwat bruut vertaald als 'inval'. In dezelfde geest werd veel later, vanaf 1978, de befaamde **Dakar Rally** georganiseerd – eveneens door een Franse organisatie.

BELANGRIJK

Maar ook binnen het fenomeen 'circuitracen' ontstonden al in de eerste helft van de twintigste eeuw verschillende categorieën. Op de wegen rondom Le Mans – het decor van de allereerste officiële Grand Prix in 1906 – werd in 1923 de eerste 24 uursrace verreden. Tot op de dag van vandaag geldt de **24 uur van Le Mans** nog steeds als de belangrijkste jaarlijkse langeafstandsrace ter wereld.

Door de jaren heen zou het onderscheid tussen diverse autosportvormen steeds groter en duidelijker afgebakend worden. Ook wierpen verschillende organisaties en later ook autofabrikanten en coureurs zich steeds meer op als specialisten in een bepaalde discipline.

Het Grand Prix-seizoen als WK

Door de Eerste Wereldoorlog kwam de rappe ontwikkeling in de autosport tussen 1914 en 1918 grotendeels tot stilstand. Alleen in de Verenigde Staten, dat zich in eerste instantie grotendeels afzijdig hield in het conflict, werd aanvankelijk nog fanatiek doorgeracet.

BELANGRIJK

Na het sluiten van de vrede werden in Italië al gauw weer de eerste grote Europese autoraces georganiseerd. De autosportpassie was daar bovendien dusdanig sterk, dat het land in 1921 (het jaar dat ook de Franse Grand Prix terugkeerde na zeven jaar afwezigheid, in Le Mans) als eerste naast Frankrijk een Grande Épreuve wist te organiseren.

De primeur vond plaats over dertig ronden op een 17,3 kilometer lang stratencircuit in het Noord-Italiaanse Brescia, met slechts zes deelnemers. Een jaar later was het spiksplinternieuwe permanente circuit van **Monza**, even buiten Milaan, gereed voor de tweede Italiaanse Grand Prix.

In 1923 kreeg een andere grote autorace de status van derde 'officiële' Grand Prix, als Grande Épreuve dus. De ***Indianapolis 500*** (of kortweg ***Indy 500***) werd al in 1911 voor het eerst gehouden op een 4 kilometer lange ovaal – aanvankelijk ook een onverharde baan, die al snel met bakstenen werd bestraat. De race trok al gauw veel internationale deelnemers, maar zou altijd een zeer Amerikaanse aangelegenheid blijven.

Het eerste echte wereldkampioenschap

Met de hernieuwde interesse in grote autosportwedstrijden groeide ook de behoefte aan goede organisatie.

BELANGRIJK

Al in 1904 werd daartoe de ***Association Internationale des Automobile Clubs Reconnus*** (***AIACR***) opgericht – naar aanleiding van discussie over de opzet van de Gordon Bennett Cup. Dit overkoepelende orgaan zetelde net als de ACF in Parijs, maar kwam voort uit een samenwerking tussen diverse nationale autoverenigingen.

Na de Tweede Wereldoorlog werd de instantie omgedoopt tot ***Fédération Internationale de l'Automobile***, oftewel de ***FIA***, die tot op de dag van vandaag nog steeds geldt als de hoogste internationale autofederatie en regelgever van het moderne Formule 1-wereldkampioenschap.

TECHNISCHE INFO

Om de regulering van de florerende Grand Prix-racerij in de jaren twintig in goede banen te leiden, ontstond binnen de AIACR in 1922 de ***Commission Sportive Internationale*** (***CSI***). Mede onder invloed van deze commissie ontstond er langzaam maar zeker meer structuur. Datzelfde jaar mochten de deelnemers aan de Franse Grand Prix voor het eerst allemaal tegelijkertijd vertrekken in een massastart. In 1925 werd de meerijdende monteur voor het eerst overbodig verklaard.

BELANGRIJK

In datzelfde jaar selecteerde de CSI bovendien de races die met elkaar het allereerste, uit meerdere Grands Prix bestaande **wereldkampioenschap voor constructeurs** vormden. Voor coureurs telden dus nog steeds alleen losse overwinningen; autofabrikanten konden echter tot kampioen worden uitgeroepen door over meerdere Grands Prix het beste te presteren.

Het inaugurele seizoen kende vier meetellende Grands Prix: in de VS (de Indy 500), België (toen al op het stratencircuit van **Spa-Francorchamps**, waar de Formule 1 Grand Prix vandaag de dag ook plaatsvindt), Frankrijk (op het spiksplinternieuwe circuit van **Linas Montlhéry**, even buiten Parijs) en Italië (op de baan van Monza). Meer dan vijftien andere grote autoraces dat jaar, die vaak de aanduiding Grand Prix droegen, telden echter niet mee voor dit WK.

TECHNISCHE INFO

GEKKE PUNTEN

De regels om deel te mogen nemen aan het eerste wereldkampioenschap voor constructeurs waren nogal rudimentair. Elke fabrikant moest in elk geval aan de start verschijnen van de laatste Grand Prix van het WK, in Italië, evenals de GP in het land van herkomst.

Daarnaast werd er gewerkt met een zogeheten schrapresultaat: voor elk deelnemend merk telde één uitslag van de maximaal vier gereden races niet mee.

Gekker was het puntensysteem. In tegenstelling tot de moderne telling was het destijds de bedoeling om zo min mogelijk te scoren. Feitelijk werd er dus gewerkt met strafpunten:

TABEL 2.1 Puntenverdeling voor het WK in 1925

Positie	Punten
1e	1
2e	2
3e	3
Elke andere finishplek	4
Niet gefinisht	5
Niet gestart	6

De scoreregels zouden in de jaren daarna alweer veranderd worden: schrapresultaten vervielen en merken die aan minimaal twee Grands Prix plus die van Italië meededen, kwamen in aanmerking om deel te nemen aan het kampioenschap.

Met Grand Prix-zeges in België en voor eigen publiek in Italië liet **Alfa Romeo** zich kronen tot allereerste wereldkampioen Grand Prix-racen, vóór het Amerikaanse **Duesenberg** en **Bugatti** namens Frankrijk.

BELANGRIJK

Voor 1926 en 1927 werden de races in België verruild voor twee andere Grands Prix: die van Spanje en Groot-Brittannië. De ambities voor 1928 werden nog groter toen een kalender met zeven wedstrijden werd aangekondigd, maar die flopte. Diverse fabrikanten trokken zich terug tijdens discussies over onder meer de technische regelgeving. Met twee overgebleven GP's was er volgens de regels van het AIACR geen mogelijkheid om de titel te verdienen.

De Europese coureurstitel

BELANGRIJK

Om het idee van een overkoepelend kampioenschap nieuw leven in te blazen, presenteerde de AIACR in 1931 een nieuw Europees kampioenschap met gewijzigde puntentelling. Ditmaal waren het niet de constructeurs van auto's, maar de coureurs zelf die aan het einde van een seizoen kampioen konden worden: het Europees kampioenschap voor coureurs.

Na slechts drie meetellende Grands Prix (Italië, Frankrijk en België) werd Alfa Romeo-coureur **Ferdinando Minoia** uit Italië als allereerste uitgeroepen tot beste Grand Prix-coureur over een heel seizoen – nota bene zonder een race te winnen!

In 1932 ging merk- en landgenoot **Tazio Nuvolari** – die door zijn razendsnelle, gepassioneerde rijstijl nog altijd beschouwd wordt als een van de beste autocoureurs aller tijden – er dankzij twee zeges met die eer vandoor.

PAS OP

De twee jaren daarna was er geen tekort aan Grandes Épreuves (er waren inmiddels vele tientallen races overal ter wereld die de naam Grand Prix droegen), maar werd de titel desondanks niet uitgereikt. Dat gebrek werd in 1935 ruimschoots goedgemaakt door een vernieuwd Europees rijderskampioenschap met zeven meetellende GP's – én een ander, uitdagender technisch reglement.

De monsters uit Duitsland

Na Frankrijk, Italië en Groot-Brittannië was ook Duitsland al snel goed vertegenwoordigd in de Grand Prix-racerij. Die aanwezigheid kreeg wel een flinke tik door de Eerste Wereldoorlog, maar in de jaren twintig keerde **Mercedes-Benz** (een naam die in 1926 ontstond uit een fusie van twee Duitse autobedrijven) terug in de hoogste rangen van de autosport. Al gauw behoorde het merk tot een van de meeste vernieuwende automerken.

BELANGRIJK

Zo verscheen er in 1923 een behoorlijk revolutionaire auto aan de start in de vorm van de Benz ***Tropfenwagen***: de eerste Grand Prix-auto waarbij de motor niet vóór de coureur lag, maar achter hem. Hoewel dit concept met een middenmotor – wat voor een gunstigere gewichtsverdeling en dus verbeterde rijeigenschappen zorgt – niet gelijk doordrong, vormde het later de sleutel tot succes.

Ook de invloed van **Alfred Neubauer** (die na een mislukte loopbaan als coureur teammanager van Mercedes-Benz werd) was groot. In 1926 was hij de eerste om naast gebaren ook vlaggen en borden te gebruiken, om zo signalen aan zijn rijders door te kunnen geven en de teamtactiek tijdens de race te kunnen aanpassen.

VOORBEELD

In de jaren dertig werd het pas echt menens. Door de opkomst van het nationaalsocialisme in Duitsland groeide de autosportliefde daar flink – niet in de laatste plaats omdat Adolf Hitler maar wat graag 'zijn' merken Mercedes-Benz en **Auto Union** (te zien als de voorloper van **Audi**) subsidieerde.

TECHNISCHE INFO

Zij maakten bij uitstek gebruik van regels die voorschreven dat Grand Prix-raceauto's maximaal 750 kilo mochten wegen. Door overvloedig veel aluminium en andere lichtgewicht metalen te gebruiken, wisten de Duitsers hun bolides gemakkelijk heel licht te houden – waardoor forse, voor die tijd extreem krachtige motoren (met vermogensaantallen tot wel 600 pk) gemonteerd konden worden.

De Britten, Italianen en Fransen kwamen ook met ontwikkelingen, maar waren nooit écht partij voor de 'Zilveren Pijlen', zoals de Duitse bolides toen genoemd werden – een term die nog steeds gebruikt wordt wanneer we het over Mercedes-auto's hebben in de Formule 1.

Zelfs een nieuwe reglementswijziging, die motorinhoud afhankelijk van de techniek beperkte in cilinderinhoud en de bijbehorende auto in gewicht, kon deze monsterlijke machines uit Nazi-Duitsland niet afhouden van de absolute dominantie.

Het uitbreken van de Tweede Wereldoorlog in 1939 deed dat wel ...

PAS OP

OORLOGS-GP'S

De laatste (niet voor het kampioenschap meetellende) Grand Prix in Europa voordat WO II het continent lam legde, werd verreden op het circuit van **Belgrado**. Terwijl Polen al was binnengevallen door de Duitsers, won Tazio Nuvolari op 3 september 1939 de laatste GP in het toenmalige koninkrijk Joegoslavië.

Tussen 1940 en 1942 werden nog wel diverse losse Grote Prijzen verreden in onder meer Australië en Amerika, waaronder de Indy 500. In 1943 en 1944 lag de mondiale GP-racerij helemaal stil. De eerste losse Grand Prix die vervolgens weer gehouden werd, was een race door Parijs op 9 september 1945.

Het wereldkampioenschap Formule 1

Toen de wederopbouw na de Tweede Wereldoorlog eenmaal was begonnen, werd ook het hoogste niveau van de autosport al vrij snel weer hersteld.

TECHNISCHE INFO

De CSI ging aan de slag met nieuwe reglementen. Zo werd besloten om Grand Prix-raceauto's in te delen in verschillende categorieën gebaseerd op motorontwerpen – vooral de soorten die tot het uitbreken van WO II werden gebruikt.

BELANGRIJK

Zo ontstond in 1946 de aanduiding Formule 1 (in eerste instantie aangeduid met **Formule A**) voor de snelste soort GP-bolides die nog werden toegelaten. De snelste (en dus gevaarlijkste) monsters die in 1939 voor het laatst in actie kwamen, waren daarmee niet meer welkom – wat overigens ook gold voor Duitse fabrikanten tot vijf jaar na de oorlog.

Ook ontstond er een soort 'tweederangsklasse', Formule 2 (eerst aangeduid als **Formule B**), waarin de zogenoemde '**Voiturettes**' raceten. Dit waren vaak lichtere auto's, voorzien van motoren met een andere opzet, minder capaciteit en dus ook minder vermogen. In 1950 werd ook de Formule 3 ingevoerd als formuleraceklasse voor zeer kleine motoren.

PAS OP

Over welke Grand Prix als eerste met de nieuwe Formule 1-regels gehouden werd, lopen de verhalen uiteen. De eerste GP van 1946 vond op 22 april plaats in de straten van Nice aan de Franse zuidkust, al wordt ook geclaimd dat de Turijnse GP op 1 september van dat jaar de eerste officiële Formule 1-race was. Bovendien waren allerlei landen er als de kippen bij om zelf nationale Formule 1-kampioenschappen op te zetten – wat in Zuid-Afrika en het Verenigd Koninkrijk tot in de jaren zeventig en tachtig doorging.

Hiermee werd het fundament gelegd voor een volledig wereldkampioenschap Grand Prix-racen, door de nieuwe regels verreden als Formule 1-wereldkampioenschap. Ook dit was een geesteskind van de AIACR, die in 1947 werd omgedoopt tot Fédération Internationale de l'Automobile (FIA).

BELANGRIJK

En dus had de FIA een belangrijke mededeling te doen aan het einde van de jaren veertig: met ingang van het seizoen 1950 konden Grand Prix-coureurs strijden om het **wereldkampioenschap voor coureurs**.

Zeven decennia lang ontwikkeling

Dat zorgde niet alleen voor één grote (wereld)titel om voor te strijden, maar bracht ook een stuk meer structuur in de Grand Prix-racerij – die vanaf dat moment steeds vaker simpelweg met 'Formule 1' werd aangeduid.

BELANGRIJK

Belangrijke stappen werden in de jaren daarvoor al gezet door sporadische nieuwe regels. Zo werd voor de Grand Prix van Monaco in 1933 voor het eerst een kwalificatietraining verreden – in navolging van de Indy 500, waar dit al veel langer gebruikelijk was.

Ook werd voor het nieuw opgezette wereldkampioenschap een nieuwe puntentelling gehanteerd. De coureur die aan het einde van het seizoen de meeste punten had gescoord – in tegenstelling tot het eerdere 'strafpuntensysteem' – werd uitgeroepen tot wereldkampioen.

Bovenal was er vanaf het begin van dit nieuwe tijdperk een constante technische evolutie. Na enkele jaren waarin nog met vooroorlogs materiaal werd gereden, brak een periode aan waarin de ene na de andere uitvinding werd gedaan op het gebied van wagenontwerp. Helpende factoren waren ook de aantrekkende wereldeconomie en de grote investeringen in lucht- en ruimtevaarttechnologie, waar Formule 1 tot op de dag van vandaag een hoop technische kennis aan te danken heeft.

PAS OP

Langzaam maar zeker ontstond er zo ook meer aandacht voor de veiligheid in de Grand Prix-races. Het gebruik van helmen in de Formule 1 werd vanaf 1953 verplicht gesteld. Desondanks zouden er in de tientallen jaren die volgden nog bijna elk jaar meerdere dodelijke ongelukken plaatsvinden – en dan hebben we het alleen nog maar over coureurs, niet eens de slachtoffers in het publiek die bij een ernstig ongeval konden vallen.

Jaren vijftig: het echte begin

BELANGRIJK

Het inaugurele seizoen in 1950 vormde dan wel het eerste jaar van het wereldkampioenschap Formule 1, maar het was nog lang niet te vergelijken met de organisatie van tegenwoordig. Onder meer omdat er slechts zeven Grands Prix meetelden (vergeleken met de twintig in 2017):

- de Grand Prix van Groot-Brittannië, op het circuit van Silverstone;
- de Grand Prix van Monaco, op het stratencircuit van Monte-Carlo in Monaco;
- de Indianapolis 500, op het circuit van Indianapolis;
- de Grand Prix van Zwitserland, op het circuit van Bremgarten;
- de Grand Prix van België, op het circuit van Spa-Francorchamps;
- de Grand Prix van Frankrijk, op het circuit van Reims-Gueux;
- de Grand Prix van Italië, op het circuit van Monza.

BELANGRIJK

Vanaf de allereerste voor het wereldkampioenschap meetellende Grand Prix, op 13 mei 1950, bleken de Italiaanse merken al de te kloppen renstallen. Alfa Romeo was oppermachtig en won alle races. Een coureur uit eigen land, **Giuseppe 'Nino' Farina**, werd uiteindelijk uitgeroepen tot de eerste wereldkampioen. Niet lang daarna mengde **Ferrari** zich in de strijd, gevolgd door **Maserati** en later **Lancia**.

Even leek het jonge wereldkampioenschap een vroegtijdige dood te sterven. Voor 1954 waren nieuwe regels geformuleerd, die de ontwikkeling van bolides met innovatieve technieken in de hand moesten werken, waardoor weinig merken er wat voor voelden om Formule 1-auto's voor 1952 en 1953 in te zetten. Noodgedwongen werd daarom twee jaar met lichtere Formule 2-raceauto's gereden. Ook daarmee bleken de Italianen oppermachtig: **Alberto Ascari** werd tweemaal op rij wereldkampioen met Ferrari.

PAS OP

Bovenal draaiden de jaren vijftig om **Juan Manuel Fangio**. De Argentijn domineerde door vijf wereldtitels te veroveren met vier verschillende automerken – waaronder Mercedes-Benz, dat voor twee jaar terugkeerde in de autosporttop, tot een zwaar ongeval tijdens de 24 uur van Le Mans in 1955 het Duitse merk opnieuw noodzaakte tot terugtrekking.

Jaren zestig: de Britse tegenaanval

Al in 1958 werd deelname aan het Formule 1-wereldkampioenschap iets toegankelijker gemaakt door de lengte van Grands Prix te verkorten, van 500 tot 300 kilometer. Niet lang daarna verdween de Indy 500 van de Formule 1-kalender als meetellende wedstrijd voor het WK – deze race werd immers ook niet gereguleerd door de FIA.

BELANGRIJK

Bovendien werd datzelfde jaar het wereldkampioenschap voor Formule 1-constructeurs opgezet, met een puntentelling die afweek van het rijderskampioenschap. De Britse fabrikant **Vanwall** was in 1958 de eerste om zich die titel toe te eigenen, met dank aan de zeer getalenteerde landgenoot **Stirling Moss**.

Dat motiveerde diverse andere Britse merken om extra hard aan de slag te gaan. **Cooper** werd zo in 1958 al het eerste merk dat (eveneens met Moss achter het stuur) een Grand Prix-overwinning behaalde in een auto met een middenmotor – die achter de bestuurder was gemonteerd, in plaats van ervoor.

Aan het begin van de jaren zestig was vrijwel elke constructeur overgestapt op deze ontwerpfilosofie, die voor een gunstigere gewichtsverdeling en dus betere rijeigenschappen zorgde. Merken als **Lotus** en ***British Racing Motors*** (**BRM**) volgden, evenals **McLaren**, **Tyrrell** en **Williams**. De Formule 1 werd zo meer en meer een Britse aangelegenheid – tot op de dag van vandaag hebben verreweg de meeste constructeurs hun fabrieken in Engeland, terwijl het grootste deel van het technische personeel ook Brits is.

TECHNISCHE INFO

Lotus ontpopte zich tot het meest vernieuwende merk. Het team bracht een revolutie teweeg door als eerste succesvol de gehele cockpit met de motor (de krachtige, betrouwbare én betaalbare Ford Cosworth DFV die tot in de jaren tachtig gebruikt zou worden) als één dragend geheel te laten fungeren, wat voor nog betere rijeigenschappen van de auto zorgde.

Bovendien was Lotus het eerste merk dat nadrukkelijk sponsoring (van tabaksmerk Gold Leaf) op de auto zette middels sponsorlogo's en een speciale kleurstelling – wat voor veel extra sponsorinkomsten zorgde.

VOORBEELD

Ook de Formule 1-kalender ontwikkelde zich: in 1969 maakten elf Grands Prix onderdeel uit van het wereldkampioenschap, inclusief wedstrijden in Zuid-Afrika, Canada en Mexico.

Jaren zeventig: vleugels tegen vliegen

BELANGRIJK

Tien jaar later stond eveneens een grote, technologische ontwikkeling centraal die al aan het einde van het vorige decennium was ingezet. Ditmaal ging het om de opkomst van **aerodynamica** in het ontwerp van Formule 1-auto's.

TECHNISCHE INFO

Net als het gebruik van een middenmotor zorgde nu het benutten van luchtstroming (middels rijwind) ervoor dat de wegligging van de raceauto's in bochten aanzienlijk verbeterd kon worden. De opgewekte neerwaartse druk, door het gebruik van vleugels en andere aerodynamische onderdelen, duwde de auto's tijdens het rijden letterlijk tegen het baanoppervlak. En dus: meer grip!

Ook hierin was Lotus de pionier – helemaal toen het Britse merk onder leiding van Colin Chapman in 1978 het **grondeffect** wist te gebruiken, waarbij de gehele onderzijde van een bolide als één grote vleugel fungeerde en de auto naar de grond werd gezogen. Dat bracht overigens niet alleen meer snelheid, maar ook grotere risico's op ongelukken met zich mee.

VOORBEELD

Het bekendste seizoen van de jaren zeventig is zonder meer 1976, waarin **James Hunt** en **Niki Lauda** zestien Grands Prix lang een waanzinnig duel uitvochten, vol rivaliteit, intrige en drama – met als climax een zware crash van Lauda op de levensgevaarlijke **Nürburgring** in Duitsland. Dit Grand Prix-jaar werd nog uitgebreid uitgelicht in de speelfilm *Rush*.

BELANGRIJK

DE GROTE PROFESSIONALISERING

Aan het eind van de jaren zeventig ontstond er een grote, langslepende confrontatie tussen twee kampen binnen de Formule 1:

- De ***Fédération Internationale du Sport Automobile*** (***FISA***), de opvolger van de CSI binnen de FIA. Deze organisatie gold niet alleen als regelgever, maar behartigde ook de belangen van de fabrieksteams, zoals Ferrari en Renault. Aan het hoofd van de in 1979 opgerichte FISA stond destijds **Jean-Marie Balestre**.
- De ***Formula One Constructors Association*** (***FOCA***), een vereniging waarin de overige (privé)teams zonder directe steun van autofabrikanten zich hadden verzameld. **Bernie Ecclestone** was als teameigenaar van **Brabham** ook voorzitter van de FOCA, die in 1978 werd opgericht.

Er werd discussie gevoerd over meerdere onderwerpen, waarbij regelgeving (vooral op het gebied van techniek) en de verdeling van de inkomsten centraal stonden. Aan beide kanten werd gedreigd met boycots en protesten. Meer dan eens verschenen niet alle deelnemers aan de start van een Grand Prix – of werden ze na afloop uit de uitslag gehaald – als gevolg van deze politieke onrust.

De gemoederen kwamen tot bedaren toen in 1981 het **Concorde-verdrag** werd gesloten, waarin afspraken werden vastgelegd over de verantwoordelijkheden van de verschillende partijen en de manier waarop deze werden ingevuld. Ecclestone trok daarbij in financieel opzicht aan het langste eind. De Brit kreeg het voor elkaar om de rechten voor de promotie van de hoogste raceklasse te bemachtigen. Dit betekende dat hij de uitzendrechten voor de videobeelden van Grands Prix mocht verkopen aan aparte televisiezenders voor elk land. Ook kon hij onderhandelen met lokale promotors die Formule 1 Grands Prix wilden organiseren.

Ecclestone vergaarde daar vele honderden miljoenen mee, zeker nadat hij zijn Formule 1-raceteam (in 1987) van de hand deed en de ***Formula One Promotions and Administration*** (***FOPA***) opzette om de commerciële rechten te managen. (Later veranderde de FOPA in de huidige ***Formula One Management*** (***FOM***), als onderdeel van de Formula One Group.) De opbrengsten vloeien nog altijd voor een groot deel terug als prijzengeld voor de renstallen, waardoor onder andere nog meer technologische ontwikkeling mogelijk is.

In 1981 werd het WK officieel omgedoopt tot het '***FIA Formula One World Championship***', waarin het rijderskampioenschap en dat voor constructeurs verenigd waren. Dat luidde tevens het einde in voor Formule 1-races die niet voor het kampioenschap meetelden. De laatste 'losse' wedstrijd was de ***Race of Champions*** (niet te verwarren met de later opgezette competitie die meerdere autosportdisciplines omvat) die in 1983 werd verreden in Engeland.

Jaren tachtig: het turbotijdperk

TECHNISCHE INFO

Eind jaren zeventig keerde Renault terug in de Grand Prix-racerij. De eerste Formule 1-auto van het Franse automerk in 1977 onderscheidde zich door het gebruik van een **turbomotor** – die door middel van een compressor de uitlaatgassen van de motor gebruikte om de luchtdruk van de inlaatlucht te verhogen, waardoor het mengsel van brandstof en zuurstof voor meer vermogen kon zorgen.

BELANGRIJK

Renault had enige ontwikkelingstijd nodig, maar nadat het merk in 1979 de eerste Grand Prix-overwinning in de Formule 1 behaalde, was duidelijk dat turbo's de toekomst hadden. In de loop van de jaren tachtig kwam het zover dat uiteindelijk elk team turbomotoren gebruikte – die zeker met een speciale kwalificatieafstelling krankzinnige hoeveelheden vermogen hadden. (Vaak wel meer dan 1000 pk!)

Omdat het risico op ernstige ongevallen daarmee weer serieus toenam en zowel de FISA als Bernie Ecclestone druk bezig waren om de veiligheid te verbeteren, werden turbo's met ingang van 1989 alweer verboden – tot ze zo'n 25 jaar later alsnog zouden terugkeren.

VOORBEELD

Verder werden de jaren tachtig gekenmerkt door de rivaliteit tussen **Alain Prost** en **Ayrton Senna**. De Fransman Prost liet zich met meerdere wereldtitels middels een zeer gestructureerde aanpak al gelden als F1-grootheid toen de uit Brazilië afkomstige, zeer spirituele Senna zijn teamgenoot werd bij het dominante McLaren-team. De twee raakten verwikkeld in een felle strijd en stonden elkaar jarenlang naar het leven. Steeds meer fans smulden van deze intense soap in de autosport.

Jaren negentig: de digitale dagen

Ook in het laatste decennium van de vorige eeuw werd een ontwikkeling doorgetrokken die tien jaar daarvoor al was ingezet – eveneens door Lotus, dat door middel van actieve wielophanging auto's extra grip wist te geven.

BELANGRIJK

De opkomst van computertechnologie in alle hoeken van de internationale samenleving had ook impact op de Formule 1-wereld. In de jaren tachtig werden computers steeds meer gebruikt: niet alleen om auto's te ontwerpen, maar ook om ze tussen sessies door en later zelfs tijdens het rijden te kunnen controleren.

Aan het begin van de jaren negentig waren computers niet meer weg te denken uit de Formule 1, met de intrede van onder meer **semiautomatische versnellingsbakken** (waarbij koppelen automatisch ging en coureurs alleen op knoppen hoefden te drukken om te schakelen) en **tractiecontrole** (dat voorkomt dat auto's grip verliezen door het vermogen automatisch te beteugelen).

Het gedwongen verlies van turbo's werd al snel goedgemaakt door de terugkeer van krachtige **atmosferische motoren** (zonder luchtcompressiehulp) met meer cilinderinhoud en een hoog toerenbereik. In combinatie met de mogelijkheden die computers boden, resulteerde dat opnieuw in de snelste Formule 1-auto's aller tijden. McLaren, Williams en **Benetton** wisten (met dank aan nauwe banden met hun toenmalige motorleveranciers) de meeste zeges en wereldtitels te veroveren.

PAS OP

Hoewel de directe invloed van computers op de rijeigenschappen van de bolides al snel werd ingeperkt door de FIA (nadat de FISA in 1993 was opgegaan in deze moederorganisatie en voormalig FOCA-jurist **Max Mosley** aan het hoofd kwam te staan), bleek daarmee niet te voorkomen dat de Formule 1-wereld voor het eerst in meer dan acht jaar opgeschrikt zou worden door een dodelijk ongeval van een Formule 1-coureur in actie.

BELANGRIJK

Uitgerekend drievoudig F1-wereldkampioen Ayrton Senna verongelukte tijdens de Grand Prix van San Marino op het circuit van **Imola** – nadat in de kwalificatiesessie al de veel minder bekende coureur **Roland Ratzenberger** dodelijk was gecrasht.

Dit drama gaf een extra impuls om de autosport nóg veiliger te maken, ondanks de vele maatregelen die in de twintig jaar daarvoor al geleidelijk waren geïntroduceerd. Niet alleen door technische beperkingen en verplichtingen, maar ook door strengere eisen te stellen aan de medische faciliteiten van elk Grand Prix-circuit en de mogelijkheid om op elk moment de **safety car** de baan op te sturen ter neutralisatie van een sessie.

BELANGRIJK

DE ÉCHT GROTE DOORBRAAK

Wrang genoeg was het juist de dood van Senna die de mondiale populariteit van de Formule 1 naar een nog hoger niveau tilde. Velen waren immers – bewust of onbewust – nieuwsgierig naar de sport waarin nota bene een van de beste, meest excentrieke en uitgesproken atleten aller tijden in het harnas was gestorven. Televisiezenders betaalden rond de millenniumwisseling grof geld om de wedstrijden te mogen uitzenden.

Ook autofabrikanten hadden de hoogste autosportklasse weer helemaal ontdekt. Op het hoogtepunt waren automerken **BMW**, Ferrari, Ford – tevens met luxemerk **Jaguar** – **Honda**, Mercedes-Benz, Renault en **Toyota** allemaal actief in de Formule 1. Ook andere commerciële partijen, zoals **Red Bull**, verbonden zich maar wat graag aan de sport.

De combinatie van hogere budgetten dan ooit, afkomstig van uitzendrechten, en de betrokkenheid van grote autofabrikanten en sponsoren gaf het circus bijna onbegrensde mogelijkheden om zich verder te ontwikkelen. De technologische vooruitgang ging eveneens harder dan ooit: op het hoogtepunt werden op jaarbasis vele tientallen miljoenen euro's uitgegeven om de krachtigste, betrouwbaarste en (later ook) zuinigste motoren te bouwen. Deze complexe **V10-motoren** (met een totale cilinderinhoud van drie liter) produceerden bovendien het nog altijd kenmerkende, schelle en luide motorgeluid waar veel fans van houden.

Toch bracht het niet zomaar de competitieve apotheose die je zou verwachten. De bolides waren weliswaar sneller dan ooit, maar de zeer geavanceerde aerodynamica zorgde er ook voor dat deelnemers elkaar maar moeilijk konden inhalen – het opwekken van neerwaartse druk middels vleugels verstoorde de luchtstroom voor elke achtervolgende auto, waardoor het gripniveau flink kon dalen zodra iemand dichter bij zijn voorganger probeerde te komen.

Jaren nul: de snelste auto's

BELANGRIJK

Aan het begin van de nieuwe eeuw was er wederom een dominante factor: de combinatie van **Michael Schumacher** en Ferrari. De Duitser was al tweemaal wereldkampioen geworden met Benetton in de jaren negentig, maar legde tussen 2000 en 2004 beslag op nog eens vijf coureurswereldtitels met de Italiaanse renstal. Hij staat nog altijd bekend als de succesvolste F1-coureur aller tijden. Zijn overheersing was zó sterk, dat de populariteit van de sport kort na het bereiken van het hoogtepunt alweer begon te dalen.

Na hem ontstond wel een gemêleerd gezelschap aan nieuwe wereldkampioenen: in vijf jaar tijd verdeelden **Fernando Alonso**, **Kimi Räikkönen**, **Lewis Hamilton** (de eerste deelnemer aan Formule 1 Grands Prix met een donkere huidskleur) en **Jenson Button** de wereldtitels. De tweede helft van 'de jaren nul' staat dan ook bekend als een van de meer competitieve periodes in de geschiedenis van de Formule 1.

TECHNISCHE INFO

Ook het ontbreken van een bandenoorlog droeg daar een steentje aan bij. In meerdere periodes vormden verschillende bandenleveranciers een belangrijke factor in de competitie (of het gebrek daaraan) tussen diverse deelnemers. Nadat Michelin eind 2006 stopte als toeleverancier, reden alle teams tot eind 2010 op **Bridgestone**-banden. Sindsdien levert Pirelli voor iedereen het rubber.

Jaren tien: hybrides

Voor 2009 kwam de FIA wederom met een radicale verandering van het technisch reglement. De auto's moesten kortweg (relatief) goedkoper, aerodynamisch gezien eenvoudiger en zuiniger worden.

TECHNISCHE INFO

Dat werd bereikt door de formaten van de vleugels drastisch aan te passen (vóór heel groot en hoog, áchter klein en smal) en door de introductie van hybridesystemen, waardoor Formule 1-auto's naast het gebruik van een V8-verbrandingsmotor (met een cilinderinhoud van 2,4 liter) ook een elektromotor mochten inzetten. Met een druk op de knop leverde dit ***kinetic energy recovery system*** (***KERS***) een vermogensboost.

Om het inhalen te bevorderen, werden naast de nieuwe aerodynamische beperkingen gladde banden (***slicks***) weer ingevoerd – daarvoor werden sinds 1998 gegroefde banden gebruikt om de bochtensnelheden voor de veiligheid omlaag te brengen.

Bovendien werd in 2011 het ***drag reduction system*** (***DRS***) geïntroduceerd. Hiermee konden deelnemers op bepaalde momenten een flap in de achtervleugel van de auto open laten klappen: de verminderde luchtweerstand zorgde voor extra topsnelheid, wat het uitvoeren van inhaalacties vergemakkelijkte.

BELANGRIJK

Al snel bleek het team van Red Bull – met dank aan het ontwikkelingswerk van technisch genie **Adrian Newey** – het best overweg te kunnen met deze nieuwe voorschriften. Met het Duitse wonderkind **Sebastian Vettel** werden van 2010 tot en met 2013 alle wereldtitels in de wacht gesleept.

TECHNISCHE INFO

Met ingang van 2014 besloot de FIA wederom tot een reglementswijziging: mede onder invloed van Mercedes-Benz, dat als autofabrikant steeds actiever werd met de bouw en verkoop van hybrideproductieauto's, werd de 'vergroening' van de Formule 1 versterkt. Voortaan moest elke aandrijflijn bestaan uit weer een turbomotor (een 1,6-liter **V6**) en een nog krachtigere elektromotor dan voorheen.

Het Duitse automerk met het sterlogo bleek die architectuur met afstand het best te kunnen uitwerken. Drie jaar lang waren de moderne 'Zilveren Pijlen' vrijwel onverslaanbaar. Lewis Hamilton won nog twee coureurstitels, teamgenoot en rivaal **Nico Rosberg** werd kampioen in 2016 – en kondigde prompt zijn afscheid van de hoogste autosportklasse aan!

De nieuwe dominantie kreeg veel kritiek, en ook de nadruk op 'milieuvriendelijk' rijgedrag vond afkeuring, alsmede het gebrek aan sensationeel motorgeluid (de turbo-hybrides zijn door hun techniek minder luid dan de eerdere, grotere atmosferische motoren). Om de sensatie weer op te krikken, werden in 2017 nieuwe technische regels ingevoerd die leidden tot de snelste Formule 1-auto's aller tijden, onder meer dankzij bredere banden en vleugels die nóg meer neerwaartse druk opwekten.

DE LAATSTE DODE

PAS OP

Na het dodelijke ongeval van Ayrton Senna was de veiligheid van de Formule 1 dermate verbeterd, dat er ondanks de vele crashes geen actieve Formule 1-coureurs meer het leven verloren tijdens een Grand Prix-weekend.

Tot de race op het Japanse circuit van **Suzuka** in 2014. De Fransman **Jules Bianchi** (die voor **Marussia** reed) schoot onder natte omstandigheden (in een bocht waar de coureurs gemaand werden tot voorzichtig rijgedrag) van de baan en raakte een soort hijskraan, die net een andere, gestrande bolide wilde wegslepen. Bianchi liep daarbij zwaar hoofdletsel op, werd maandenlang kunstmatig in coma gehouden maar overleed uiteindelijk op 17 juli 2015.

De FIA stelde een onderzoek in en concludeerde dat een combinatie van factoren voor het noodlottige ongeval had gezorgd. Zo zou Bianchi mogelijk niet voldoende vertraagd hebben op de natte baan, nota bene op de plek waar een andere deelnemer al van de baan was geschoten.

Evenzogoed gaf het ongeluk een nieuwe impuls aan de FIA om de veiligheid nog verder te verbeteren, onder meer door de mogelijkheid te onderzoeken om het kwetsbare hoofd van de coureur in de open cockpit beter te beschermen.

Helaas ging het in 2019 wederom mis, zij het niet met een Formule 1-coureur. Tijdens een Formule 2-race in het voorprogramma van de Grand Prix van België was Anthoine Hubert betrokken bij een heftig ongeval, waarbij zijn auto na de initiële botsing (waardoor bepaalde veiligheidsvoorzieningen, die de eerste klap opvingen, hem niet nogmaals konden beschermen) getorpedeerd werd door die van een andere deelnemer. Hubert overleed kort daarop aan zijn verwondingen. Deze situatie was aanleiding voor de FIA om een nieuw onderzoek in te stellen.

Vlak voor het seizoen 2017 werd Liberty Media de nieuwe 'eigenaar' van de Formule 1, door een meerderheidsaandeel te verwerven in de Formula One Group. Bernie Ecclestone werd bedankt voor bewezen diensten en opgevolgd door een drietal topmannen: **Chase Carey** (CEO), **Ross Brawn** (sportief directeur, hij behaalde eerder meerdere wereldtitels in de Formule 1 door als technisch genie te werken met Michael Schumacher) en **Sean Bratches** (commercieel directeur). Onder hun leiding werd de sport toegankelijker en zichtbaarder gemaakt, onder meer met een nieuwe huisstijl, tal van demonstraties en een heuse terugkerende documentaireserie op Netflix: *Drive to Survive*. Bratches stopte weer met zijn rol na 2019, Carey werd eind 2020 opgevolgd door voormalig Ferrari-teambaas **Stefano Domenicali** en Brawn hield het eind 2022 weer voor gezien

Jaren twintig: meer gelijkheid en sensatie

In het nieuwe decennium moet het langste Formule 1-seizoen tot dan toe zich voltrekken. Voor 2020 stonden er 22 Grands Prix op de planning, waaronder de terugkeer van de Nederlandse Grand Prix op Circuit Zandvoort.

TECHNISCHE INFO

COVID-19 EN DE FORMULE 1

Terwijl het coronavirus zich in de eerste maanden van 2020 over de wereld verspreidde, werd ook de Formule 1 hevig getroffen. De vrije training voor de Grand Prix van Australië stond op het punt van beginnen, toen de organisatie het evenement op het laatste moment afblies. In de weken daarvoor en daarna werden de meeste Grands Prix uitgesteld of afgelast, als gevolg van lockdowns of andere beperkingen (onder meer op het gebied van internationale reizen) in een poging om de verspreiding van het virus terug te dringen.

Om na enige tijd het seizoen alsnog te kunnen aanvangen, werkten FOM en de FIA aan een protocol om Grands Prix te organiseren met zo min mogelijk kans op verspreiding van het virus, door onder meer de volgende maatregelen:

- iedereen in de paddock moest verplicht een mondkapje dragen;
- aanwezigen in de paddock werden regelmatig getest op het virus;
- zo min mogelijk medewerkers in de paddock;
- helemaal geen (en later: in beperkte mate) publiek bij de Grands Prix;
- scheiding tussen medewerkers in de paddock en leden van de pers.

Ook in 2021 werd de Formule 1 beperkt door de aanhoudende COVID-19-pandemie, al werden dit jaar minder Grands Prix afgelast. Wel golden dat jaar nog steeds vele tot enkele maatregelen, afhankelijk van de locatie. Voorafgaand aan het seizoen 2022 werd ook bekend dat vaccinatie tegen het coronavirus verplicht werd voor alle medewerkers in de Formule 1-paddock.

BELANGRIJK

Die race werd echter, net als tal van andere, afgelast of uitgesteld na het uitbreken van de COVID-19-pandemie. Door de mondiale gevolgen van het coronavirus kon in 2020 pas begin juli de eerste Grand Prix worden verreden. Om verloren tijd in de halen, werden toen zelfs twee races achter elkaar in één week georganiseerd op de Red Bull Ring in Oostenrijk. Door datzelfde principe op enkele circuits te herhalen, en zelfs (soms behoorlijke last-minute) races te plannen op circuits waar de Formule 1 al jaren niet meer of zelfs nog nooit geracet had, werden er uiteindelijk 17 Grands Prix afgewerkt.

Radicaal andere F1-auto's

De Formule 1 onderging voor het seizoen 2022 de grootste verandering van de regels in tijden. Dit waren de belangrijkste wijzigingen:

» het design volgt voortaan het principe 'ground effect' (populair uit de jaren zeventig en tachtig), waarbij tunnels onder de auto de voornaamste bron van grip vormen en minder verstorende lucht opwekken voor de achtervolgende auto, die als gevolg daarvan dichterbij kan rijden;

» vereenvoudigde vleugels voor en achter, die de luchtstroom minder verstoren dan in het verleden;

» grotere banden (18 in plaats van 13 inch) met een robuust karakter, zodat coureurs harder kunnen pushen, evenals bandenwarmers met een lagere temperatuur om de hoeveelheid grip te beperken bij het verlaten van de pits;

» het minimum gewicht van een F1-auto stijgt met zo'n 50 kg tot minimaal 798 kg, wat voor 2023 daalt tot 796 kg;

» de bevriezing (tot 2026) van de ontwikkeling van motoren om de kosten te drukken, alsmede de introductie van de brandstof E10 – wat voor 10 procent bestaat uit duurzame ethanol;

» er zijn restricties voor de hoeveelheid aerodynamische ontwikkeling die teams mogen maken, waarbij de hoogst geklasseerde renstal van het voorgaande seizoen de minste tijd krijgt en de laagste geklaseerde de meeste;

» het budgetplafond – ingevoerd in 2021 ter hoogte van 145 miljoen dollar – volgt de jaarlijkse daling en staat voor 2023 op 135 miljoen dollar, zij het gecorrigeerd voor inflatie.

De nieuwe regels zijn in het leven geroepen om een einde te maken aan de grote onbalans in de Formule 1, zowel op technisch als sportief gebied. Op de baan vertaalt dit zich naar meer 'close racing'; coureurs kunnen elkaar met de huidige auto's stukken beter volgen dan voorheen, wat resulteert in meer inhaalmanoeuvres en daarmee actie en spektakel. Tegelijkertijd zorgen de sportieve regelwijzigingen ervoor dat de deelnemende teams financieel gezond blijven en op een gelijkwaardig niveau kunnen presteren als de meest vermogen teams. Een grootmacht als Red Bull kan feitelijk niet meer geld uitgeven dan een kleine operatie als Haas.

IN DIT HOOFDSTUK

Hoe de Formule 1-wereld elk jaar opnieuw werkt

Wat er allemaal gebeurt rondom en tijdens een Grand Prix

De belangrijkste regels en hoe ze toegepast worden

Hoofdstuk 3
Elke Grand Prix, elk seizoen

Nu je weet hoe de Formule 1 met een lange aanloop tot zijn bijna zeventigjarig bestaan is gekomen, zul je ook beter begrijpen hoe de hoogste autosportklasse tegenwoordig precies in zijn werk gaat. Er zijn namelijk, nu meer dan ooit, ongelofelijk veel zaken om rekening mee te houden.

PAS OP

Minder geïnteresseerden in de sport zien misschien 'alleen maar' een twintigtal auto's lange tijd rondjes rijden op een circuit en dat keer op keer. In werkelijkheid gebeurt er elke keer dat Formule 1-wagens in actie komen ontzettend veel meer: niet alleen op de baan, maar ook daarbuiten. Enkele duizenden mensen zorgen ervoor dat elk radertje in de machine die Formule 1 heet, draait zoals het moet draaien.

Het is haast onmogelijk om alle rollen die door iedereen worden ingevuld nauwkeurig te beschrijven. Toch zal ik je in dit hoofdstuk meer vertellen over wat er zowel vóór als achter de schermen plaatsvindt in de Formule 1.

Om het een beetje overzichtelijk te houden, gaan we eerst in vogelvlucht door de aanloop naar een seizoen. Daarna nemen we één willekeurige Grand Prix als voorbeeld voor hoe zo'n weekend normaliter verloopt tot aan het einde van het jaar.

De jaarlijkse cyclus

BELANGRIJK

In principe verloopt elk Formule 1-seizoen tegenwoordig volgens dezelfde drie fasen:

1. **Eerst wordt gewerkt om het team voor te bereiden op het aankomende seizoen, vooral door een nieuwe auto te ontwikkelen.**
2. **Er wordt door alle teams samen getest tijdens een beperkt aantal sessies, om de nieuwe auto's helemaal klaar te krijgen voor de start van het eerste Grand Prix-weekend.**
3. **Alle teams komen in actie tijdens de ongeveer 23 raceweekends die een Formule 1-seizoen tegenwoordig bevat.**

Die cyclus herhaalt zichzelf elk jaar. Wanneer er bijvoorbeeld een grote verandering in de technische regelgeving wordt doorgevoerd, zoals dat meestal eens in de paar jaar gebeurt, betekent het vooral dat teams nog harder moeten werken om alles in orde te krijgen.

PAS OP

De voorbereiding op elk nieuw Formule 1-jaar gebeurt vooral achter gesloten deuren. De teams werken namelijk vaak in het diepste geheim, om te voorkomen dat anderen erachter komen hoe ze de concurrentie te snel af willen zijn op de baan.

Het voorgaande jaar

Wanneer je dit leest, zijn de Formule 1-teams al bezig om zaken voor het volgende seizoen in orde te krijgen ongeacht de tijd van het jaar. Zelfs aan het begin van een nieuw kalenderjaar moeten renstallen vaak al rekening houden met wat ze het jaar daarop willen gaan doen.

Een van de belangrijkste voorwaarden voor succes in de Formule 1 is dan ook een goede voorbereiding. Niet voor niets wordt daarom geregeld een planning voor de lange termijn gemaakt: teams, maar ook coureurs, nemen zich voor om binnen enkele jaren een bepaald doel te verwezenlijken en moeten daarvoor keihard werken.

Het komt maar heel zelden voor dat een team of coureur gelijk bij het debuut in de Formule 1 heel veel succes heeft – al is het ook niet volledig uitgesloten.

Verschillen van seizoen tot seizoen zijn vooral te wijten aan de wisseling van personeel. Niet alleen coureurs kunnen overstappen naar een ander team, ook technische medewerkers (zoals de hogergeplaatste engineers en de monteurs, die iets lager in de hiërarchie staan) en zelfs teambazen kunnen van werkgever veranderen.

VOORBEELD

BEGINNEN EN GELIJK WINNEN

De enige coureurs die hun allereerste Formule 1 Grand Prix wisten te winnen, waren Giuseppe 'Nino' Farina (Britse GP, 1950), **Johnnie Parsons** (Indy 500, 1950) en **Giancarlo Baghetti** (Franse GP, 1961). Deze mannen hadden elk echter al de nodige ervaring in het racen met dergelijke auto's, waardoor hun zeges niet heel onverwachts kwamen.

In 1996 was **Jacques Villeneuve** dicht bij de zege in Australië, tijdens zijn allereerste Grand Prix. Die miste hij, al kon hij dat jaar wel al meestrijden om de wereldtitel – waar uiteindelijk teamgenoot **Damon Hill** mee vandoor ging. In 1997 werd Villeneuve alsnog wereldkampioen. Een belangrijke kanttekening is wel dat ook deze Canadees daarvoor al veel race-ervaring in de snelste soort formuleraceauto's had opgedaan in Amerika, waar hij onder meer in 1995 de Indy 500 had gewonnen.

Veel knapper waren de prestaties van Lewis Hamilton, toen hij in 2007 debuteerde. In zijn eerste vijf Grands Prix finishte hij al op het erepodium – zijn zesde GP was de eerste die hij wist te winnen. Ook deze Brit greep in zijn eerste seizoen net naast de wereldtitel, maar won hem een jaar later alsnog.

Bij de teams is er een soortgelijk verhaal te vertellen rond **Brawn GP**. Dit team won de allereerste Grand Prix in 2009 en werd dat jaar ook wereldkampioen. Teameigenaar Ross Brawn had vlak daarvoor echter de inboedel overgenomen van Honda, dat zich eind 2008 terugtrok uit de Formule 1. Datzelfde jaar had Brawn in opdracht van het Japanse automerk al wel een heel goede auto ontwikkeld, die hij daarna onder eigen naam kon inzetten. Vlak voor 2010 werd de renstal overgenomen door Mercedes-Benz.

TECHNISCHE INFO

Zo'n overstap wordt vaak in de loop van het voorgaande jaar al afgesproken vooral om praktische redenen, zodat een nieuw teamlid direct na (of zelfs tijdens) een aflopend seizoen al klaargestoomd kan worden bij zijn nieuwe werkgever. Deze stoelendans wordt door Formule 1-ingewijden ook wel het ***silly season*** genoemd, omdat transfers tussen teams vaak omgeven zijn door geruchten en speculatie.

Verder worden belangrijke veranderingen aan het reglement ook al in de loop van een voorgaand seizoen (of zelfs enkele jaren eerder) besproken en officieel gemaakt. Alleen op deze manier kunnen alle betrokkenen (vooral de technische leden van de teams, die verantwoordelijk zijn voor de ontwikkeling van de nieuwe auto) goed hun werk doen om op tijd voor het volgende seizoen klaar te zijn.

Werken in de winter

Direct na afloop van de laatste Grand Prix van een Formule 1-seizoen worden alle leden van Formule 1-teams alweer op scherp gezet voor het volgende jaar. Vaak is er (rond de kerstdagen en de jaarwisseling) wel tijd voor een korte vakantie, maar er moet ook buiten het raceseizoen hard gewerkt worden – in elk geval door het technisch personeel dat met de ontwikkeling van de nieuwe auto bezig is.

BELANGRIJK

Ook coureurs bereiden zich volop voor op het nieuwe seizoen. Zij zijn vooral te vinden in de sportschool – en soms zelfs op trainingskamp – om fysiek fit te blijven. Meestal krijgen zij echter wel wat meer gelegenheid om vakantie te vieren dan de andere medewerkers van de teams. Toch is er ook geregeld overleg tussen het technisch personeel en de coureurs, om de nieuwe auto zoveel mogelijk naar wens van alle betrokkenen binnen een renstal te krijgen.

Rijders die zichzelf na afloop van een seizoen nog niet verzekerd hebben van een 'racestoeltje' voor het jaar daarna hebben het meestal nog wat drukker. Zij zijn gedurende de winter vaak nog in onderhandeling met teams waar nog een plekje vrij is, om zo alsnog tot een deal te komen en samen te kunnen racen in het nieuwe jaar.

Testen

Voordat er met een Formule 1-auto geracet (of überhaupt geoefend) kan worden, voeren de teams eerst een aantal tests uit. Eerst vele duizenden uren in computersimulaties, later ook verplichte crashtests om te ontdekken of een auto in ontwikkeling sterk genoeg is om een coureur goed te beschermen bij een ongeval.

TECHNISCHE INFO

Wanneer eenmaal de eerste echte kilometers met een nieuwe raceauto worden afgelegd, om te kijken of alle basisfuncties naar behoren werken en er geen fundamentele fouten zijn gemaakt, noemen we dit in autosportjargon ook wel de ***shakedown***.

In de Formule 1 zijn de mogelijkheden om een auto in het echt te testen echter wel aan banden gelegd. Er is per jaar een beperkt aantal gelegenheden om op aangewezen circuits een (groot) aantal testkilometers af te leggen. Deze sessies duren meestal een hele dag en geven de teams de kans om bijvoorbeeld nieuwe onderdelen uit te proberen en meer informatie te vergaren over de manier waarop banden zich gedragen op het gebied van grip en slijtage.

BELANGRIJK

In het verleden kregen teams wel onbeperkt de gelegenheid om hun auto's te testen, ook op eigen gelegenheid. Dat liep na de millenniumwisseling echter nogal uit de hand: Ferrari gaf toen op jaarbasis miljoenen euro's uit om vele tienduizenden testkilometers te kunnen maken, extra ontwikkelingswerk te verrichten en zo jarenlang de Formule 1 te kunnen domineren.

Om die ongelijkheid in de competitie te verminderen en de kosten te drukken, werden de testmogelijkheden op eigen initiatief afgebouwd en uiteindelijk vrijwel verboden.

PAS OP

Tegenwoordig mag een team op eigen gelegenheid nog wel op twee dagen in het jaar honderd kilometer afleggen (per dag), met als doel om promotionele video-opnames te maken. In de praktijk weten sommige teams deze filmdagen nog steeds te benutten om stiekem wat technische onderdelen te testen, al zorgen speciale promotiebanden (met minder grip dan racebanden) er vaak voor dat er niet al te serieus doorgereden kan worden bij het afleggen van deze rondjes.

BELANGRIJK

De eerste tests voor nieuwe Formule 1-auto's worden pas aan het einde van de winter gehouden, meestal in februari en maart, enkele weken voor de eerste Grand Prix –en dus de start van het nieuwe seizoen.

Daarnaast zijn er door het jaar heen enkele tests op doordeweekse dagen na een Grand Prix-weekend, waaronder de laatste van een seizoen. Vaak zijn deze gelegenheden tevens bedoeld als zogeheten ***rookietest***, waarbij coureurs zonder race-ervaring in de Formule 1 de gelegenheid krijgen om een Formule 1-auto te proberen.

Na het uitvoerig uitproberen van de auto en de nieuwe onderdelen keren de teams terug naar hun fabrieken om een enorme hoeveelheid gegevens te verwerken en (waar mogelijk en toegestaan volgens de regels) aanpassingen door te voeren.

De laatste jaren worden ook direct na afloop van de laatste Grand Prix van het seizoen al tests voor Formule 1-teams georganiseerd, vaak bedoeld als rookietests of om banden voor het nieuwe jaar uit te proberen.

Vóór elk raceweekend

Voorafgaand aan elk Grand Prix-weekend op een circuit moet er een heleboel opgebouwd en gecontroleerd worden. Het circuit waar geracet wordt, kan vele weken of soms zelfs maanden van tevoren al geïnspecteerd worden door afgevaardigden van de FIA. Daarbij wordt gekeken naar de kwaliteit van de baan en de faciliteiten, vooral met het oog op de veiligheid.

VOORBEELD

Afhankelijk van de vorige Grand Prix (soms zit er amper een week tussen twee raceweekends) reizen de eerste teamleden al heel vroeg naar zo'n circuit. In veel gevallen komt de eerste lading materiaal aan op de maandag of dinsdag na de vorige race en kunnen de aanwezige teamleden van de renstallen al snel gaan opbouwen.

Daarbij gaat het bijvoorbeeld om tijdelijke ontvangst- en verblijfgebouwen (de *hospitality units*) en de inrichting van pitboxen, waarin de teams met auto's en onderdelen hun intrek nemen aan één kant van de pitstraat. Later volgen vaak de auto's en andere belangrijke onderdelen van de inboedel.

Bij de meeste Grands Prix in Europa worden auto's, onderdelen en andere zaken in vrachtwagens over de weg vervoerd. Bij overzeese Grands Prix, zoals in Azië en Amerika, wordt alles per vliegtuig getransporteerd.

BELANGRIJK

Coureurs, teambazen en andere hogergeplaatste teamleden arriveren meestal wat later op de locatie, doorgaans op de woensdag voorafgaand aan een Grand Prix. Het komt geregeld voor dat ze als bekende gezichten in de Formule 1-wereld eerst nog moeten opdraven voor promotionele evenementen van sponsoren, voordat ze echt aan de slag kunnen gaan op het circuit.

Voorbereiden op locatie

Donderdag is meestal de eerste dag dat alle leden van elk team – van de monteurs en engineers tot de coureurs en teambazen – echt aan de bak moeten. Nog niet met het rijden op de baan, maar wel met allerlei andere voorbereidende werkzaamheden.

BELANGRIJK

Een van de belangrijkste voorbereidende activiteiten is de zogeheten ***trackwalk***. Coureurs verkennen dan met hun engineers de baan, vaak te voet of op de fiets en in enkele gevallen zelfs per golfkarretje! Op deze manier kijken ze naar zaken die tijdens een rondje opvallen, zoals veranderingen aan de baan (ten opzichte van eerdere races), en kunnen ze belangrijke referentiepunten in kaart brengen (zoals borden en muren).

BELANGRIJK

Tot en met 2021 gold donderdag ook als de eerste dag waarop coureurs hun eerste grote mediaverplichtingen bij het circuit vervulden; met ingang van 2022 is dit vrijdag. Zo krijgen journalisten de gelegenheid om vragen over allerlei (vaak actuele) zaken beantwoord te krijgen door de rijders in een algemene persconferentie. Ook zijn er interviewmogelijkheden die door de teams worden georganiseerd – zowel een-op-een als in groepsverband. Met deze uitspraken en andere informatie kunnen verslaggevers hun voorbeschouwingen op een Grand Prix maken.

VOORBEELD

SERIEUS LOL TRAPPEN

De coureurspersconferentie voorafgaand aan elke Grand Prix is een soort traditie geworden, maar niet iedereen is daar even blij mee. Coureurs worden geacht een halfuur stil te zitten en serieus antwoord te geven op vragen van de verzamelde pers. Daar hebben ze echter niet allemaal altijd evenveel zin in.

Lewis Hamilton liet dat in 2016 duidelijk merken door tijdens persconferenties nadrukkelijk met social media op zijn smartphone bezig te zijn. Toen hij daarop werd aangesproken door kritische journalisten, verklaarde hij de persconferenties maar saai en ouderwets te vinden.

Hoewel de coureurspersconferentie (net als die voor andere belangrijke teamleden, zoals teambazen, die later in het weekend gehouden wordt) nog steeds bestaat, probeert de organisatie deze gelegenheid sinds dit soort kritische opmerkingen wel aantrekkelijker te maken. Dit gebeurt bijvoorbeeld door minder rijders tegelijk te laten opdraven, zodat ze per persoon meer vragen moeten beantwoorden.

Controles en checks

Naast de verkenning van het circuit en de media-activiteiten zijn er ook verplichtingen die de teams en coureurs richting de organisatie hebben.

BELANGRIJK

De technische keuring is daarbij veruit de belangrijkste – in het Engels ***scrutineering*** genoemd. Elke Formule 1-auto waarmee dat weekend gereden wordt, moet voorafgaand aan de Grand Prix ter keuring aangeboden worden aan de technische commissie van de FIA.

TECHNISCHE INFO

Deze controleurs kijken nauwkeurig of een auto aan alle voorgeschreven reglementen voldoet. Een belangrijk element is daarbij het **minimumgewicht**: voor het seizoen 2023 moet een Formule 1-auto (inclusief coureur en zijn uitrusting, maar exclusief de brandstof) altijd minimaal 796 kilogram wegen.

Als een auto in een van de trainingen of de kwalificatie schade heeft opgelopen, bijvoorbeeld als gevolg van een crash, dan moet deze opnieuw gekeurd worden voordat er weer mee gereden mag worden. Verder kan de technische commissie op allerlei momenten in (kwalificatie)trainingen besluiten om een auto opnieuw ter weging op te roepen, bij wijze van steekproef. Na de race moeten alle auto's die gefinisht zijn nog een keer gewogen worden.

VOORBEELD

Wanneer een auto niet aan de gestelde eisen voldoet, kan de wedstrijdleiding besluiten om een straf uit te delen. Als een auto (letterlijk) te licht wordt bevonden, kan de deelnemer worden gediskwalificeerd. Ook het vervangen van bepaalde onderdelen die tijdens een Grand Prix-weekend niet zomaar gewisseld mogen worden, zoals de versnellingsbak of een aantal onderdelen van de motor, kan een deelnemer op een straf komen te staan. In dit geval wordt hij voor straf meestal een aantal plaatsen teruggezet op de startgrid voor aanvang van de race.

PAS OP

Ook coureurs zelf kunnen verplicht worden om een keuring te doorlopen, al gebeurt dit veel minder vaak dan het checken van een auto. In dat geval wordt er een **fitheidstest** afgenomen, bijvoorbeeld wanneer iemand voor het eerst een Formule 1-auto zal besturen in een Grand Prix-weekend of wanneer een coureur net is hersteld van een ernstige blessure. Dit gebeurt echter lang niet altijd tijdens elke Grand Prix.

Trainen op vrijdag

Op vrijdag is het eindelijk tijd voor actie. Er worden dan namelijk twee vrije trainingen gehouden, waarin alle coureurs en teams tweemaal één uur de gelegenheid hebben om te oefenen voor de kwalificatie en de race – en in sommige gevallen ook de sprintrace daar tussenin.

PAS OP

In de praktijk betekent dat overigens niet simpelweg zoveel mogelijk rondjes rijden om de baan zo goed mogelijk te leren kennen. Sterker nog, de coureurs worden vaak geacht de baan eigenlijk al uit het hoofd te kennen voordat ze er ook maar een meter in het echt op hebben gereden – door voorafgaand aan een Grand Prix-weekend al te trainen in een **computersimulator**.

BELANGRIJK

In plaats daarvan worden de vrije trainingen vooral gebruikt om te werken aan de afstelling van de auto's. Denk hierbij aan allerlei soorten onderdelen: de wielophanging en de remmen, maar ook de manier waarop de motor reageert op de wijze waarop de coureur gas geeft en remt, alsmede de afstelling van de aerodynamische onderdelen, zoals de voor- en achtervleugels.

De coureurs en teams gaan op zoek naar de ideale **balans** hierin, waarbij onder meer rekening gehouden wordt met de bestuurbaarheid van de auto, het brandstofverbruik en de manier waarop de banden slijten.

TECHNISCHE INFO

Extra lastig is het feit dat we te maken hebben met verschillende soorten banden. Elke soort biedt een andere hoeveelheid grip en een andere levensduur. Het is aan de coureurs om uit te dokteren welke afstelling van hun auto – en welke bandensoort – het meest geschikt is voor de beste prestaties in de kwalificatie en in de race.

Voordat een coureur aan de afstelling kan werken, legt deze aan het begin van een trainingssessie soms eerst een zogeheten ***installation lap*** af. Bij deze verkenningsronde op laag tempo rijdt deze de pitstraat uit en komt aan het einde gelijk weer naar binnen, zonder over het lange rechte stuk van start-finish te komen. Dit is puur om te checken of alle systemen van de auto correct functioneren. Daarna begint pas het echte (afstellings)werk.

BELANGRIJK

Eenmaal goed en wel op weg kunnen de coureurs en teams dus aan het afstellen van de balans werken. Hierbij maken we onderscheid tussen twee manieren waarop gereden wordt:

- ***Short runs***, waarin een coureur zo snel mogelijk een rondje aflegt zonder te veel rekening te hoeven houden met brandstofverbruik en bandenslijtage. Dit is vooral belangrijk met het oog op de kwalificatie, waarin iedereen natuurlijk een zo snel mogelijke rondetijd wil rijden om verder vooraan te mogen starten.
- ***Long runs***, waarin een coureur effectief net zo rijdt als tijdens een deel van een volledige race. De snelheid ligt daarbij enkele seconden per rondje langzamer dan tijdens een enkele, zo snel mogelijke ronde – tijdens de race moet immers spaarzamer omgegaan worden met de brandstof en de banden.

Voor de leek is het vrijwel onmogelijk om het verschil tussen short runs en long runs te zien zonder op rondetijden te letten. Maar zelfs kenners moeten goed opletten om de nuanceverschillen te bemerken tussen één (of enkele) ronde(n) op volle snelheid versus een groter aantal langzamere ronden achter elkaar.

PAS OP

Dat betekent ook dat het best lastig is om voorlopige conclusies te verbinden aan de uitslag van een vrije training. Na afloop van zo'n sessie is wel een overzicht met ieders rondetijden te zien, evenals het aantal ronden dat ze gereden hebben. Maar als niet-teamlid kun je weinig conclusies verbinden aan deze resultaten – ze geven alleen een indicatie van hoe ieders globale tempo op de baan is.

PAS OP

Overigens komt het weleens voor dat in een vrije training coureurs mogen rijden die tijdens de kwalificatie en de race niet in actie komen. Sommige teams gebruiken zo'n sessie dan om een **ontwikkelingscoureur** (ook wel testcoureur genoemd) achter het stuur te zetten. Zo iemand werkt dan vaak een vergelijkbaar programma af als de reguliere coureur, maar benut deze vrije training tevens om extra ervaring achter het stuur van een Formule 1-auto op te doen. Sinds 2022 is het verplicht voor F1-teams om tijdens tenminste twee Grand Prix-weekenden per jaar een rookie in te zetten in een vrijdagtraining.

TECHNISCHE INFO

Na afloop van de trainingen volgt er een hoop overleg tussen de coureurs en de engineers van hun team. In deze ***debrief*** verwerken ze de informatie en ervaringen die zijn opgedaan tijdens de vrije training en bespreken ze de afstelling en hun strategie voor de rest van het Grand Prix-weekend.

PAS OP

Wanneer er tijdens een Grand Prix-weekend sprake is van een sprintrace, wordt de kwalificatietraining in principe aan het einde van de vrijdag verreden. De uitslag hiervan bepaalt dan de startvolgorde voor de sprintrace.

TECHNISCHE INFO

Tot slot is er aan het einde van elke vrijdag een **coureursbriefing**. Hierin bespreekt de sportief directeur van de FIA diverse zaken waarvan de rijders op de hoogte moeten zijn. Ook kan er bijvoorbeeld overleg plaatsvinden tussen de teambazen en de wedstrijdleiding.

PAS OP

EERDER EN LANGER WEEKEND

Zoals ik heb beschreven wordt er al jaren bij elke Grand Prix op vrijdag voor het eerst gereden, met uitzondering van één heel opvallende: die van Monaco. Hier vonden tot en met 2021 de eerste trainingen al op donderdag plaats (en de media-activiteiten op woensdag). Dat is niet alleen omdat de allereerste editie in 1929 samenviel met Hemelvaartsdag, maar ook nog om een andere reden.

Om op het stratencircuit van de hoofdstad Monte-Carlo te kunnen rijden, moeten de straten van dit prinsdom worden afgesloten. Omdat het piepkleine landje tussen de hoge bergen van Zuid-Frankrijk en de Middellandse Zee in ligt, was in het verdere verleden de aanvoer van goederen vaak lastig. Van oudsher werd de vrijdag daarom gebruikt als een soort rustdag, om winkels, hotels, restaurants en cafés van nieuwe voorraden te kunnen voorzien.

Die traditie werd tot en met 2021 in stand gehouden. Aanlevering van goederen was toen echter allang niet meer zo'n probleem – de straten werden namelijk aan het einde van elke dag gewoon weer vrijgegeven. Maar een extra dag betekende wel dat alle aanwezigen langer in Monaco waren en dat de (schreeuwend dure) horecagelegenheden dus extra veel geld konden verdienen ...

Kwalificeren of racen

Op de zaterdag van een Grand Prix-weekend volgt er eerst nog een vrije training van een uur. De coureurs en teams benutten deze vooral om de balans van ieders auto te verfijnen. Bovendien kunnen de omstandigheden op zaterdag anders zijn dan op vrijdag – bijvoorbeeld door wisselende weersomstandigheden.

PAS OP

De hoofdactiviteit op zaterdag is in principe de kwalificatietraining. Dit is de eerste sessie waarin deelnemers zich daadwerkelijk moeten inzetten om zo goed mogelijk te rijden. In de vrije trainingen wordt er immers puur geoefend, terwijl de uitslag van de kwalificatie de startposities voor de race op zondag bepaalt. Tenzij het weekend een sprintrace kent; dan bepaalt de kwalificatietraining de startvolgorde hiervan, en leidt de uitslag van de sprintrace tot de startopstelling voor de race op zondag.

BELANGRIJK

Aan de manier waarop er gekwalificeerd wordt, is door de jaren heen vaak gesleuteld. Inmiddels is er een systeem met drie verschillende heats, die bekendstaan als Q1, Q2 en Q3. We lopen het huidige verloop van een kwalificatie even door:

1. **In Q1 hebben alle coureurs 18 minuten om een zo snel mogelijke ronde te rijden.** Vervolgens vallen (bij twintig deelnemers) de langzaamste vijf af. Van deze afvallers bepaalt ieders snelste tijd in Q1 ook de startpositie.
2. **Na een korte pauze begint Q2, waarin de (vijftien) overgebleven coureurs vijftien minuten krijgen om wederom een zo snel mogelijke ronde te rijden.** Alleen de top tien mag door naar Q3. De afvallers krijgen de elfde tot en met de vijftiende startplaats toegewezen op basis van hun beste tijden in Q2.
3. **In Q3 krijgen de tien snelste coureurs de kans om te strijden om de voorste startplek, die we *poleposition* noemen.** Wie na deze sessie van twaalf minuten de beste tijd heeft, mag dus vooraan vanaf de eerste plek vertrekken. Datzelfde geldt voor de negen plaatsen achter de '*pole sitter*', die ingevuld worden op basis van ieders snelste tijd in Q3.

PAS OP

Voor de coureurs van de snelste teams geldt dat ze meestal vrij gemakkelijk door Q1 en vaak ook Q2 kunnen komen. Voor mindere teams is het al een hele prestatie om Q1 te 'overleven' en door te mogen naar Q2.

TECHNISCHE INFO

Verder zijn er nog diverse belangrijke regels waarvan het goed is om op de hoogte te zijn:

- Bij overtredingen tijdens vrije trainingen of in de kwalificatie (bijvoorbeeld bij het in gevaar brengen of hinderen van een andere deelnemer) kan een coureur voor straf enkele plaatsen terug worden gezet op de startgrid, ongeacht zijn kwalificatieplek.
- Zo'n 'gridstraf' kan ook uitgedeeld worden wanneer een overtreding wordt gemaakt op het technisch reglement, bijvoorbeeld door de montage van een nieuwe versnellingsbak of een nieuw motoronderdeel tijdens het Grand Prix-weekend.
- Wanneer de voorgeschreven tijd van een kwalificatiesessie is verstreken, mag elke deelnemer die bezig is aan een snelle ronde deze nog wel afmaken.
- In het geval van een calamiteit (zoals een ernstige crash) kan een kwalificatieheat vroegtijdig worden beëindigd.
- In de kwalificatie mogen de deelnemers zelf kiezen op welke soort banden ze rijden. Wel moet iedereen die doorgaat naar Q3 de banden die hij in Q2 gebruikt heeft verplicht gebruiken bij de start van de race. Alle deelnemers die Q3 niet gehaald hebben, mogen zelf bepalen op welke van de beschikbare banden ze de race starten.
- Elke coureur die aan Q3 deelneemt, krijgt een aparte set van de snelste soort banden om daarop een zo snel mogelijke tijd neer te zetten.

» Voor iedereen die in Q1 is afgevallen, geldt de zogeheten **107 procentregel**: als iemands tijd méér dan zeven procent langzamer is dan die van de snelste deelnemer in Q1, bepaalt de wedstrijdleiding of deze coureur überhaupt wel aan de start mag verschijnen. Dit is om te voorkomen dat extreem langzame auto's in de race een gevaar zullen vormen. Hierbij kan in sommige situaties echter wel dispensatie verleend worden.

» Een leuk weetje: sinds 2014 is er een trofee voor de coureur in een seizoen het vaakst de snelste was in de kwalificatie en dus de meeste polepositions heeft behaald.

TECHNISCHE INFO

KWALIFICEREN DOOR DE JAREN HEEN

Door de jaren heen zijn er verschillende manieren van kwalificeren geweest.

- In de begindagen van de Grand Prix-racerij werden startposities bepaald door het trekken van lootjes. Pas bij de Grand Prix van Monaco in 1933 werden voor het eerst kwalificatietrainingstijden gebruikt om de startposities te bepalen.
- Vanaf het begin van het Formule 1-wereldkampioenschap in 1950 tot 1996 was er een vaste opzet. Er waren zowel op de vrijdag als de zaterdag lange kwalificatiesessies, waarin coureurs tot het einde zoveel ronden mochten rijden als ze wilden.
- In de jaren tachtig en negentig schreven soms wel veertig deelnemers zich in voor een GP. Omdat het gevaarlijk gevonden werd om zoveel auto's tegelijkertijd op de baan te hebben, was er een zogeheten **pre-kwalificatie** voor de recentelijk minst succesvolle teams en voor nieuwe renstallen. Alleen de vier snelsten mochten door naar de reguliere kwalificatie, waar ze met 26 anderen streden om de maximaal 26 beschikbare startplekken. In 1992 werd de laatste pre-kwalificatie gehouden.
- Vanaf 1996 werd deze mogelijkheid beperkt tot een uur kwalificatietijd, waarin elke deelnemer maximaal twaalf ronden kreeg om een zo snel mogelijke tijd neer te zetten.
- In 2003 kreeg elke deelnemer de baan (en zendtijd op televisie) in twee sessies helemaal voor zichzelf. Iedereen mocht zo één snelle ronde rijden. Daarna mocht geen brandstof bijgetankt worden tot de race was begonnen, waardoor deelnemers vooruit moesten denken over hun pitstopstrategie. Dit systeem werd de daaropvolgende twee jaar op verschillende manieren aangepast, zonder succes.
- De basis voor het huidige systeem met drie heats werd in 2006 gelegd. De invloed van de hoeveelheid brandstof die een deelnemer kon meenemen, bleek echter erg groot. Ook dit systeem werd meermaals aangepast – het verbod op brandstof bijtanken in de race (vanaf 2010) zorgde ervoor dat in de kwalificatie altijd met een nagenoeg lege benzinetank kon worden gereden.
- Voor 2016 werd alweer een nieuwe variant bedacht. Ook hierbij ging het om drie heats, waarbij na enkele minuten elke anderhalve minuut de op dat moment langzaamste coureur afviel. Dit systeem bleek echter zeer complex en verwarrend en werd na twee Grand Prix-weekends al geschrapt en vervangen door de oudere, huidige opzet.

Na elke kwalificatieheat rijden de deelnemers de pitstraat in. Ook na Q3, al is dat voor de top drie gelijk een moment om een klein feestje te vieren. De deelnemers parkeren hun auto's op een speciale plek in de pitstraat, of bij de start-finishlijn waarna ze worden gewogen en de coureurs verschijnen voor de verzamelde televisiecamera's. Daarna volgt er een persconferentie voor de top drie en geven alle coureurs apart nog een reactie op hun kwalificatieresultaat aan de pers.

BELANGRIJK

Vanaf het moment dat de kwalificatie is afgelopen tot aan de start van de race mag aan de auto's niet meer gesleuteld worden! Dit noemen we de ***parc fermé***-regels (letterlijk vertaald als 'gesloten park'-regels) – die ook al in de allereerste Franse Grand Prix van 1906 golden.

TECHNISCHE INFO

In de huidige Formule 1 mogen teamleden wel de banden van een auto vervangen, aan de remmen werken en kleine aanpassingen doen aan de voorvleugel, maar verder helemaal niets. Alleen als een auto ernstige technische problemen heeft, bijvoorbeeld schade door een crash, kan de wedstrijdleiding toestemming verlenen aan een team om extra werkzaamheden uit te voeren. Sowieso mogen monteurs in principe niet tot diep in de nacht aan auto's blijven sleutelen – al kunnen ze hier wel een paar keer per seizoen speciale toestemming voor krijgen.

Aan het einde van de zaterdag volgt er wederom veel overleg tussen coureurs en hun engineers. Met de extra gegevens die op zaterdag zijn verzameld en de vooruitzichten voor zondag (zoals het weer) wordt de strategie voor de race verder uitgestippeld.

In het geval van een sprintrace rijden de coureurs een ingekorte wedstrijd (zonder pitstops) van 100 kilometer, ongeveer een derde van de afstand van een Grand Prix. De sprintrace duurt doorgaans een halfuur en is bedoeld om extra spektakel te creëren tijdens het raceweekend. Tijdens de sessie kunnen de coureurs maximaal in de aanval gaan om een zo goed mogelijke startpositie te veroveren voor de race van zondag. Het resultaat van de sprint bepaalt namelijk de opstelling.

Racen op zondag

Op de zondag van een Grand Prix-weekend is het aanvankelijk vrij stil. In elk geval wat Formule 1 betreft. In de meeste gevallen wordt een Grand Prix ergens in de middag verreden – in Europa is de start bijna altijd om 15.00 uur – al is de afgelopen jaren wat geschoven met dit tijdstip.

PAS OP

Uitzonderingen zijn de races in onder meer Bahrein, Singapore en Abu Dhabi, die 's avonds worden verreden. Ook de vrije trainingen en kwalificatie worden dan meestal wat later op vrijdag en zaterdag gehouden.

TECHNISCHE INFO

Wel rijden er voor de start van de Formule 1-race op zondag in veel gevallen nog andere raceklassen op het circuit. De Formule 2 en Formule 3 zijn opstapklassen voor jonge coureurs, die geregeld in het voorprogramma van de Formule 1 in actie komen. Ook is er de **W Series**, een formuleraceklasse voor alleen vrouwelijke coureurs, die af en toe in actie komen tijdens Grand Prix-weekends. De W Series wordt vanaf 2023 bijgestaan door de **F1 Academy**, een vergelijkbaar initiatief vanuit de Formule 1 zelf. Ook worden er soms races met andere soorten racewagens gehouden, zoals toerwagens of GT-raceauto's – die qua uiterlijk veel meer op gewone productieauto's voor de openbare weg lijken.

Nadat alle andersoortige raceauto's in actie zijn gekomen, resteert voor het raceweekend de Formule 1-race. Maar voordat de auto's ook maar de pitboxen verlaten, worden de coureurs eerst nog zonder hun bolides over het circuit gereden. Tijdens deze rijdersparade, vaak op een open kar of in open productieauto's, worden ze voorgesteld aan het publiek.

Vóór de start

BELANGRIJK

Dertig minuten voor de start van de opwarmronde, die voorafgaat aan de start van de race, mogen Formule 1-auto's de pitstraat verlaten. Middels één of meerdere verkenningsronden op gematigd tempo rijden ze naar het lange rechte stuk van start-finish, waar ze zich in speciale vakken opstellen voor het begin van de wedstrijd: de ***startgrid***.

Omdat het begin van de wedstrijd dan nog even duurt, stappen de coureurs eenmaal op de startgrid vaak even uit hun bolides. Diverse teamleden, waaronder hun engineers en teamleiders, lopen daar ook naartoe om de auto te checken en de laatste voorbereidingen te treffen. Ook krijgen de coureurs dan nog even de gelegenheid om wat te drinken of met bekenden en journalisten te praten.

VOORBEELD

Vaak wordt tijdens deze 'ceremonie' ook het volkslied van het thuisland ten gehore gebracht. Dat wordt overigens heel serieus genomen: coureurs die daarbij niet op tijd aanwezig zijn, kunnen op de vingers getikt worden en zelfs een straf krijgen!

Naarmate de minuten verstrijken, moeten steeds meer mensen de startgrid verlaten. Met nog één minuut tot het begin van de opwarmronde moeten de motoren gestart worden en mogen alleen de coureurs in hun auto's nog op het lange rechte stuk staan.

BELANGRIJK

Wanneer de baan helemaal vrij is, vertrekt het hele deelnemersveld achter de safety car voor een opwarmronde over de baan. Op die manier komen de banden en motoren van de Formule 1-auto's alvast een beetje op temperatuur, waardoor ze beter functioneren – opgewarmde banden zorgen voor meer grip en verbrandingsmotoren moeten altijd opgewarmd worden om goede prestaties te kunnen leveren. Inhalen is dan echter streng verboden.

BELANGRIJK

Aan het einde van de opwarmronde stellen alle deelnemers zich weer op de startgrid op. Vervolgens letten ze op het startsignaal: op een soort stoplicht gaan één voor één vijf rode lampen branden. Even later (een willekeurig aantal seconden, bepaald door de wedstrijdleider) gaan ze allemaal tegelijk uit en is de race begonnen!

PAS OP

Als een deelnemer er niet in is geslaagd om uiterlijk vijf minuten voor de start met zijn auto goed en wel op de startgrid te komen, mag de coureur nog wel vanuit de pitstraat starten. Dit betekent effectief wel dat hij achter het regulier gestarte deelnemersveld op de baan terechtkomt.

PAS OP

STARTEN IN DE REGEN

Het kan natuurlijk regenen op het moment dat de race gaat beginnen. Om al te chaotische situaties met veel crashes te voorkomen, is de wedstrijdleiding in zo'n geval extra voorzichtig met het laten starten van de deelnemers.

In zulke gevallen wordt soms werd bij een natte baan de race gestart achter de safety car. Gedurende een aantal ronden mag niemand elkaar inhalen, totdat de wedstrijdleiding besluit dat de omstandigheden veilig genoeg zijn om de coureurs 'los te laten' en met elkaar te laten racen om posities. In het verleden gebeurde dit dan wel eens met een zogeheten 'rollende start' nadat de safety car de pitstraat was ingereden.

Dit kan echter ook averechts werken, bijvoorbeeld wanneer de omstandigheden ook na een tijd wachten of zelfs rondes achter de safety car niet verbeteren. Dit gebeurde bijvoorbeeld tijdens de Grand Prix van België in 2021: de race werd toen feitelijk wel gestart en enkele ronde verreden met het hele veld achter de safety car, maar in de praktijk werd er geen moment gestreden om posities.

De lichten gaan uit!

De start van een Formule 1-race is zonder meer een van de spannendste momenten in de hele sportwereld!

BELANGRIJK

Terwijl de ogen van alle aanwezigen en kijkers van uitzendingen gericht zijn op het moment dat de rode startlichten uitgaan en de auto's van hun plek moeten komen, is dit voor de deelnemers helemaal intens. De hartslag van een coureur kan op dat moment oplopen tot wel tweehonderd slagen per minuut – dat is twee tot drie keer zoveel als normaal!

TECHNISCHE INFO

Omdat goed wegkomen bij de start zo lastig is, kunnen coureurs daar gelijk al het verschil maken. De crux zit 'm vooral in de enorme power waarover Formule 1-auto's beschikken: het is heel moeilijk om precies de juiste hoeveelheid gas te geven zonder dat het grote vermogen van de motor de achterwielen laat spinnen. Geef je echter te weinig gas, dan komt de auto te langzaam van z'n plek.

Daarbij komt dat de koppeling van moderne Formule 1-auto's niet met een pedaal (zoals in normale, handgeschakelde auto's), maar met een hendeltje aan het stuur wordt bediend. Die moeten coureurs (afhankelijk van hoeveel grip de auto's op de baan hebben) op het juiste moment geleidelijk loslaten terwijl ze ook het gaspedaal bedienen. We noemen dit het vinden van het **bijtpunt**.

VOORBEELD

Wanneer iedereen eenmaal van zijn plek is gekomen en volgas op de eerste bocht afstormt, wordt er natuurlijk gelijk keihard geknokt om posities. Coureurs proberen elkaar te passeren door bijvoorbeeld net wat later te remmen, op een andere manier door een bocht te sturen of eerder gas te geven om zo sneller uit de bocht te komen.

BELANGRIJK

In een race is het natuurlijk het doel van elke coureur om als eerste het aantal ronden af te leggen dat nodig is om de wedstrijd te winnen. Daarom zal elke deelnemer altijd proberen om zo ver mogelijk vooraan in het veld te komen – aangenomen dat deze snel genoeg is, natuurlijk!

TECHNISCHE INFO

Los van de 'natuurlijke' snelheidsverschillen door de verschillende vaardigheden van de coureurs en de wisselende prestaties van de auto's, zijn er nog diverse manieren waarop deelnemers elkaar in kunnen halen, al dan niet geholpen door bepaalde elementen in de regels van Formule 1 Grands Prix. Denk daarbij aan de manieren waarop de banden slijten en het zogeheten '*drag reduction system*' (*DRS*), waardoor coureurs die een seconde achter een andere deelnemer rijden de achtervleugel van hun auto kunnen openklappen om harder te gaan op een bepaald deel van het circuit. (De technische voorwaarden waaraan voldaan moet worden om dit systeem te gebruiken, leggen we verderop uit.)

De regisseurs van de race

BELANGRIJK

Tijdens een Grand Prix-weekend gebeurt er van alles, zeker terwijl de Formule 1-auto's op de baan zijn. Elke sessie, van de trainingen tot de kwalificatie en natuurlijk de race, wordt daarom nauwkeurig gevolgd door een hele groep gespecialiseerde mensen die met elkaar de wedstrijdleiding vormen.

TECHNISCHE INFO

Deze afdeling noemen we ook wel ***race control***. Aan de leiding staat de ***race director*** van de FIA. Hij wordt bijgestaan door allerlei mensen, van medewerkers die bij het betreffende circuit horen tot de zogeheten ***race stewards*** – vaak oud-coureurs die advies kunnen geven over allerlei situaties.

Vanuit een speciale kamer met tientallen schermen houden ze bij of het hele weekend volgens de voorschriften verloopt, of iedereen zich aan de regels houdt, ook in het geval van calamiteiten. Zodoende kunnen de stewards ook straffen uitdelen wanneer dat aan de orde is.

Vlaggen en signalen

Om de coureurs en iedereen die een race volgt (evenals een training of kwalificatie) bepaalde belangrijke zaken duidelijk te kunnen maken, worden er diverse signalen gebruikt om snel en effectief te kunnen communiceren.

Het merendeel daarvan bestaat uit vlaggen (die door veiligheidsmensen – baanposten of ***marshals*** – langs de baan worden gezwaaid) en lichtsignalen – te zien op kleine panelen langs de baan en een klein schermpje in de cockpit van de coureur.

BELANGRIJK

We nemen de belangrijkste van deze signalen even door:

» **Zwart-wit geblokte vlag**: dit is zonder meer de bekendste. Deze wordt gebruikt om aan te geven dat een sessie afgelopen is. Na een training of kwalificatie is deze vlag te zien zodra de tijd verstreken is, aan het einde van een race ziet de deelnemer die gewonnen heeft deze vlag als eerste.

- **Gele vlag**: deze geeft aan dat er gevaar is op een deel van de baan, bijvoorbeeld door een stilstaande auto. Een enkele gele vlag geeft aan dat rijders aantoonbaar langzamer dan normaal moeten rijden, een dubbele gele vlag betekent dat de deelnemers op elk moment moeten kunnen stoppen. Inhalen is verboden als er 'geel hangt' voor een gedeelte van de baan.
- **Groene vlag**: een gevaarlijke situatie is opgelost en de deelnemers mogen weer op maximale snelheid doorrijden.
- **Rode vlag**: de sessie wordt gestopt, vaak als gevolg van een zwaar ongeval of zeer slechte weersomstandigheden.
- **Blauwe vlag**: deze wordt getoond aan coureurs die een snellere deelnemer moeten laten voorgaan. Dit gebeurt bijvoorbeeld wanneer de leider van een race een andere deelnemer (die we dan achterblijver noemen) op een ronde achterstand kan zetten.
- **Geel-rood gestreepte vlag**: deze is te zien wanneer het glad is op de baan, bijvoorbeeld door een olielek van een auto of door een plas regenwater.
- **Zwarte vlag met oranje cirkel**: deze vlag, die ook wel de '***meatball***' (gehaktbal) wordt genoemd, wordt getoond aan deelnemers die een technisch probleem hebben en verplicht de pitstraat in moeten rijden.
- **Half-zwarte, half-witte vlag**: deze geldt in combinatie met het startnummer van een deelnemer als waarschuwing voor een coureur, bijvoorbeeld wanneer hij onsportief gedrag vertoont.
- **Zwarte vlag**: ook deze vlag wordt gegeven in combinatie met het startnummer van een deelnemer. Dit signaal verplicht een coureur om via de pitstraat naar binnen te rijden omdat hij is gediskwalificeerd.
- **Witte vlag**: deze wordt gebruikt om aan te geven dat er een langzaam bewegend voertuig op de baan is, bijvoorbeeld een auto van de hulpdiensten. Soms in combinatie met een gele vlag te zien.

Een ongeluk of andere calamiteit

In de constante strijd om posities – en het feit dat van zowel coureurs als de auto's het maximale gevraagd wordt om zo snel mogelijk te rijden – ligt het risico op een ongeluk natuurlijk op de loer. Ook kan (plotseling) noodweer voor gevaarlijke omstandigheden zorgen.

BELANGRIJK

Wanneer een auto van de baan raakt, tegen de muur rijdt of tegen een andere deelnemer aanrijdt – of er een andere gevaarlijke situatie ontstaat – wordt allereerst de gele vlag gezwaaid. Afhankelijk van hoe gevaarlijk de situatie volgens race control is, kan besloten worden de ***safety car*** (vaak afgekort tot SC) vanuit de pitstraat de baan op te sturen – een normale auto die te herkennen is aan de oranje zwaailichten op het dak.

Als deze maatregel wordt genomen, betekent dit dat de sessie wordt geneutraliseerd. Alle deelnemers moeten in gematigd tempo achter de safety car blijven rijden en mogen elkaar niet inhalen – al kan de safety car wel deelnemers laten passeren totdat de coureur op de eerste positie achter hem rijdt. Pas als de wedstrijdleiding meent dat de situatie weer veilig genoeg is om de coureurs verder te

TECHNISCHE INFO

DE SAFETY CAR KWAM LATER WEL

Hoewel het gebruik van de safety car in de autosport al meer dan een eeuw oud is, begon de Formule 1 daar pas heel laat mee.

Al in 1911 werd tijdens de allereerste Indy 500 een safety car (in Amerika vaak ***pace car*** genoemd) ingezet om het veld aan te voeren wanneer dat nodig was. Bij die race is er zelfs een traditie ontstaan om elk jaar een andere, bijzondere en vaak gloednieuwe productieauto in te zetten voor dit doel.

In de Formule 1 gebeurde dit pas voor het eerst in de Canadese Grand Prix van 1973, toen wegens hevige regenval een Porsche werd ingezet als safety car. Dit gebeurde ook in sommige andere GP's, maar het zou nog twintig jaar duren voordat de safety car officieel werd geïntroduceerd als veiligheidsmaatregel voor elke Formule 1-sessie.

Sinds 1996 wordt hiervoor een sportief model van Mercedes-Benz gebruikt (sinds 2021 afgewisseld met een model van Aston Martin), vanaf 2000 bestuurd door de Duitse autocoureur **Bernd Mayländer**. Naast neutralisatie wordt de safety car ook gebruikt om op diverse momenten in een Grand Prix-weekend verkenningsronden over de baan te rijden.

laten racen, rijdt de safety car de pitstraat in en mogen de deelnemers elkaar weer inhalen.

VOORBEELD

Naast de safety car zijn er nog andere 'normale' auto's (eigenlijk lichtelijk verbouwde productieauto's) die tijdens een Formule 1-sessie de baan op kunnen. Een daarvan is de ***medical car***, met daarin een dokter die zo snel mogelijk ter plaatse is wanneer een coureur of baanpost letsel heeft opgelopen door een ongeluk.

BELANGRIJK

Daarnaast beschikt de wedstrijdleiding over een andere manier om een sessie te neutraliseren: de **virtuele safety car** (afgekort tot VSC). In dit geval komt er geen auto op de baan, maar krijgen de coureurs op de displays in hun auto en langs de baan het signaal dat ze hun snelheid moeten verminderen. De deelnemers mogen dan een bepaald deel van het circuit niet sneller afleggen dan een ingestelde minimumtijd – anders kunnen ze een straf verwachten.

De virtuele safety car zorgt ervoor dat deelnemers voor langere tijd hun snelheid minderen en elkaar niet inhalen, maar de situatie kan sneller opgeheven worden omdat er niet eerst een fysieke auto het circuit hoeft te verlaten via de pitstraat.

BELANGRIJK

Wanneer de situatie écht gevaarlijk is en de wedstrijdleiding het op de baan sturen van de safety car niet voldoende vindt, kan een sessie worden gestopt middels een rode vlag. Alle deelnemers moeten dan de pitstraat inrijden en daar wachten tot de wedstrijdleiding aangeeft wat er gaat gebeuren.

PAS OP

Dit kan ook gevolgen hebben voor de afloop van de race. Er mag maximaal twee uur geracet worden – met eventuele neutralisaties erbij mag de wedstrijd maximaal vier uur duren. Als de wedstrijd vroegtijdig moet worden beëindigd, wordt de stand zoals die een ronde voor de neutralisatie was, genomen als uitslag. Wel kan dit (afhankelijk van het aantal afgelegde ronden) gevolgen hebben voor het aantal punten dat wordt toegekend aan de top tien.

Contact tijdens het rijden

BELANGRIJK

Niet alleen voorafgaand en na, maar ook tijdens elke sessie voeren de coureurs overleg met hun engineers en de leiders van hun teams – die elke sessie volgen vanuit een hokje in de pitstraat. Middels een radioverbinding kunnen ze met elkaar praten over de afstelling van de auto, of informatie uitwisselen over andere deelnemers en omstandigheden.

VOORBEELD

Deze boodschappen zijn ook geregeld te horen in uitzendingen en kunnen tot hilarische taferelen leiden! Zo maakte Max Verstappen tijdens een training voor de Grand Prix van Singapore in 2016 melding van een 'enorme hagedis' die op de baan liep. Die boodschap ging vervolgens – samen met het beeld van een over het asfalt lopende varaan – viral op internet. Dit soort (en andere, serieuzere) boodschappen zijn de afgelopen jaren steeds vaker uitgezonden op televisie. Hierop kwam echter ook kritiek, omdat discrete communicatie tussen bijvoorbeeld deelnemers en de wedstrijdleiding zo steeds lastiger werd.

Naast de radioverbinding kunnen de teams ook informatie doorgeven via **pitborden**, waarop bijvoorbeeld de naam van een coureur, zijn positie en het tijdsverschil met andere deelnemers afgekort af te lezen zijn. Zo'n bord wordt door een teamlid aan de coureur getoond wanneer hij over het rechte stuk van start-finish raast.

Pitstops

In de Formule 1 is het – net als in veel andere raceklassen – tegenwoordig niet mogelijk om in één keer een race uit te rijden. Daarom heeft elke deelnemer de mogelijkheid om de pitstraat in te rijden voor een **pitstop**, waarbij het team (heel kort) de gelegenheid heeft om aan de auto te werken.

BELANGRIJK

Dat gaat dan vooral om het verwisselen van banden – al zijn er ook situaties waarbij een ander onderdeel (zoals een vleugel of stuur) wordt vervangen of een specifieker probleem moet worden opgelost.

Het bijtanken van brandstof gebeurt tegenwoordig niet. Door de jaren heen zijn er wel periodes geweest waarin dit volgens het reglement was toegestaan, waarmee een extra tactische laag aan de races werd toegevoegd. Een auto met minder brandstof weegt immers minder en kan dus sneller, maar ook minder ver rijden.

BELANGRIJK

Vlak voor het voltooien van een rondje kan een coureur de afslag richting de pitstraat nemen. Hij moet zich vervolgens wel aan de strikte snelheidslimiet (doorgaans tachtig kilometer per uur) houden, anders volgt er een straf. Via het indrukken van een knop op het stuur wordt een raceauto door de ***pit-limiter*** automatisch beperkt tot deze maximumsnelheid.

TECHNISCHE INFO

BANDEN IN HET KORT

Het huidige bandenreglement alleen al zorgt voor veel strategische diepgang in de Formule 1. In het kort komt het er op neer dat coureurs een beperkt aantal setjes van verschillende soorten banden mogen gebruiken tijdens elk Grand Prix-weekend.

In de race moet elke deelnemer twee verschillende bandensoorten (***compounds***) gebruiken. Bandenleverancier Pirelli zorgt ervoor dat elk team even goed rubber krijgt.

Daarnaast zijn er natuurlijk banden voor gebruik in de regen, zowel voor lichte nattigheid (***intermediates***) als voor normale tot zware regenval (***full wets***). Wanneer die in de race gebruikt worden, en de wedstrijd tot ***wet race*** (regenrace) verklaard wordt, veranderen de voorschriften. In hoofdstuk 7 ga ik hier veel dieper op in.

TECHNISCHE INFO

Elk team heeft in de pitstraat een eigen ***pitbox*** – de volgorde daarvan wordt doorgaans bepaald op basis van de einduitslag van vorig jaar, waarbij het kampioensteam vooraan staat en de laatste renstal aan het einde. Een team mag alleen een pitstop uitvoeren op de plek voor de eigen pitboxen.

Eenmaal aangekomen bij zijn team slaat de coureur af naar de pitbox en wordt de auto, zodra deze tot stilstand is gekomen, opgetild met speciale hefbomen (die als krik fungeren) door monteurs aan de voor- en achterkant. Het verwisselen van wielen gebeurt razendsnel: binnen twee seconden kunnen de monteurs met een soort speciale pneumatische pistolen (*wheel guns*) alle vier de oude wielen van de auto hebben gehaald en vervangen door een setje nieuwe. Om te voorkomen dat wielen losraken, zijn er nu ook sensoren die aangeven dat de wielen erop zitten.

De coureur kan vervolgens op twee manieren weten wanneer de pitcrew klaar is met de werkzaamheden: middels een man die dan een speciaal bord omhoog haalt (de ***lollipop***, waarmee de coureur ook van een afstand kan zien waar precies zijn pitcrew staat) of een soort stoplicht, dat steeds vaker gebruikt wordt, dat hangt vlak boven de neus van de auto. Bij het wegrijden mag de coureur pas na het verlaten van de pitstraat weer op volle snelheid rijden!

PAS OP

Door pitstops kunnen de posities van deelnemers in een race soms behoorlijk door elkaar geschud worden. Het lijkt dan alsof iemand veel verder voorin (of juist achterin) rijdt dan eigenlijk het geval is, omdat nog niet iedereen een pitstop heeft gemaakt!

TECHNISCHE INFO

Toch kan het wel degelijk voordelig of nadelig zijn om eerder of juist later een pitstop te maken. Als een coureur eerder nieuwe banden haalt dan een van zijn tegenstanders en daarmee tijdwinst kan boeken (omdat hij op vers rubber snellere rondjes kan rijden dan de ander op oude banden), noemen we dit ***undercut***. Wanneer hij juist op oudere banden tijdwinst kan boeken door langer te wachten met een pitstop (bijvoorbeeld omdat hij lange tijd niet voorbij een andere deelnemer kwam), heet dit ***overcut***.

Ook het maken van een pitstop terwijl de (virtuele) safety car voor een neutralisatie zorgt, kan gunstig zijn – andere deelnemers kunnen dan niet gelijk op vol tempo doorrijden, waardoor het tijdverlies in de pitstraat minder is dan anders het geval zou zijn.

PAS OP

Om te zorgen dat een pitstop zo goed mogelijk verloopt, oefenen pitcrews zeer regelmatig op het uitvoeren van hun taken als team – zowel aan het begin en het einde van dagen in een Grand Prix-weekend als in de winter.

De finishvlag valt

BELANGRIJK

Pas wanneer de winnaar van de race na het voltooien van de laatste ronde over de finishlijn komt, wordt er gezwaaid met de bekende zwart-wit geblokte vlag!

Terwijl de voorlopige uitslag (die pas definitief wordt nadat controles zijn uitgevoerd en eventuele protesten zijn bekeken) bekend wordt naarmate de rest van de deelnemers ook de race finisht, rijden de coureurs een uitloopronde. Ze zwaaien naar het publiek en rijden in gematigd tempo terug naar hun teams in de pitstraat.

De coureurs die als eerste, tweede en derde zijn gefinisht, mogen hun auto's apart parkeren. Daar staan hun teams, vrienden en familie om ze te feliciteren. Na het geven van een eerste reactie voor het publiek en de televisie wordt dit drietal naar een aparte ruimte gebracht, waar ze zich nog even kunnen opfrissen voor ze gehuldigd worden op het erepodium:

1. **De top drie komt het podium op, waar ze op hun aangegeven finishposities gaan staan.**
2. **Terwijl het volkslied van het land van de winnaar wordt gespeeld, worden de vlaggen van zijn nationaliteit en die van de andere twee coureurs getoond.**
3. **Vervolgens wordt ook het volkslied ten gehore gebracht van het land waar het winnende team vandaan komt.**
4. **De winnaar, een afgevaardigde van het winnende team, en de nummers twee en drie ontvangen elk hun trofeeën uit handen van belangrijke mensen namens de organisatie van de Grand Prix.**
5. **De drie beste coureurs krijgen elk een fles champagne of mousserende wijn, die om hun prestaties te vieren leeggespoten worden over elkaar en de andere aanwezigen.**

Na de feestelijkheden moeten deze drie rijders nog naar een aparte persconferentie om vragen van (vooral de schrijvende) pers te beantwoorden en vaak in hun eigen taal even iets over de race te vertellen. Tot slot verschijnen ze – net als alle andere coureurs – ook nog voor de camera's van de televisieploegen om nog een laatste maal antwoord te geven op vragen over de race en andere opvallende ontwikkelingen.

PAS OP

SPUITEN MET WAT?

De traditie om de racewinnaar op het erepodium met champagne te laten spuiten, ontstond niet in de Formule 1. Wel werd het al vrij vroeg in de twintigste eeuw gebruikelijk om winnaars van een Grand Prix of andere grote autorace een fles 'bubbels' als overwinningsgeschenk te geven.

De spuittraditie begon met de Amerikaan **Dan Gurney** – die overigens ook een succesvol Formule 1-coureur was. Toen hij in 1967 de 24 uur van Le Mans won met Ford, besloot hij uit blijdschap om zijn fles leeg te spuiten over de aanwezigen.

Tegenwoordig krijgen de beste drie F1-coureurs na de finish eigenlijk geen champagne, maar een fles mousserende wijn. In moslimlanden zoals Bahrein wordt om religieuze redenen non-alcoholisch rozenwater gebruikt.

Ondertussen is er wel een nieuwe, ietwat gekke traditie ontstaan: Australische coureurs zoals Daniel Ricciardo gieten bij zulke feestelijke gelegenheden wat champagne in hun schoen en nemen daar een slok uit, wat ook wel een ***shoey*** wordt genoemd.

Na de race

Na de race worden de auto's nogmaals gewogen om te controleren of elke auto (inclusief coureur) nog steeds aan het minimumgewicht voldoet. Is dat niet het geval, dan kan ook na de finish nog een straf worden opgelegd.

BELANGRIJK

Dat geldt ook voor eventuele andere vergrijpen. Discutabele situaties, zoals coureurs die anderen in de weg hebben gereden, kunnen ook na afloop van de wedstrijd nog eens bekeken en besproken worden door de wedstrijdleiding. Daardoor kan het eindresultaat van een race veranderen – of kan een deelnemer een straf krijgen die hij pas de volgende Grand Prix moet uitdienen, zoals een gridstraf.

Ondertussen zijn de teams allang begonnen met het afbouwen van hun teamruimtes en het inpakken van alle spullen (tenzij er nog tests na een Grand Prix plaatsvinden). Alles gaat dan op transport richting het volgende circuit of de thuisbasis van een team, waar verder ontwikkelingswerk kan worden uitgevoerd.

Daarna begint de hele cyclus per Grand Prix opnieuw. Het is een zeer arbeidsintensief proces, mede door het constante op- en afbouwen van het gehele circus. Je kunt je dan ook vast wel voorstellen dat alle leden van de Formule 1-paddock na afloop van een seizoen, waarin het hele proces meer dan twintig keer wordt afgewerkt, behoorlijk afgepeigerd zijn.

PAS OP

Hoewel er in de winter hard wordt doorgewerkt en er dus nauwelijks sprake is van een winterstop, is er wel een soort verplichte zomerstop. In de maanden juli en/of augustus moeten teams veertien dagen lang een groot deel van hun ontwikkelingsafdelingen stilleggen. Zo hebben veel teamleden in elk geval toch nog een beetje vakantie in het ongelofelijk drukke Formule 1-jaar.

Hoe het kampioenschap wordt beslist

BELANGRIJK

Uiteindelijk gaat het erom – voor elke coureur en elk team – om in een seizoen zoveel mogelijk punten voor het wereldkampioenschap te scoren, door elke Grand Prix – en eventueel ook sprintrace – zo hoog mogelijk te finishen. De **puntenverdeling** per race zie je in tabel 3.1.

TABEL 3.1 WK-puntenverdeling per Grand Prix

Positie	WK-punten
1e	25
2e	18
3e	15
4e	12
5e	10
6e	8
7e	6
8e	4
9e	2
10e	1

BELANGRIJK

Wie tijdens de race de snelste raceronde rijdt, verdient daarmee één extra WK-punt. Voorwaarde is echter wel dat deze coureur in de top tien moet eindigen in de uitslag van de race (zie voor de puntenverdeling tabel 3.2).

Deze puntentelling geldt voor zowel coureurs als teams. Omdat per team twee coureurs worden ingezet, kunnen teams dus ook meer punten per Grand Prix scoren. Wel is het zo dat teams per seizoen maximaal vier verschillende coureurs mogen inzetten die punten voor het kampioenschap kunnen scoren.

PAS OP

Mocht van de volledige raceafstand om wat voor reden dan ook maar 75 procent of minder zijn verreden, dan verdienen de eerste tien coureurs elk slechts de helft van deze puntenaantallen. De coureurs ontvangen daarentegen wel alle punten als de race niet volledig verreden kon worden wegens een neutralisatie. Dit gebeurde – tot ieders verwarring – bijvoorbeeld tijdens de Grand Prix van Japan in 2022, waar een verbaasde Max Verstappen in dergelijke omstandigheden zijn tweede wereldtitel won. Wanneer de race minder dan twee ronden telt, zijn er helemaal geen punten te verdienen.

TABEL 3.2 **WK-punten verdeling per sprintrace per 2023**

Positie	WK-punten
1e	8
2e	7
3e	6
4e	5
5e	4
6e	3
7e	2
8e	1

Ook is het goed om te weten dat coureurs bij het afleggen van negentig procent van de volledige raceafstand geklasseerd worden als gefinisht – ook als ze bijvoorbeeld in de slotfase van de wedstrijd eigenlijk zijn uitgevallen. Redden ze dat niet, dan komen ze in de eindresultaten te staan als uitvallers met de aanduiding *did not finish* (*DNF*).

BELANGRIJK

Als aan het eind van het seizoen blijkt dat coureurs of teams evenveel punten hebben, wordt gekeken naar het aantal zeges, tweede plaatsen, derde plaatsen enzovoort. Mocht zelfs dan geen absolute winnaar kunnen worden aangewezen, dan moet de FIA zelf een inschatting maken welke rijder of renstal als beste wordt geklasseerd aan het einde van een seizoen.

PAS OP

De puntentelling voor het wereldkampioenschap is door de jaren heen geregeld aangepast. De huidige opzet geldt sinds 2010. Vanaf 1950 verdiende alleen de top vijf punten (en was er één punt te verdienen als je de snelste raceronde reed), vanaf 1960 gold dat voor de hele top zes en vanaf 2003 kregen de beste acht coureurs punten. Ook het aantal te verdienen punten is vaak veranderd. Door deze wijzigingen is het dan ook niet helemaal eerlijk om het aantal WK-punten dat

TECHNISCHE INFO

EENMAAL DUBBEL TELLEN

Voor het Formule 1-seizoen van 2014 werd een nieuwe maatregel bedacht om de strijd om het kampioenschap tot de laatste Grand Prix spannend te houden: het toekennen van dubbele WK-punten aan de top tien. Zo kreeg de winnaar 50 punten, de nummer 2 kreeg 36 punten enzovoort.

De dominantie van Mercedes' renstal en vooral Lewis Hamilton was dat jaar echter zo groot, dat deze ingreep weinig deed om het WK spannender te maken. Om verdere verwarring te voorkomen en voor een eerlijkere puntenverdeling te zorgen, werd vanaf 2015 weer de reguliere telling aangehouden.

verschillende coureurs door de jaren heen verzameld hebben met elkaar te vergelijken. Om nog maar het zwijgen over het feit dat er in de beginjaren van het wereldkampioenschap Formule 1 ook wel eens auto's gedeeld werden door meerdere coureurs tijdens Grands Prix!

Hoewel deelnemers nu dus alleen punten krijgen voor de race-uitslag, geldt er wel een officieuze titel wanneer een coureur poleposition heeft gepakt, de race heeft gewonnen door elke ronde te leiden en ook nog de snelste rondetijd heeft gereden. We spreken dan namelijk van een ***Grand Slam***.

Aan het einde van een seizoen

Teams die tijdens een Grand Prix goed gescoord hebben, krijgen na afloop van de race bijna altijd wel de gelegenheid om een feestje te bouwen. Maar pas na de laatste GP van het seizoen heeft iedereen de kans om echt even uit z'n dak te gaan – om daags daarna alweer hard verder te gaan met de voorbereiding voor het volgende jaar!

BELANGRIJK

De prijsuitreiking voor de kampioenen gebeurt niet direct na de laatste race, maar enkele weken later tijdens het jaarlijkse FIA-gala. Daar worden de beste Formule 1-coureur en het beste Formule 1-team gehuldigd, maar ook de winnaars van onder meer het wereldkampioenschap rally en enkele andere wereldkampioenschappen in de autosport.

2

Snelle persoonlijkheden

IN DIT DEEL . . .

Wat Formule 1-coureurs van vroeger en nu kenmerkt.

De meest opvallende F1-coureurs uit Nederland en België.

Huidige en oude renstallen en hun belangrijkste mensen.

IN DIT HOOFDSTUK

- Hoe het leven van een Formule 1-coureur eruit ziet
- Korte biografieën van de belangrijkste rijders
- Waarom vrouwelijke F1-coureurs zeer zeldzaam zijn

Hoofdstuk 4

Coureurs van nu en toen

Het zal voor velen een teleurstelling zijn, maar ik kan niet anders dan je deze harde werkelijkheid vertellen: niet zomaar iedereen kan en mag een Formule 1-auto besturen.

PAS OP

Dat wil zeggen, in principe kan natuurlijk bijna elk mens zich in de cockpit laten zakken en zo achter het stuur plaatsnemen. En met heel veel instructie zal het zelfs menigeen lukken om weg te rijden en een rondje af te leggen – al is de bediening van een Formule 1-auto ontzettend moeilijk door de zeer gevoelige techniek.

Toevallig heb ik dat als 'gewone sterveling' eens mogen ervaren. In 2017 kreeg ik de gelegenheid om zélf te rijden in een Lotus-Renault, hetzelfde type F1-auto waarmee Kimi Räikkönen in 2012 de Grand Prix van Abu Dhabi won. Die drie rondjes op het circuit Paul Ricard in Zuid-Frankrijk waren natuurlijk waanzinnig en zal ik nooit van mijn leven vergeten!

Evenzogoed is dat nog heel wat anders dan écht Formule 1-coureur zijn. Om precies te weten hoe je een auto op hoge snelheid bestuurt, het maximale uit de combinatie van zeer hoogstaande onderdelen halen en dat ook nog eens beter doen dan alle anderen, dat is echt een vak apart.

BELANGRIJK

Formule 1-coureurs moeten dan ook beschikken over een ongeëvenaarde hoeveelheid talent, maar ook over de nodige technische kennis. Ze moeten in korte tijd een flinke dosis ervaring opdoen. Daarbij komen nog behoorlijke eisen aan je fysieke gesteldheid, zowel in de vorm van spierkracht als een uitzonderlijk uithoudingsvermogen. En dan hebben we het nog niet eens gehad over een sterk mentaal gestel.

En dan is er nog de allerbelangrijkste voorwaarde. Er zijn bakken geld nodig, niet alleen om alle 'treden van de trap' richting de absolute top van de autosport te beklimmen, maar ook om te zorgen dat je daadwerkelijk in de Formule 1 kunt komen. De meeste coureurs hebben daarom sponsoren om hen daarbij te helpen.

Als je dit allemaal bij elkaar optelt, zul je snappen waarom de Formule 1-coureurs zo'n bijzondere status hebben. Om die positie te bereiken, moet je namelijk over heel wat kwaliteiten beschikken.

Hoe word je Formule 1-coureur?

De allereerste autocoureurs, meer dan een eeuw geleden, waren vooral waaghalzen en (in sommige gevallen) uitvinders of monteurs met genoeg lef om zelf in elkaar gesleutelde creaties te besturen. Na de Eerste en Tweede Wereldoorlog verruilden veel gevechtspiloten de cockpits van hun militaire vliegtuigen voor die van raceauto's, op zoek naar nieuwe adrenalinekicks.

VOORBEELD

Later gold dit voor allerlei mensen die in aanraking waren gekomen met snelle techniek – van motorfietsen tot sneeuwscooters. Wie goed, snel, rijk of gewoonweg gek genoeg was, had een kans om de Formule 1 te halen.

Zo werkt het tegenwoordig echt niet meer. Uitzonderingen daargelaten, is bijna elke Formule 1-coureur van jongs af opgeleid voor een carrière in de autosport. Het pad is vrijwel altijd al uitgestippeld – ze moeten het alleen nog zo goed mogelijk zien af te leggen.

Beginnen met karten

BELANGRIJK

Vele van de latere F1-coureurs beginnen in hun jeugd al met **karting** en leggen zo de basis voor hun carrière. Menig coureur bestempelt deze sport – waarin op kleine baantjes geracet wordt met een soort zeer lichte, kleine open auto's zonder body – zelfs als de puurste en meest basale vorm van racen.

Bovendien is karten zeer toegankelijk. Bijna iedereen kan het doen bij een kartbaan in (de buurt van) je eigen woonplaats, zowel op een binnenbaan (indoor karting) als een baan in de buitenlucht (outdoor karting).

PAS OP

Een racecarrière kan zomaar beginnen op zo'n lokaal baantje. Jongens of meisjes die veel talent hebben en besluiten aan kartraces deel te nemen, worden vaak vanzelf gescout door racekenners. Een jonge leeftijd is daarbij eigenlijk altijd een vereiste; voor wie ouder dan 12 is, zal het gelijk al moeilijk worden om nog de basis te leggen richting de Formule 1.

Ook in karting kan het er zeer serieus aan toegaan. Er zijn verschillende nationale en internationale kampioenschappen op allerlei niveaus. Weet een autocoureur daarin te presteren, dan ligt de weg open om te promoveren naar de autosport.

Verschillende opstapklassen

TECHNISCHE INFO

Veelbelovende jonge coureurs maken tegenwoordig vaak op vijftien- of zestienjarige leeftijd de overstap naar de autosport. In de meeste gevallen komen ze dan gelijk in de formuleracerij terecht – zoals de Formule 4, die op het moment de beste balans biedt tussen toegankelijkheid, snelheid, populariteit en betaalbaarheid, al kost één seizoen rijden al gauw vele tienduizenden euro's.

Van hieruit zijn er meerdere opties voor een coureur om door te groeien. Eén daarvan is het deelnemen aan diverse, relatief onbekende, regionale kampioenschappen. De verzamelnaam hiervoor is Formula Regional. Hierin wordt met formuleauto's geracet die wat meer vermogen hebben dan Formule 4-auto's.

De categorieën die het dichtst bij de Formule 1 liggen (in letterlijke zin, omdat de races vaak in het voorprogramma van een Grand Prix worden verreden) zijn de Formule 3 en Formule 2, die geldt als het voorportaal voor het allerhoogste niveau. Vergelijkbaar met de Formule 3, maar dan alleen voor vrouwelijke coureurs, is de formuleraceklasse W Series.

PAS OP

Hoe lang een coureur in een bepaalde klasse actief kan zijn, verschilt nogal van geval tot geval. Gemiddeld wil een racetalent niet langer dan twee of drie jaar in dezelfde opstapklasse racen – anders geeft dat het signaal af dat deze niet goed genoeg is om de Formule 1 te bereiken. Ook zijn er gevallen (zoals Kimi Räikkönen en Max Verstappen) waarin coureurs al na één jaar in een bepaalde opstapklasse als F1-coureur aan de slag konden.

Jonge coureurs die zich toeleggen op een carrière in de autosport, volgen vaak ook geen normale scholing. Ze halen hun middelbareschooldiploma vaak middels een topsportschool of les op afstand.

De top bereiken

Als een coureur zich voldoende bewezen heeft in een of meerdere opstapklasse(n) en hij een racestoeltje in de Formule 1 kan bemachtigen, mag hij zich officieus tot de beste autocoureurs ter wereld rekenen.

PAS OP

Feit is dat talent alleen vaak niet genoeg is om het allerhoogste niveau te bereiken. Zelfs coureurs die indrukwekkende prestaties leveren in lagere (formule) raceklassen, kunnen de Formule 1 mislopen om allerlei redenen – bijvoorbeeld omdat geen enkel team ze vindt passen binnen de renstal of omdat ze simpelweg niet voor genoeg inkomsten (via sponsoren) kunnen zorgen.

In dat geval zijn er genoeg andere soorten raceklassen waarin ze vaak wel terecht kunnen, van racen met gesloten auto's (zoals toerwagens en GT-raceauto's), maar ook met andersoortige formuleauto's, zoals de volledig elektrische Formule E-bolides.

TECHNISCHE INFO

KLAARGESTOOMD DOOR TEAMS

Een fenomeen dat de laatste vijftien jaar flink is gegroeid, is het opleidingsprogramma dat veel Formule 1-teams hebben ingesteld. Daarin kan een coureur al op zeer jonge leeftijd worden vastgelegd middels een contract, bedoeld om hem te helpen op weg naar de allerhoogste raceklasse.

Zo'n systeem, zoals het **Red Bull Junior Team** of de **Ferrari Driver Academy**, biedt een jonge coureur dan fysieke, mentale en financiële steun. De intentie is meestal ook om zo'n rijder een plekje in de Formule 1 te geven wanneer hij daar klaar voor is, al is dit absoluut geen garantie.

Het leven van een Formule 1-coureur

Hoera, je zit in de Formule 1! En nu? Is het doel bereikt nu je actief mag zijn op het allerhoogste niveau, of wil je ook daadwerkelijk bijzondere prestaties behalen in de 'Champions League van de autosport'?

BELANGRIJK

Dat is namelijk de vraag die elke Formule 1-coureur zich, onbewust of niet, zal stellen. In principe wil iedereen natuurlijk meer – de absolute top bereiken door de snelste te zijn, races winnen en uiteindelijk wereldkampioen worden.

Niet alleen om de zoete smaak van succes te proeven, maar ook om zich te verzekeren van een verdere toekomst in de autosport. De concurrentie is immers altijd moordend: zelfs wanneer een rijder grote, gevestigde namen in een race of een heel seizoen heeft weten te verslaan, volgen er vanzelf andere gretige racetalenten om hetzelfde te doen met jou!

Heel veel trainen

Eén belangrijke voorwaarde voor succes is een sterk lichaam. Niet voor niets trainen Formule 1-coureurs heel erg veel om hun spierkracht en uithoudingsvermogen op zeer hoog niveau te krijgen en te houden.

PAS OP

Het lijkt misschien alsof het besturen van raceauto's niet zo intensief is als bijvoorbeeld voetbal of wielrennen, maar zeker in het geval van F1-auto's is een hoop spierkracht nodig:

- om te kunnen sturen, ondanks de eventuele aanwezigheid van stuurbekrachtiging om het veranderen van richting iets lichter te maken;
- om de hoge G-krachten die op het lijf van een coureur worden uitgeoefend tijdens het rijden te kunnen weerstaan;
- om te kunnen remmen, waarvoor meer dan honderd kilo aan remdruk moet worden gegeven op het rempedaal.

Omdat dat alles ook veel energie kost en coureurs een hele race lang geconcentreerd moeten kunnen blijven, is een goede conditie van essentieel belang. Ze trainen daarom vaak in de sportschool, maar ook door middel van hardlopen, zwemmen en fietsen.

Bovendien verliezen coureurs door de inspanning (en afhankelijk van de temperatuur) tot wel drie kilo aan lichaamsvocht, wat ze deels kunnen terugkrijgen door tijdens het rijden (via een lang rietje) te drinken.

Bijna elke coureur beschikt over een coach, die in veel gevallen ook aanwezig is bij raceweekends om te helpen met allerlei zaken – van het opwarmen van spieren tot het dragen van spullen. Zo'n coach let er vaak ook op dat een coureur goed eet en de juiste voedingsstoffen binnenkrijgt.

BELANGRIJK

Minstens zo essentieel voor een coureur is het trainen in de simulator. In deze nagebouwde cockpit van een (Formule 1-)raceauto kunnen ze namelijk virtueel oefenen dankzij het gebruik van zeer geavanceerde software. Op eigen gelegenheid met een actuele Formule 1-auto een testrondje rijden in de echte wereld is immers verboden.

Glitter en glamour

Veel autocoureurs van hoog niveau worden vroeg of laat meegesleurd in het entertainmentcircuit. Dat is ook wel logisch, want ze zijn actief in een wereld waar veel geld omgaat vanuit allerlei grote bedrijven, die maar wat graag gelegenheden (zoals feestjes) organiseren om relaties en andere bekendheden uit de jetset bij elkaar te brengen.

PAS OP

Formule 1-coureurs kunnen zich echter niet te veel laten meeslepen in het feestgedruis. Niet alleen omdat ze (zeker vlak voor en tijdens het seizoen) aan hun fysieke gestel moeten denken, maar ook om te voorkomen dat ze te veel negatieve media-aandacht trekken, bijvoorbeeld door in de roddelpers te verschijnen – wat natuurlijk ook kan door andere 'interessante' persoonlijke omstandigheden, waar een coureur lang niet altijd zelf voor kiest.

BELANGRIJK

Mede daarom verzamelen Formule 1-coureurs vaak een team van enkele mensen om zich heen. Zo hebben ze bijna altijd een **manager** die als zaakwaarnemer optreedt in het contact met relaties – bijvoorbeeld bij het voeren van contractonderhandelingen. Sommige rijders hebben ook een eigen **mediamanager** voor hun contact met journalisten en het beheren van zaken zoals hun website en socialmediakanalen.

Snel miljonair

Los van de mogelijkheid om te kunnen deelnemen aan Grands Prix, strijken de beste en meest ervaren coureurs forse salarissen op.

BELANGRIJK

Afhankelijk van zijn staat van dienst kan zo'n vergoeding voor een coureur oplopen tot enkele tientallen miljoenen euro's per jaar.

Het begint wel met een stuk minder geld: een beginnende coureur mag als rookie al blij zijn met een jaarsalaris van zo'n 250.000 euro. Nog steeds een enorme hoop geld voor 'normale' mensen, maar een schijntje binnen de coureurswereld. Meestal blijven deze bedragen strikt geheim – al zijn er media die claimen dat ze de juiste bedragen weten te melden.

VOORBEELD

Vaak wordt er een overeenkomst gesloten voor meerdere jaren, waarbij van een coureur verwacht wordt dat hij bepaalde prestaties weet te behalen – waaraan dan ook weer prestatiebonussen kunnen worden gekoppeld. Anderzijds zijn er ook gevallen waarin het team competitief genoeg is om de samenwerking voor de rijder interessant te houden.

Daarnaast is er nog een belangrijke bron van inkomsten voor de coureurs: het uitbuiten van hun branding. Denk daarbij aan het verkopen van merchandise, zoals kleding, boeken en andere leuke dingen waar fans graag geld voor betalen – met daarop de naam, het startnummer en de kleuren van het team waarvoor hij actief is.

TECHNISCHE INFO

Overigens is het niet alleen maar een kwestie van ieder voor zich en zoveel mogelijk geld verdienen door te scoren in de Formule 1. Het grootste deel van de coureurs is verenigd in de ***Grand Prix Driver's Association*** (*GPDA*), een belangenvereniging die opkomt voor de veiligheid van de rijders, maar die zich ook bemoeit met de manier waarop de sport zich ontwikkelt.

De grootste toppers van nu

Hoewel het aantal Formule 1-rijders maar een fractie is van alle coureurs die je op de hele wereld kunt vinden, hebben we nog steeds te maken met een behoorlijk aantal. Je kunt namelijk wel stellen dat vele honderden tot duizenden mannen (en enkele vrouwen) door de jaren heen de snelste soort bolides in competities hebben bestuurd.

Helaas kan ik die onmogelijk allemaal uitlichten – al verdienen ze ieder een eigen boek, want elk verhaal van een coureur die de Formule 1 haalt, is het vertellen waard.

PAS OP

We beperken ons daarom even tot de huidige selectie coureurs, waarbij we extra aandacht schenken aan de succesvolste rijders – afgemeten aan de statistieken tot en met het Formule 1-seizoen 2022. Deze mannen trekken immers de meeste aandacht en worden dus (terecht) gezien als de gezichten van de sport. (Max Verstappen behandelen we afzonderlijk in het volgende hoofdstuk, evenals zijn landgenoten en Belgische coureurs.)

Lewis Hamilton

Het verhaal van deze Brit (geboren op 7 januari 1985) is om meerdere redenen bijzonder. Onder meer omdat hij al als jonge kartcoureur werd vastgelegd bij McLaren, waarbij hij in 2007 debuteerde als eerste Grand Prix-deelnemer met een donkere huidskleur. In zijn tweede jaar veroverde Lewis Hamilton al zijn eerste wereldtitel.

Sinds 2014 is Hamilton actief voor Mercedes (met startnummer 44) waarmee hij in 2014, 2015 en 2017 tot en met 2020 weer kampioen werd. Daarmee is Lewis Hamilton, als we kijken naar de combinatie van aantal wereldtitels en Grand Prix-zeges, de succesvolste F1-coureur aller tijden. Hij staat bekend als een openhartig coureur die zijn (soms behoorlijk wilde) privéleven graag uitgebreid tentoonstelt op social media, maar anderzijds ook erg bewust bezig is met de mentale kant van de de autosport en het leven.

Nadat hij eind 2021 de strijd om de F1-wereldtitel verloor van Max Verstappen, trok hij zich lange tijd terug uit de (online) openbaarheid en werd er gefluisterd dat hij de Formule 1 zou willen verlaten. Hamilton keerde in 2022 echter gewoon terug, al kon hij wegens een weinig competitieve Mercedes geen gooi doen naar het kampioenschap.

Fernando Alonso

Fernando Alonso geldt als een van de meest ervaren actieve F1-coureurs. De Spanjaard (geboren op 29 juli 1981) versloeg met het Renault-fabrieksteam in 2005 en 2006 Michael Schumacher in de strijd om de wereldtitel. Met McLaren en Ferrari wist hij wel de nodige zeges te behalen, maar nooit meer kampioen te worden.

Alonso rijdt met startnummer 14 en is vermaard om zijn combinatie van verfijnd talent, wijsheid en doorzettingsvermogen. Zijn tweede periode bij McLaren vanaf 2015 hield hem alleen maar van topklasseringen af door de moeizame ontwikkeling van de krachtbron van Honda. Hij nam daarom eind 2018 afscheid van de Formule 1, richtte zich op andere takken van autosport – waaronder de Indy 500, Dakar Rally en de 24 uur van Le Mans, die hij tweemaals wist te winnen. In 2021 maakt hij zijn rentree met Alpine, dat hij na twee seizoenen in de middenmoot verliet voor een avontuur bij Aston Martin. De 41-jarige Alonso is sinds eind 2022 de F1-coureur met de meeste starts (356 GP's) op zijn naam en zal hier nog de nodige deelnames aan toevoegen.

Valtteri Bottas

Er werd veel van Valtteri Bottas – die met startnummer 77 rijdt – verwacht vanaf zijn debuut in 2013. De Fin (geboren op 17 oktober 1979) reed vier jaar lang voor Williams en vergaarde veel podiumfinishes, maar een overwinning bleef uit. Hij zegevierde pas voor het eerst in 2017, als teamgenoot van Lewis Hamilton bij Mercedes. Met dat team wist hij in totaal tien Grands Prix te winnen. Voor 2022 maakte hij de overstap naar de renstal Alfa Romeo.

Bottas staat bekend als een coureur die de hoge verwachtingen nooit echt waar wist te maken, vooral als teamgenoot van Hamilton. Toch beschikt hij over zijn eigen kwaliteiten, wegens zijn natuurlijke tempo en betrekkelijk koele karakter. Anderzijds is hij ook een coureur die het vooral van hard werken moet hebben en die niet direct over een killersmentaliteit beschikt.

Charles Leclerc

Charles Leclerc (geboren op 16 oktober 1997) wordt samen met Max Verstappen gezien als een van de grootste talenten van de nieuwe generatie F1-coureurs. Het toeval wil dat de twee elkaar in de karts al in de haren vlogen. Tegenwoordig zetten ze die rivaliteit voort in de Formule 1, waar ze uitkomen voor de grootste teams in de sport.

Leclerc, die met startnummer 16 rijdt, tekende na een overtuigend debuutseizoen voor Alfa Romeo een langdurig contract bij Ferrari, waar hij de reusachtige taak heeft om het goud voor het eerst sinds 2007 terug naar Maranello te halen.

Hoewel Leclerc om allerlei redenen slechts vijf races wist te winnen in de Formule 1, zijn er weinig die aan hem kunnen tippen in de kwalificatie. De Monegask heeft al 18 polepositions op zijn naam – een bewijs van zijn uitzonderlijke snelheid en autocontrole. Een gebrek aan ervaring (en soms kalmte) betekent dat er bij de Ferrari-coureur zo nu en dan een kostbaar foutje in kan schieten.

Sergio Pérez

De carrière van Sergio Pérez (geboren op 16 januari 1990) laat zien dat je nooit moet opgeven en iedere kans moet pakken die je krijgt. De Mexicaanse coureur leek eind 2020 op weg naar de uitgang van de Formule 1, totdat een dramatische zege in Bahrein voor het team van Racing Point (tegenwoordig Aston Martin) zijn koers drastisch veranderde.

Pérez is vanaf 2021 actief voor Red Bull Racing, waar hij de teamgenoot is van Max Verstappen. Sinds de overstap naar de Oostenrijkse renstal heeft hij twee verdere overwinningen en een poleposition bijgeschreven op zijn cv, om de meest succesvolle Formule 1-coureur uit Mexico te worden. Pérez wordt geprezen om zijn consistentie (zijn vermogen voortdurend goede resultaten te behalen) en het uitstekend omgaan met de banden.

De rest van het huidige veld

We gaan in vogelvlucht door de rest van het veld voor het seizoen 2023 heen, om kort aan te geven wie per dit seizoen de actieve Formule 1-coureurs zijn:

- **Kevin Magnussen** (5 oktober 1992 in Denemarken, startnummer 20) debuteerde in 2014 met een podiumfinish bij McLaren, maar wist zich verder nooit echt te bewijzen bij Renault of bij Haas, waar hij sinds 2022 weer actief is;
- **Nico Hülkenberg** (19 augustus 1987 in Duitsland, startnummer 27) heeft zich sinds zijn debuut in 2010 bewezen als een zeer solide coureur (die tevens Nederlands spreekt!), maar hij wist nooit een podiumfinish te behalen – hij krijgt na drie jaar afwezigheid als fulltime-coureur de kans hier verandering in te brengen met het team van Haas;

- » **Carlos Sainz** (1 september 1994 in Spanje, startnummer 55) mocht als zoon van zijn gelijknamige vader (tweevoudig wereldkampioen rally) in 2015 debuteren als teamgenoot van Max Verstappen bij Toro Rosso, maar verliet na tweeënhalf seizoen het Red Bull-nest bij gebrek aan groeikansen – die keuze legde hem geen windeieren, want na twee respectievelijke seizoenen bij Renault en McLaren komt de Spanjaard tegenwoordig uit voor Ferrari;
- » **Esteban Ocon** (17 september 1996 in Frankrijk, startnummer 31) streed ooit met Max Verstappen in het Europees kampioenschap Formule 3 en onderstreepte zijn status als one-to-watch door een chaotische GP van Hongarije te winnen met middenmoter Alpine, waarvoor hij sinds 2020 uitkomt;
- » **Lance Stroll** (29 oktober 1998 in Canada, startnummer 18) zorgde voor controverse door met miljoenen van zijn vader op de zeer jonge leeftijd van 18 jaar in de Formule 1 te debuteren bij Williams, maar bewijst bij vlagen een zeer cabapel coureur te zijn – getuige zijn indrukwekkende poleposition in een regenachtig Turkije;
- » **Zhou Guanyu** (30 mei 199 in China, startnummer 24) maakte meteen een goede indruk door als eerste Chinese F1-coureur punten te scoren bij zijn debuut, maar heeft wegens ondermaats materiaal verder weinig van zich kunnen laten zien;
- » **Yuki Tsunoda** (11 mei 2000 in Japan, startnummer 22) is een ruwe diamant die als product van de jeugdopleidingen van Honda en Red Bull veel potentieel heeft, maar regelmatig iets te bevlogen en gepassioneerd uit de hoek komt – wat meer dan eens leidt tot grappige en eerlijke uitspraken;
- » **Pierre Gasly** (7 februari 1996 in Frankrijk, startnummer 10) begint in 2023 een nieuw avontuur met Alpine na een tumultueuze tijd bij Red Bull, met als buit een zinderende zege in Monza;
- » **Lando Norris** (13 november 1999 in Groot-Brittannië, startnummer 4) is sinds 2019 de vaste kracht bij McLaren en geldt door zijn opportunistische prestaties en opvallende stuurkunsten als een van de smaakmakers van de sport – opvallend genoeg scoort Norris naast de baan misschien nog wel beter, dankzij zijn aanstekelijke persoonlijkheid en actieve aanwezigheid op social media;
- » **George Russell** (15 februari 1998 in Groot-Brittannië, startnummer 63) kreeg na een driejarig traject bij Williams eindelijk zijn grote doorbraak te pakken als coureur voor Mercedes, waar hij sinds 2017 onderdeel uitmaakt van de familie om op termijn de grote stappers van Lewis Hamilton te vullen;
- » **Logan Sargeant** (31 december 2000 in de Verenigde Staten, startnummer 2) ziet zijn droom bijna in duigen vallen wegens gebrek aan financiële middelen, maar door het onderste uit de kan te halen in de opstapklassen weet hij een plek op te eisen in de academie van Williams, waar hij in 2023 debuteert in de F1;
- » **Alexander Albon** (23 maart 1996 in Groot-Brittannië, startnummer 23) stond tweemaal op het podium voor Red Bull, maar wist het niet waar te maken voor de veeleisende renstal en komt na een jaar aan de zijlijn uit voor Williams – hier is de Brits-Thaise coureur sinds 2022 een solide kracht.

PAS OP

De volledige rijdersbezetting in de Formule 1 verandert van jaar tot jaar. Maar ook tijdens een seizoen komt het weleens voor dat een team andere coureurs inzet dan een vast duo, bijvoorbeeld omdat een 'vaste' rijder niet fit is of omdat hij niet aan afgesproken betalingen kan voldoen middels sponsoren.

Zo wist Nyck de Vries na een fabelachtig optreden tijdens de Grand Prix van Italië een stoeltje te bezegelen voor 2023 bij zijn invalbeurt voor een door appendicitis getroffen Alexander Albon.

Enkele invallers voor het seizoen 2023 zijn:

- **Daniel Ricciardo** (1 juli 1989 in Australië, startnummer 3) staat naast zijn kenmerkende grijns en joviale humeur bekend om zijn scherpe en gedurfde rijgedrag, maar moet zijn stoeltje na twee tergende jaren bij McLaren opgeven aan Oscar Piastri, waarna hij weer terugkeert in het nest van Red Bull.
- **Mick Schumacher** (22 maart 1999 in Zwitserland, startnummer 47) kan de schaduw van vader Michael Schumacher niet ontvluchten, maar is in zijn eigen recht een zeer degelijke rijder, al wist hij tijdens zijn tweejarig contract weinig potten te breken voor het ploeterende Haas – na zijn vertrek uit de Ferrari-familie wordt Mick (net als zijn vader) warm onthaald door Mercedes, waar hij de rol van reservecoureur vertolkt.

Oudere eeuwige helden

Sinds het begin van het Grand Prix-racen zijn er vele coureurs uitgegroeid tot legendarische, grote namen in de autosportwereld, hetzij door een grote hoeveelheid overwinningen of kampioenschappen, hetzij door de manier waarop ze hun auto's bestuurden.

Het is vrijwel onmogelijk om ze allemaal te benoemen in dit hoofdstuk – er zou niet één boek, maar een hele karrenvracht nodig zijn om dat te doen op een manier die recht doet aan hun kwaliteiten en verhalen!

TECHNISCHE INFO

Toch gaan we in vogelvlucht door de lijst met alle Formule 1-wereldkampioenen die er door de jaren heen zijn geweest (maar die nu niet meer actief zijn) met een zeer korte toelichting bij deze grote namen:

- **Giuseppe Farina** won de allereerste Formule 1-wereldtitel voor coureurs in 1950;
- **Juan Manuel Fangio** legde de lat gelijk zeer hoog door vijfmaal het wereldkampioenschap te winnen, in 1951 en van 1954 tot en met 1957;
- **Alberto Ascari** werd als eerste tweevoudig wereldkampioen, in 1952 en 1953;
- **Mike Hawthorn** veroverde in 1958 als eerste van vele Britten de wereldtitel;
- **Jack Brabham** werd niet alleen driemaal wereldkampioen, maar deed dit na 1959 en 1960 ook nog eens als enige met een zelf ingezette auto in 1966;
- **Phil Hill** werd de eerste Amerikaan die de wereldtitel won, in 1961;
- **Graham Hill** won in 1962 en 1968 de wereldtitel en zegevierde ook in andere autosportdisciplines (waarover meer in hoofdstuk 11);
- **Jim Clark** werd wereldkampioen in 1963 en 1965, en er werd nog meer succes van hem verwacht voor hij in 1968 dodelijk crashte;

- **John Surtees** won in 1964 het wereldkampioenschap nadat hij al wereldkampioen motorracen was geworden;
- **Denny Hulme** werd in 1967 als eerste wereldkampioen zonder één enkele keer pole-position te veroveren in de kwalificatie;
- **Jackie Stewart** stopte bewust na het winnen van wereldtitels in 1969, 1971 en 1973, omdat hij de Formule 1 te gevaarlijk vond worden;
- **Jochen Rindt** werd de eerste (en hopelijk) enige postume wereldkampioen, toen hij ondanks zijn dodelijke crash toch voldoende punten bleek te hebben aan het einde van 1970;
- **Emerson Fittipaldi** werd in 1972 op 25-jarige leeftijd de jongste wereldkampioen ooit (en in 1974 nogmaals), een status die hij bijna dertig jaar behield;
- **Niki Lauda** werd vooral door zijn hoofd goed te gebruiken in 1975 en 1977 wereldkampioen met Ferrari, en herhaalde dat kunstje met McLaren in 1984 na een periode van afwezigheid;
- **James Hunt** vocht keihard met Lauda en wist in 1976 wereldkampioen te worden door vooral veel durf en rauw talent;
- **Mario Andretti** werd als een van de laatste allround-autocoureurs wereldkampioen Formule 1 in 1978;
- **Jody Scheckter** veroverde als eerste Zuid-Afrikaan het wereldkampioenschap in 1979;
- **Alan Jones** werd de voorlopig laatste wereldkampioen uit Australië in 1981;
- **Nelson Piquet** eiste driemaal de wereldtitel op: in 1981, 1983 en 1987;
- **Keke Rosberg** had slechts één Grand Prix-zege nodig om in 1982 wereldkampioen te worden;
- **Alain Prost** geldt als een van de 'groten' met vier wereldtitels, behaald in 1985, 1986, 1989 en 1993;
- **Ayrton Senna** betoverde de Formule 1 met zijn spiritualiteit en gedrevenheid en werd driemaal wereldkampioen, in 1988, 1990 en 1991;
- **Nigel Mansell** debuteerde al in 1980 maar wist pas in 1992 de wereldtitel in de wacht te slepen, als eerste Brit in zestien jaar;
- **Michael Schumacher** geldt als de succesvolste Formule 1-coureur aller tijden met zeven wereldtitels (1994, 1995, 2000, 2001, 2002, 2003 en 2004);
- **Damon Hill** werd in 1996 als eerste zoon van een wereldkampioen (Graham Hill) zelf óók wereldkampioen;
- **Jacques Villeneuve** won in 1997 het wereldkampioenschap al in zijn tweede seizoen als Formule 1-coureur;
- **Mika Häkkinen** slaagde erin om in 1998 en 1999 tweemaal de wereldtitel te veroveren, met dank aan de Mercedes-motor in zijn McLaren;
- **Kimi Räikkönen**, bijgenaamd *The Iceman*, kwam binnen als veelbelovend talent en reed lang bij McLaren, maar veroverde zijn eerste en enige wereldtitel in 2007 met Ferrari, en groeide van natuurtalent uit tot een cultfiguur door zijn extreem neutrale gezichtsuitdrukking, mompelende manier van spreken en eigenwijsheid;

» **Jenson Button** won zijn enige wereldtitel in 2009 met een 'nieuw team', Brawn GP.

» **Nico Rosberg** versloeg teamgenoot en rivaal Lewis Hamilton en trok daarmee de wereldtitel in 2016 naar zich toe, om daarna gelijk te stoppen als Formule 1-coureur. Tevens de zoon van wereldkampioen Keke;

» **Sebastian Vettel** was het wonderkind van Red Bull en won vier opeenvolgende wereldtitels met de renstal. Hij is met 23 jaar en 134 dagen tevens de jongste wereldkampioen ooit.

BELANGRIJK

In hoofdstuk 12 besteden we uitgebreider aandacht aan de tien succesvolste Formule 1-coureurs aller tijden.

TECHNISCHE INFO

CRASHENDE CULTHELDEN

Naast succesvolle rijders zijn er ook coureurs die niet zozeer met hun prestaties, als wel om andere reden bekendheid vergaarden in de Formule 1. Bijvoorbeeld omdat ze een reputatie als brokkenpiloot kregen door hun rijgedrag.

Eén daarvan is **Andrea de Cesaris**, de Italiaanse Formule 1-coureur die het dubieuze record houdt voor de meeste Grand Prix-deelnames zonder een race te winnen. Hij veroverde wel polepositions en finishte vijfmaal op het podium in 214 GP's, maar viel maar liefst 148 keer uit – zij het zowel door botsingen als door technische problemen. Toch werd hij niet voor niets 'Andrea de Crasheris' genoemd.

De Japanner **Taki Inoue** deed het wat dat betreft een stuk slechter. Hij reed slechts één volledig seizoen in 1995 en viel meestal uit. Toch trok hij de aandacht door een aantal onfortuinlijke ongelukjes met safety cars. Tegenwoordig probeert hij vooral te scoren door grapjes te maken over de Formule 1 op social media.

Ook **Pastor Maldonado** geldt als een van de culthelden in de Formule 1. De Venezolaan racete vijf jaar in de Formule 1 en slaagde er zowaar in om de Spaanse Grand Prix in 2012 te winnen. Toch kwam Maldonado vooral niet aan de finish en vergaarde hij veel strafpunten voor het veroorzaken van botsingen.

TECHNISCHE INFO

Ook na hun 'pensioen' blijven veel Formule 1-coureurs actief binnen de autosport. Zo grijpen ze geregeld kansen aan om in andere raceklassen – zoals toerwagens en GT-racers – mee te strijden. Ook zijn er diverse bekende oud-coureurs, zoals onder meer Alain Prost en Niki Lauda, die betrokken raakten bij de leiding van een (nieuw) Formule 1-team.

Velen blijven ook actief in de hoogste autosportklasse door te werken als analist of commentator bij Formule 1-uitzendingen op de televisie. Ook worden ze vaak gevraagd om als official te helpen bij de wedstrijdleiding van Grands Prix.

Vrouwelijke coureurs

BELANGRIJK

Het zal je wellicht opgevallen zijn dat alle Formule 1-coureurs die we tot nu toe hebben opgenoemd mannen zijn.

Er zijn verschillende redenen te bedenken waarom het aantal vrouwelijke Formule 1-coureurs in de geschiedenis zowat op de vingers van één hand te tellen is. Onder meer omdat het fysiek heel zwaar is, maar ook wegens het feit dat vrouwen om sociaal-culturele redenen eigenlijk nog niet zoveel kansen hebben gehad.

PAS OP

Vrouwenemancipatie heeft dus nog niet echt plaatsgevonden in de F1-wereld, ook gezien het feit dat de meest zichtbare vrouwen vaak als modellen op de startgrid en bij de huldigingceremonie stonden – tot de Formule 1 hiermee in 2018 stopte. Wel zijn er nu vrouwelijke medewerkers in de teamleiding, engineers en communicatiemedewerkers in de hoogste autosportklasse te vinden.

Toch is er een kleine groep dames die tijdens Grand Prix-weekends in Formule 1-auto's heeft gereden:

- **Maria Teresa de Filippis**; stond in 1958 en 1959 voor vijf GP's ingeschreven en reed er daarvan drie, en finishte ooit als tiende in België;
- **Lella Lombardi** geldt als de succesvolste vrouwelijke F1-coureur door een half punt te scoren met een zesde plaats (na een ingekorte race), uit zeventien GP's tussen 1974 en 1976, waarvan ze er twaalf startte;
- **Divina Galica** probeerde zich voor drie GP's te kwalificeren in 1976 en 1978, maar slaagde daar nooit in;
- **Desiré Wilson** wilde zich in 1980 kwalificeren voor de Britse Grand Prix, maar dat lukte haar niet;
- **Giovanna Amati** probeerde in 1992 driemaal aan de start van Grands Prix te verschijnen, ook zij wist niet door de kwalificatie te komen.

De laatste jaren zijn er nog wel vrouwelijke coureurs geweest die binnen een renstal werden aangesteld als ontwikkelingscoureur, waaronder **Carmen Jorda** (Lotus en Renault) en **Simona de Silvestro** (Sauber), maar zij reden nooit in een moderne Formule 1-auto tijdens een Grand Prix-weekend.

De enige vrouw die dat recentelijk wel deed, is **Susie Wolff** met Williams, in de vrije trainingen van vier Grand Prix-weekends in 2014 en 2015. Zij is daarnaast vooral bekend als voormalig teambaas en CEO van Formule E-team Venturi Racing en de vrouw van Mercedes-teambaas Toto Wolff. Datzelfde Williams heeft sinds 2020 Jamie Chadwick onder contract als ontwikkelingscoureur, die met drie opeenvolgende titels nog altijd de enige kampioen van de W Series mag worden genoemd.

IN DIT HOOFDSTUK

Hoofdstuk 5

Nederlanders en Belgen

Dit hoofdstuk is opgedragen aan helden uit de Benelux. Mannen die zich niet lieten tegenhouden door de kleinschaligheid van de Lage Landen om te kunnen deelnemen aan Formule 1 Grands Prix. Juist daarom verdienen de Formule 1-coureurs uit Nederland en België speciale aandacht.

PAS OP

Omdat de Formule 1 vandaag de dag complexer, veeleisender en moeilijker te bereiken is, bespreek ik de levens van actieve Benelux-coureurs het meest uitgebreid. Daarbij gaat het natuurlijk om Max Verstappen en Nyck de Vries – twee jonge coureurs die al een hoop indruk hebben gemaakt, maar die ons in de toekomst ook nog veel zullen laten zien.

Daarnaast behandelen we in elk geval alle Nederlandse en Belgische coureurs die ooit tijdens een Formule 1 Grand Prix-weekend in actie zijn gekomen. De rijders die topklasseringen gescoord hebben wat uitgebreider, maar ook de mannen die niet zo fortuinlijk waren.

Nederlandse helden

Nederland heeft niet zo'n grote impact gemaakt op de internationale autosportwereld vergeleken met landen als Frankrijk, Italië, Groot-Brittannië en Duitsland.

BELANGRIJK

Dat betekent echter niet dat er helemaal geen wapenfeiten zijn. Sterker nog, in tegenstelling tot de meeste landen van de wereld had Nederland (tot 1985) een eigen Grand Prix, verreden op het circuit van Zandvoort. Die werd echter steevast gewonnen door internationale topcoureurs. Rijders uit eigen land mochten al blij zijn als ze een keer in de top zes finishten en daarmee WK-punten scoorden.

Pas in de jaren negentig begon de Formule 1 echt te leven in Nederland, toen er in de gedaante van Jos Verstappen opeens een coureur was die bij een van de snelste teams reed. De gekte nam daarna af, maar bereikte een nieuw hoogtepunt met het Formule 1-debuut van zijn zoon.

Max Verstappen

Toen Max Verstappen op 30 september 1997 geboren werd in het Belgische Hasselt, zat zijn vader nog midden in zijn carrière als F1-coureur. De combinatie van Jos' genen en die van zijn toenmalige Belgische vrouw Sophie Kumpen, die in haar jeugd tegen andere topcoureurs racete in de kartsport, bleek echter sterk. Op vierjarige leeftijd begon Max zelf in karting, om vervolgens zijn hele jeugd – met dank aan een gedisciplineerd trainingsregime van zijn vader – in bijna elke klasse te domineren.

Na zijn eerste wedstrijdervaring in de autosport te hebben opgedaan in de Amerikaanse Florida Winter Series, kwam de jonge Verstappen als zestienjarige uit in het Europees kampioenschap Formule 3. Daarin maakte hij gelijk indruk met zijn even berekende als agressieve rijstijl. Ondanks het grootste aantal overwinningen liep hij de titel net mis, maar dat maakte weinig uit.

In augustus 2014 werd de Nederlander namelijk al gepresenteerd als nieuwste aanwinst voor het Red Bull Junior Team. Zes dagen later werd tevens bekendgemaakt dat hij al in 2015 in de Formule 1 mocht debuteren bij Red Bulls opleidingsteam Toro Rosso – waarvoor hij eind 2014 al tijdens enkele vrije trainingen in actie kwam.

Met 17 jaar en 166 dagen werd Verstappen met afstand de jongste Formule 1-coureur die ooit in een Formule 1-race startte – met startnummer 33. Wederom trok hij veel aandacht: in zijn tweede Grand Prix (van Maleisië) finishte hij voor het eerst in de top tien. In Hongarije en de Verenigde Staten behaalde hij met twee vierde plaatsen zijn beste resultaat.

BELANGRIJK

In 2016 ving hij eveneens aan als Toro Rosso-coureur, maar na vier races verruilde hij (vanaf de Spaanse Grand Prix) van stoeltje met Daniil Kvyat bij de hoofdrenstal van Red Bull. Dat leverde een sensatie op, niet alleen vanwege die wissel, maar ook omdat Max Verstappen op de leeftijd van 18 jaar en 228 dagen de allerjongste en de allereerste Grand Prix-winnaar was met de Nederlandse nationaliteit! (In hoofdstuk 13 bespreek ik deze race uitgebreider.)

Naast deze buitengewoon wonderlijke prestatie finishte de jonge coureur dat jaar nog zesmaal in de top drie, onder meer na een adembenemende inhaalrace in de verregende Grand Prix van Brazilië. Daarmee verstevigde Verstappen de verwachting van vele experts dat hij in elk geval over de rijderskwaliteiten beschikt om niet alleen nog meer races te winnen, maar ook op een dag de eerste Nederlandse wereldkampioen Formule 1 te worden.

Verstappen maakte de verwachtingen in 2021 eindelijk waar, door in de slotminuten van het seizoen het kampioenschap naar zich toe te trekken. Lange tijd leek Lewis Hamilton op weg naar zijn achtste wereldtitel, maar in een dramatische twist was het Verstappen die hier een stokje voor stak. Tijdens een neutralisatie veroorzaakt door Nicholas Latifi had het team de tegenwoordigheid van geest om verse banden onder Max' auto te monteren, waarmee hij in de enkele resterende ronde direct wist toe te slaan.

Het volgende seizoen was Verstappen, nu met startnummer 1, nagenoeg onverslaanbaar in zijn Red Bull Racing-bolide. De renstal uit Milton Keynes begon het seizoen met een dijk van een auto, die in de handen van de toen pas 24-jarige coureur goed genoeg was om hem 15 overwinningen te bezorgen – een nieuw record. Met 35 overwinningen op zijn naam is de jonge Verstappen hard op weg een van de absolute grootheden van de sport te worden.

Nyck de Vries

Alles wees erop dat Nyck de Vries (6 februari 1995, startnummer 21) zijn Formule 1-debuut zou maken vóór Max Verstappen, maar halverwege 2022 had zijn landgenoot al een wereldtitel op zak, terwijl hijzelf op de periferie van de F1 zat. Als kleine jongen kreeg De Vries het racevirus te pakken en toen hij eenmaal in een kart kroop bleek hij een aardig potje te kunnen sturen.

De Vries won zijn eerste kampioenschap in 2008 in Duitsland bij de junioren en schreef dat jaar tevens de WSK World Series op zijn naam in de KF3-categorie. Het jaar daarop deed hij dit trucje dunnetjes over, maar niet zonder ook het Europese KF3-kampioenschap bij te schrijven. In 2010 werd de karter uit Uitwellingerga zelfs wereldkampioen, evenals in 2011. Het succes van De Vries bleef niet onopgemerkt en zo werd hij in 2010 vastgelegd in het Young Driver Programme van McLaren.

Eenmaal in de single seaters ging het De Vries minder makkelijk af. Het duurde drie seizoenen voordat hij de titel wist te grijpen in de Eurocup Formula Renault, waarna hij met enige moeite in 2017 de Formule 2 bereikte. Enkele overwinningen daargelaten bleek Nyck niet zo goed zijn draai te kunnen vinden in de klasse onder de F1. Met Racing Team Nederland besloot hij zijn horizon te verbreden in het World Endurance Championship (WEC). Hier vond hij een compleet nieuwe zijde van autosport, een waar plezier en competitiviteit hand in hand gaan. De technisch goed onderlegde De Vries leerde er tevens veel over andere soorten racewagens.

Al die ervaring en kennis gebruikte De Vries in 2019 bij zijn laatste campagne in de Formule 2, het jaar dat hij met ART Grand Prix overtuigend kampioen zou worden in de discipline. De Formule 1 leek een brug te ver, maar dat zou hem er niet van weerhouden een leven als autosporter te leiden: voor aanvang van het seizoen was hij vertrokken bij McLaren om zich te richten op zijn verplichtingen voor Audi, waar hij sinds 2016 aan verbonden was. Het duurde niet lang voordat Mercedes zou volgen. De Duitse autofabrikant sloeg hem aan de haak voor de

Formule E en zag hem in het seizoen 2020-2021 zowaar wereldkampioen worden. De Vries zat om werk niet verlegen: naast zijn bezigheden in de Formule E met Mercedes was hij onder meer reservecoureur voor Toyota in het WEC en was hij veelvuldig aanwezig in de F1-paddock als derde coureur voor Mercedes, McLaren, Aston Martin en Williams.

Het was bij Williams waar De Vries uiteindelijk zijn doorbrak zou krijgen. De coureur uit Friesland zat lekker aan de cappucino in de paddock toen hij ineens opgebeld werd door James Vowles van Mercedes, die hem vertelde dat hij als een speer naar het team moest komen. Eenmaal daar kreeg hij te horen over de blindedarmontsteking van Alexander Albon en diens onvermogen dat weekend nog te kunnen racen. Nyck moest zich halsoverkop klaarmaken voor de derde vrije training, zodat hij wat kostbare rijtijd had voor de kwalificatie later die dag. Hier wist hij met minimale oefentijd een dertiende positie te pakken, wat na penalty's voor anderen zelfs een achtste startplaats werd voor de race – direct naast Max Verstappen. De invalbeurt ging gesmeerd en een heuse negende finishplaats was de beloning, een wonderlijke prestatie.

Als De Vries al enigszins in de belangstelling stond voor een F1-zitje in 2023, was de telefoon roodgloeiend na zijn ongelooflijke optreden in Italië. Enige tijd later sloot hij een deal met AlphaTauri, waarmee hij net als Verstappen onderdeel wordt van Red Bull.

Succesvolle Nederlanders

BELANGRIJK

De voorgangers van Max Verstappen konden alleen maar dromen van het succes dat hun opvolger behaalde. Toch is er een viertal coureurs dat er in de geschiedenisboeken uitspringt door het behalen van WK-punten – in alle gevallen door in bepaalde Grands Prix in de top zes te finishen.

Carel Godin de Beaufort

De eerste Nederlandse Formule 1-coureur die WK-punten scoorde (vier in totaal, dankzij zesde plaatsen in de Grands Prix van Nederland en Frankrijk in 1962, en die van België en de Verenigde Staten in 1963), was jonkheer Carel Godin de Beaufort (10 april 1934). De Maarsbergenaar nam tussen 1957 en 1964 deel aan 31 Grand Prix-weekends, vooral met een Porsche die hij privé inzette.

Hij wordt dan ook gezien als een van de laatste ***gentlemen drivers*** in de Formule 1 die met eigen geld zijn deelname kon bekostigen. De bijna twee meter lange Nederlander (die wegens zijn lange voeten zonder schoenen de pedalen bediende) kwam helaas op dertigjarige leeftijd om het leven bij een dodelijk ongeluk op de Nürburgring, toen hij te hard door een bocht ging en crashte.

Gijs van Lennep

Niet alleen door zijn deelname aan 10 Grand Prix-weekends, maar vooral door zijn twee overwinningen in de 24 uur van Le Mans (in 1971 en 1975) met Porsche, staat Gijs van Lennep bekend als een van de beste Nederlandse autocoureurs. Deze edelman (16 maart 1942) werd geboren in Aerdenhout en groeide op bij het circuit van Zandvoort, waar hij bijna eindeloos kon trainen.

Van 1971 tot en met 1975 was hij actief in de Formule 1, onder meer met Surtees en Williams. In de GP's van Nederland (1973) en Duitsland (1975) wist hij met twee zesde plaatsen twee WK-punten te scoren. Onder kenners is ook lof voor zijn overwinning van de laatste Targa Florio, een grote straatrace die tot 1973 op Sicilië werd verreden, eveneens met Porsche.

Jos Verstappen

Met zijn verrassende Formule 1-racedebuut zorgde Jos Verstappen (4 maart 1972) in 1994 voor een ware F1-hype in Nederland: het 'Verstappen-effect'. De Limburger dwong in 1993 tests bij verschillende teams af en tekende uiteindelijk een contract bij Benetton – als testcoureur –, maar als invaller van de geblesseerde vaste rijder **'JJ' Lehto** startte Verstappen al in de Braziliaanse Grand Prix van 1994.

Als teamgenoot van Michael Schumacher had hij het als rookie niet gemakkelijk, maar hij wist wel twee derde plaatsen te scoren in Hongarije en België – de eerste podiumposities voor een Nederlander! Verstappen vervolgde zijn carrière bij onder meer Simtek, Footwork en Tyrrell en Stewart, maar met weinig succes. Pas in 2000 en 2001 beschikte hij bij Arrows weer over een auto waarmee hij (sporadisch) in de top vijf kon strijden.

Na een laatste seizoen in de achterhoede bij Minardi in 2003 stopte Verstappen met racen in de Formule 1.

Hij behaalde nog wel enig succes in onder meer de 24 uur van Le Mans, maar richtte zich daarna primair op de carrière van zijn zoon Max.

Christijan Albers

De route die Christijan Albers (16 april 1979) naar de Formule 1 aflegde, is veel minder gebruikelijk dan de manier waarop de meeste andere coureurs het allerhoogste niveau bereikten. Na verschillende opstapklassen kwam hij in het Duitse toerwagenkampioenschap terecht: de Deutsche Tourenwagen Masters (DTM). Daarin won hij races, wat mede leidde tot zijn kans om in 2005 in de Formule 1 te debuteren met Minardi.

Dat jaar scoorde hij zijn eerste en enige WK-punten met een vijfde plaats in de Grand Prix van de Verenigde Staten, die uiterst controversieel was omdat er slechts zes auto's – met Bridgestone-banden – van start gingen wegens een probleem met de Michelin-banden van de andere veertien auto's.

Albers vervolgde zijn carrière in 2006 bij **Midland**, dat voor 2007 werd overgenomen door het Nederlandse automerk **Spyker**. Er volgde kritiek toen hij tijdens de Franse Grand Prix per ongeluk de slang van de tankinstallatie kapotreed tijdens een pitstop. Niet lang daarna werd de Nederlander uit het team gezet, omdat zijn sponsoren niet aan hun betaalverplichtingen voldeden, waarop Albers terugkeerde in de DTM en tweemaal de 24 uur van Le Mans reed.

Andere Nederlanders

PAS OP

Nog enkele andere Nederlanders hebben deelnames aan Formule 1 Grands Prix (die meetelden voor het wereldkampioenschap) op hun naam staan. Sommigen hebben zelfs meer deelnames dan de eerder beschreven rijders. Toch scoorde geen van deze Nederlandse Formule 1-coureurs ooit WK-punten – al zegt dat niet per definitie iets over hun kwaliteiten:

- **Jan Flinterman** (2 oktober 1919 – 26 december 1992) deed in 1952 mee aan de Grand Prix van Nederland met een Maserati, waarin hij negende werd.
- **Dries van der Lof** (23 augustus 1919 – 24 mei 1990) reed eveneens mee in de Nederlandse Grand Prix van 1952, achter het stuur van een HWM, waarmee hij niet geklasseerd werd.
- **Ben Pon** (8 december 1936) nam in 1962 deel aan de Grand Prix van Nederland (die dat jaar de eretitel Grand Prix van Europa droeg) in een Porsche, maar viel na twee ronden uit door een crash.
- **Roelof Wunderink** (12 december 1948) nam in 1975 met Ensign deel aan zes Grand Prix-weekends, maar werd geen enkele keer geklasseerd in de uitslag van een race.
- **Boy Hayje** (3 mei 1949) stond met onder meer RAM ingeschreven voor zeven Grands Prix in 1976 en 1977, maar wist geen enkele keer geklasseerd te worden als finisher van een race. In andere hoog aangeschreven categorieën, zoals de Formule 5000 en het Brits Formule 1-kampioenschap, wist hij wel races in de top vijf te eindigen.
- **Michael Bleekemolen** (2 oktober 1949) probeerde zich in 1977 en 1978 voor vijf Grands Prix te kwalificeren met RAM en ATS, maar slaagde daar alleen in voor de GP van de VS, waarin hij uitviel. Bleekemolen behaalde wel veel succes in andere autosportklassen, waaronder de Porsche Supercup.
- **Jan Lammers** (2 juni 1956) is zonder meer de bekendste van de minder succesvolle Nederlandse autocoureurs. Hij debuteerde in 1979 met een volledig Formule 1-seizoen bij Shadow, waarmee een negende finishplek zijn beste resultaat was. Een jaar later wist hij zich nog wel met ATS als vierde te kwalificeren voor een race. Ook deelnames met Ensign en Theodore brachten weinig succes. Lammers won wel in 1988 de 24 uur van Le Mans (met Jaguar) en verraste de F1-wereld door tien jaar na z'n laatste Grand Prix een comeback te maken voor twee races met March.
- **Huub Rothengatter** (8 oktober 1954) veroverde zijn plek in de Formule 1 door actief te zoeken naar sponsoren. Zo kon hij van 1984 tot en met 1986 deelnemen aan dertig Grand Prix-weekends met Spirit, Osella en Zakspeed, met als beste resultaat een zevende plek in de Australische GP van 1985. Rothengatter werd later de manager van Jos Verstappen.

» **Robert Doornbos** (23 september 1981) begon – na op hoog niveau getennist te hebben – pas in 1999 met autoracen. Vijf jaar later werd hij gepresenteerd als testcoureur van Jordan, waarmee hij in 2004 en 2005 in diverse vrije trainingen voor Grands Prix mocht rijden. Dat laatste jaar kon hij acht races rijden voor Minardi als teamgenoot van Christijan Albers. In 2006 werd hij testcoureur bij Red Bull, waarmee hij nog drie GP's mocht racen aan het einde van dat jaar. Vervolgens racete Doornbos nog in andere formuleraceklassen, vooral in Amerika, waar hij in 2009 deelnam aan de Indy 500.

» **Giedo van der Garde** (25 april 1985) beklom de autosportladder via de diverse opstapklassen en kreeg in 2012 zijn eerste kans om tijdens Grand Prix-weekends te rijden als testcoureur bij Caterham. In 2013 nam hij deel aan alle negentien races, met een veertiende plaats in Hongarije als beste resultaat. Van der Garde tekende daarna een contract met Sauber om in 2014 testcoureur te zijn en in 2015 te mogen racen, maar de renstal stelde twee andere coureurs aan. Na een juridische procedure kreeg de Nederlander niet zijn racestoeltje, maar wel een financiële schikking.

TECHNISCHE INFO

WEL GETEST, NOOIT GERACET

Naast deze mannen zijn er diverse Nederlanders die het wel ver schopten in de autosport en zelfs Formule 1-auto's bestuurden in tests of tijdens trainingen, maar die er nooit mee raceten. Dat overkwam onder meer Arie Luyendyk (die later wel faam vergaarde door tweemaal de Indy 500 te winnen), Tom Coronel (na een test met Arrows vooral bekend geworden als toerwagencoureur), de Chinese Nederlander Ho-Pin Tung (na een rol als Formule 1-testcoureur bij Renault) en Robin Frijns (die voor Caterham enkele vrije trainingen reed in 2014).

Belgische helden

Sinds het begin van het wereldkampioenschap Formule 1 in 1950 zijn er in totaal 24 F1-coureurs geweest die raceten met de Belgische nationaliteit.

PAS OP

Hoewel Max Verstappen in België werd geboren, zijn moeder Belgisch is en hij in België is opgegroeid, heeft hij altijd als Nederlander (met een Nederlandse racelicentie) deelgenomen aan autosportwedstrijden. Op zijn achttiende kreeg hij ook daadwerkelijk een Nederlands paspoort.

Succesvolle Belgen

Het aantal Belgische Formule 1-coureurs dat succes behaalde in de vorm van WK-punten uit Grands Prix, is een stuk groter dan hun Nederlandse evenknieën. Ook hier lichten we primair de piloten (zoals coureurs in Belgisch Nederlands vaak worden aangeduid) uit die met een puntenscore in de geschiedenisboeken staan.

André Pilette

Als zoon van Indy 500-deelnemer Théodore Pilette was André Pilette (6 oktober 1918 – 27 december 1993), wiens zoon Theo later ook in de Formule 1 zou racen, de eerste Belg die erin slaagde om (twee) punten voor het wereldkampioenschap in de wacht te slepen – voor eigen publiek! Niet tijdens zijn eerste twee deelnames aan de Grand Prix van België in 1951 en 1953, maar wel in 1954. Daarna lukte het nooit meer. In totaal stond hij ingeschreven voor veertien GP's, waarvan hij er negen startte.

Paul Frère

Niet alleen als Formule 1-coureur, maar ook als autosportexpert en -journalist vergaarde Paul Frère (30 januari 1917 – 23 januari 2008) faam. Ook hij scoorde voor de Belgische fans zijn eerste WK-punt, met een vijfde plek in 1952. Daarna reed hij nog in tien Grands Prix voor onder meer Ferrari, wat hem in zijn laatste race (eveneens 'thuis') met een tweede plek zelfs zijn eerste podiumfinish opleverde! Tevens won hij in 1960 de 24 uur van Le Mans in een Ferrari, mede bestuurd door een landgenoot ...

Olivier Gendebien

... in de gedaante van Olivier Gendebien (12 januari 1924 – 2 oktober 1998). Ook hij kende succes in de Formule 1, met vijf finishes in de top vijf in vijftien Grand Prix, waaronder twee podiumplekken. Met maar liefst vier zeges in de 24 uur van Le Mans raakte hij echter vooral vermaard als een van de beste sportwagencoureurs aller tijden.

Willy Mairesse

Ook Willy Mairesse (1 oktober 1928 – 9 september 1969) scoorde als Ferrari-coureur een podiumfinish, maar dan tijdens de Grand Prix van Italië in 1960. Zijn overige twaalf GP-deelnames brachten minder succes, afgezien van een vierde plek twee jaar later, eveneens in Italië. Datzelfde jaar won hij wel enkele niet voor het wereldkampioenschap meetellende Formule 1-races. In de nasleep van een crash tijdens de 24 uur van Le Mans in 1968 ontnam hij zichzelf het leven.

Lucien Bianchi

De Italiaanse Belg Lucien Bianchi (10 november 1934 – 30 maart 1969) scoorde in zeventien Grand Prix-deelnames één podiumplek, in Monaco – in zijn laatste Formule 1-seizoen in 1968. Een jaar later kwam hij om door een testongeluk met zijn Alfa Romeo op het circuit van Le Mans.

Jacky Ickx

Van alle Belgische (voormalige) Formule 1-coureurs geldt Jacky Ickx (1 januari 1945) nog altijd als de succesvolste en daarom wordt hij tot op de dag van vandaag ook beschouwd als de beste piloot uit België. Zijn beste jaren beleefde deze Belg met Ferrari en BRM, eind jaren zestig en begin jaren zeventig.

Met 8 overwinningen en in totaal 25 podiumfinishes uit 122 Grand Prix-deelnames scoorde Ickx niet alleen goed, maar eindigde hij tweemaal als tweede in de strijd om het wereldkampioenschap. Hoewel de wereldtitel hem telkens ontglipte, wist hij later maar liefst zesmaal de 24 uur van Le Mans te winnen, evenals de Dakar Rally in 1983.

Thierry Boutsen

Na Ickx is Thierry Boutsen (13 juli 1957) de enige Belgische coureur in de geschiedenis die ook Formule 1 Grands Prix op zijn naam wist te schrijven: 3 in totaal, uit 164 deelnames. Na podiumplaatsen met Benetton medio jaren tachtig kreeg Boutsen zijn grote kans bij Williams, wat zeges in Canada, Australië en Hongarije opleverde.

Zijn Formule 1-carrière ging daarna uit als een nachtkaars, met moeizame seizoenen bij onder meer Ligier en Jordan. Boutsen reed daarna in verschillende andere autosporttakken, waaronder de 24 uur van Le Mans en diverse toerwagenklassen.

Bertrand Gachot

Hoewel de in Luxemburg geboren Bertrand Gachot (23 december 1962) eigenlijk over de Franse nationaliteit beschikte, racete hij van zijn debuut in 1989 tot en met 1991 onder de Belgische vlag. Later zou hij aangeven zich vooral Europeaan te voelen. Gachot was bepaald geen hoogvlieger. Van de 84 Grand Prix-weekends waaraan hij deelnam, startte hij maar 47 races. Deze Belg gold vooral als 'veldvulling' bij armlastige teams als Onyx, Coloni en Pacific. Toch wist hij WK-punten te scoren door viermaal in de top zes te finishen, vooral met Jordan. Tevens raakte hij in 1991 in opspraak toen hij een Londense taxichauffeur aanviel en daarvoor twee maanden in de gevangenis belandde.

Stoffel Vandoorne

Van de nu actieve Formule 1-coureurs is Stoffel Vandoorne de enige uit België. Deze Vlaming werd op 26 maart 1992 geboren in Kortrijk. Hoewel binnen zijn familie nauwelijks sprake was van autosportaffiniteit, raakte Vandoorne in de ban van de racerij toen hij als zesjarige mocht karten op een plek waar zijn vader als architect aan een ontwerpproject werkte.

De jonge Belg werkte zich op en kreeg na enkele jaren steun van de Belgische autosportfederatie ***Royal Automobile Club Belgium*** (***RACB***). Daarmee kon hij debuteren in de autosport. In de jaren daarna behaalde hij successen in onder meer de

Formule Renault 2.0. Dit trok de aandacht van McLaren, dat besloot om Vandoorne in het opleidingsprogramma voor jonge coureurs op te nemen. In 2015 werd hij kampioen in de GP2 Series, nu bekend als de Formule 2, waarna McLaren hem in Japan (het thuisland van motorleverancier Honda) liet racen in de Super Formula-klasse, waarin hij twee races won.

Zijn Formule 1-debuut kwam echter al in 2016, toen hij tijdens de Grand Prix van Bahrein mocht racen als invaller voor de geblesseerde Fernando Alonso. Ondanks een gebrek aan voorbereidingstijd én een zwakke, fragiele Honda-krachtbron, slaagde Vandoorne erin als tiende te finishen – en haalde daarmee de eerste WK-punten van het seizoen voor McLaren!

Daarna moest hij wederom geduld tonen, tot hij in augustus 2016 werd gepresenteerd als fulltime-coureur bij de renstal voor 2017. Dat zou echter een zeer moeizaam seizoen worden, vooral door het gebrek aan betrouwbaarheid en vermogen waar de krachtbron van Honda tot in de loop van het seizoen nog altijd mee te maken had.

Meer succes beleefde hij in de Formule E, waar hij in het seizoen 2021-22 kampioen werd met Mercedes. Vandoorne is dankzij de link met Mercedes niet ver van de Formule 1 verwijderd: hij is in 2023 de vaste reservecoureur voor Aston Martin.

Andere Belgen

Naast de Belgische Formule 1-coureurs die WK-punten, podiumfinishes of zelfs overwinningen scoorden, zijn er ook diverse oud-deelnemers die daar niet in slaagden:

- » **Johnny Claes** (11 augustus 1916 – 3 februari 1956) was half Brits en jazzmuzikant, maar nam tussen 1950 en 1955 ook deel aan 25 Grand Prix-weekends, met twee zevende plaatsen als beste resultaat.
- » **Jacques Swaters** (30 oktober 1926 – 10 december 2010) stond begin jaren vijftig voor acht Grands Prix ingeschreven maar startte er zeven, met als beste resultaat een zevende plek. Later verhandelde en verzamelde hij Ferrari's.
- » **Roger Laurent** (21 februari 1913 – 6 februari 1997) reed twee Grands Prix uit in 1952, met een zesde plek in Duitsland als beste finishplek.
- » **Arthur Legat** (1 november 1898 – 23 februari 1960) deed op 53- en 54-jarige leeftijd mee aan de Grand Prix van België in 1952 en 1953, maar werd nooit geklasseerd.
- » **Charles de Tornaco** (7 juni 1927 – 18 september 1953) heeft deelnames aan vier Grand Prix-weekends in 1952 en 1953 op zijn naam staan, met een zevende plek als beste resultaat.
- » **Georges Berger** (14 september 1918 – 23 augustus 1967) startte twee Grands Prix in 1953 en 1954 maar finishte geen van beide.
- » **André Milhoux** (9 december 1928) racete in de Duitse Grand Prix van 1956 en viel uit.

» **Christian Goethals** (4 augustus 1928 – 26 februari 2003) nam deel aan de Duitse Grand Prix van 1958 en viel uit.

» **Alain de Changy** (5 februari 1922 – 5 augustus 1994) reed tijdens het Grand Prix-weekend van Monaco in 1959, maar wist zich niet te kwalificeren voor de race.

» **Teddy Pilette** (26 juli 1942) kwam (als kleinzoon en zoon van oud-coureurs Théodore en André Pilette) na verschillende autosportklassen in Amerika naar Europa voor een aantal Grands Prix. Hij startte de race in België in 1974 en finishte als zeventiende. Bij nog drie pogingen in 1977 wist hij zich telkens niet te kwalificeren.

» **Patrick Nève** (13 oktober 1949 – 12 maart 2017) werd zevende in de Italiaanse Grand Prix van 1977, zijn beste resultaat in dertien deelnames.

» **Bernard de Dryver** (19 september 1952) probeerde zich te kwalificeren voor de Grand Prix van België in 1977 en 1978, maar slaagde daar in beide gevallen niet in.

» **Eric van de Poele** (30 september 1961) bereikte de Formule 1 via diverse autosportklassen (waaronder de DTM). Hij reed in 1991 voor de teams Modena, Brabham en Fondmetal, maar wist zich slechts voor vijf Grands Prix te kwalificeren. Een negende plek in de GP van San Marino in zijn debuutjaar was zijn beste resultaat – al wierp een technisch probleem hem pas in de laatste bocht terug vanaf de vijfde positie.

» **Philippe Adams** (19 november 1969) reed twee Grands Prix voor Lotus in 1994, met een zestiende plek in Portugal als beste resultaat.

» **Jérôme d'Ambrosio** (27 december 1985) was de laatste Belgische F1-coureur tot het debuut van Stoffel Vandoorne. Hij reed in 2011 het hele seizoen voor Marussia. Een jaar later verscheen hij nog bij één Grand Prix aan de start, die van Italië, waarin hij als vervanger van de geschorste Romain Grosjean bij Lotus zijn beste resultaat behaalde door dertiende te worden.

TECHNISCHE INFO

WEL GETEST, OOK NIET GERACET

Ook België bracht coureurs voort die de Formule 1 net niet wisten te behalen. Een van de meest opvallende van de laatste jaren was Bas Leinders, die door zijn goede resultaten in opstapklassen mocht testen bij Jordan en Minardi, maar die nooit aan de start van een Grand Prix verscheen. Tegenwoordig is hij vooral actief als manager van raceteams.

Andere actieve racetalenten

Door het natuurlijke verloop van deelnemers wordt er altijd wel een nieuwe generatie autocoureurs klaargestoomd voor het hoogste niveau. De Formule 1 daadwerkelijk bereiken is natuurlijk weggelegd voor slechts een (klein) deel van deze jonge rijders. Ook jonge jongens uit de Benelux werken nu hard om de hoogste klasse te bereiken.

TECHNISCHE INFO

Zo mikt **Richard Verschoor** erop de overstap naar de Formule 1 te kunnen maken. De 22-jarige coureur uit Benschop hoopt in zijn derde Formule 2-seizoen, ditmaal met Van Amersfoort Racing, een F1-team te kunnen overtuigen van zijn kwaliteiten. Verschoor maakte in het verleden onderdeel uit van het Red Bull Junior Team, maar verloor die backing in 2018. Sindsdien moet de meervoudig racewinnaar in de F2 het zonder steun van een F1-team redden, en dat is lang niet eenvoudig. Verschoor is in 2023 de enige Nederlander die actief is in de F2 of F3, maar er zit genoeg jong talent in de pijplijn voor de toekomst.

PAS OP

Tegenwoordig gebeurt het steeds vaker dat coureurs op jonge leeftijd al besluiten van het ultieme doel (Formule 1) af te wijken ten faveure van een realistischer doel, om zo een langdurige en succesvolle carrière in de autosport te kunnen afdwingen. Neem bijvoorbeeld **Rinus 'VeeKay' van Kalmthout**, die als tiener met de steun van zijn familie naar de Verenigde Staten vertrok in de hoop de IndyCar te kunnen bereiken. VeeKay heeft zich ondertussen goed genestelde in The States, waar hij actief is voor Ed Carpenter Racing en al meerdere polepositions en podia – waaronder een overwinning – heeft gescoord. Ook zijn er coureurs als **Job van Uitert**, die zich richten op het endurance racen.

IN DIT HOOFDSTUK

- De personele rolverdeling binnen Formule 1-teams
- Belangrijke feiten over de huidige renstallen
- De constructeurskampioenen door de jaren heen

Hoofdstuk 6

Teams en hun bobo's

Je kunt de teams in de Formule 1 over het algemeen beschouwen als meer stabiele factoren dan de coureurs. Hoewel er door de jaren heen ook renstallen zijn geweest die maar kort actief waren, geldt voor het grootste deel van de huidige bezetting dat ze er al enkele tot vele jaren bij zijn.

BELANGRIJK

Als je kijkt naar de teams van nu, hebben ze elk een eigen levensloop en verhaal. Sommige hebben een geschiedenis die tot tientallen jaren teruggaat, andere renstallen zijn minder lang aanwezig – al dan niet omdat ze recent zijn opgezet, of omdat ze ontstaan zijn uit heel andere renstallen. Maar er zijn natuurlijk ook teams die vandaag de dag (allang) niet meer bestaan – vaak door een gebrek aan geld.

Waaruit bestaat een F1-team?

Zoals ik eerder heb uitgelegd, maken we onderscheid tussen fabrieksteams (met directe steun van een automerk en dus vaak meer financiële middelen) en privéteams (zonder directe steun van een automerk). Een belangrijke kanttekening is dat sommige privéteams (zoals Red Bull en McLaren) over vergelijkbare middelen beschikken, bijvoorbeeld via een krachtbronleverancier.

BELANGRIJK

Ongeacht deze steun komt de structuur binnen elk van de diverse teams in grote lijnen wel overeen – in elk geval tegenwoordig. De exacte samenstelling kan verschillen, maar bepaalde belangrijke (leidinggevende) rollen worden overal op een of andere manier ingevuld. Verschillen zijn er dan ook vooral in het budget, de omvang van het personeel en ontwikkelingsmogelijkheden.

Bij een doorsnee Formule 1-team is er sprake van de volgende functies:

- De eigenaar(s), al dan niet in de vorm van aandeelhouders of als het bezit van één partij of persoon;
- Directie (of staf), die samengesteld kan zijn uit verschillende leidinggevenden, zoals een sportief directeur, managing director, chief operating officer (COO) en teammanager – en soms ook een adviseur;

  Bij de directie hoort vaak ook de technische staf, met daarin bijvoorbeeld de *chief technical officer* (*CTO*) of technisch directeur;
- Engineers, die in samenspraak met de staf en de coureurs verantwoordelijk zijn voor de algemene sportieve en technische plannen en de uitvoering rondom en tijdens de Grands Prix;

  Er zijn verschillende soorten engineers, waaronder de leidinggevende *chief engineers*, *race engineers* die de wedstrijd 'plannen' en *data engineers* die vooral naar de telemetrie kijken;
- Bandenspecialisten, vaak gedetacheerd vanuit de bandenleverancier;
- Strategen, die zowel aanwezig kunnen zijn bij het circuit alsook vanuit de fabriek allerlei gegevens bestuderen en uitrekenen hoe een coureur het best zijn race kan rijden;
- Monteurs (of mecaniciens), die vooral bezig zijn met het sleutelen aan de auto's of onderdelen daarvan – en vaak een dubbele rol hebben als *pitcrew* voor het uitvoeren van pitstops;
- Ondersteunend personeel, zoals logistieke medewerkers, cateraars die voor het eten zorgen en schoonmakers – maar ook persoonlijke assistenten van de coureurs (vaak een fysieke coach die tevens als fysiotherapeut of masseur kan fungeren);
- Communicatiemedewerkers en marketingmedewerkers, verantwoordelijk voor persberichten en contacten met de media, bijvoorbeeld voor het afspreken van interviews en promotionele evenementen met de coureurs;
- En natuurlijk ook de coureurs zelf!

TECHNISCHE INFO

Naast de personele bezetting wordt elk modern Formule 1-team gekenmerkt door een thuisbasis met een fabriek, waar niet alleen technische componenten ontwikkeld en geproduceerd worden, maar ook mensen worden getraind, zoals de coureurs in de computersimulator.

In sommige gevallen beschikken renstallen ook over een eigen windtunnel (voor de ontwikkeling van de aerodynamische eigenschappen van een auto). De ontwikkeling en productie van krachtbronnen vindt – in tegenstelling tot die van de auto zelf – vaak plaats in een aparte fabriek, op een andere locatie dan die van het Formule 1-team.

PAS OP

TEAMS EN CONSTRUCTEURS?

Tegenwoordig zijn we eraan gewend dat Formule 1-teams heel veel zelf doen: ze ontwerpen en ontwikkelen een raceauto, maar onderhouden hem ook en zorgen voor zaken als transport, inschrijving en andere formaliteiten.

Dat is echter niet altijd het geval geweest. Privéteams zijn van oorsprong vooral renstallen die een auto kochten bij een constructeur (zoals een autofabrikant) en deze gebruikten voor races – in andere autosportklassen dan de Formule 1 gaat dat regelmatig nog steeds zo. Zo kon vrijwel iedereen met genoeg geld een auto en een coureur inschrijven, zonder dat daar per se een groots team achter zat.

Vanaf de jaren tachtig moet elk team echter een eigen auto bouwen, waarmee elke renstal dus ook een constructeur is. Wel komt het nog voor dat bepaalde teams een technische samenwerking aangaan met grotere renstallen, waardoor het ontwerp van bepaalde onderdelen gedeeld kan worden. Dit geldt bijvoorbeeld voor Ferrari en Haas, maar tot op zekere hoogte ook voor Red Bull en AlphaTauri.

Renstallen van nu

BELANGRIJK

Als we kijken naar de teams die meedoen aan het Formule 1-seizoen 2023, zijn er verschillende zaken die opvallen. Bijvoorbeeld het feit dat de officiële naamgeving van elke renstal bijna altijd afwijkt, vaak wegens de samenwerking met de belangrijkste titelsponsor. Maar ook het feit dat elk team een andere personeelsindeling heeft wat betreft de teamleiding en coureurs.

Ik neem elke renstal even door, waarbij we kijken naar kenmerken zoals de volledige naam en de teamleiding, maar ook de aanduiding voor het huidige chassis, de krachtbron en belangrijkste successen.

PAS OP

Als volgorde houden we de uitslag van het constructeurskampioenschap van 2022 aan – die bepaalt bijvoorbeeld ook de volgorde van de pitboxen in de pitstraat tijdens het Formule 1-seizoen van 2023.

Red Bull

TECHNISCHE INFO

Kenmerken anno 2023:

- Volledige naam: **Oracle Red Bull Racing**.
- Leiding: Oliver Mintzlaff (*chief executive officer corporate projects and investments*), Christian Horner (teambaas), Helmut Marko (adviseur), Adrian Newey (*chief technical officer*), Pierre Waché (technisch directeur).
- Thuisbasis: Milton Keynes, Verenigd Koninkrijk.

» Coureurs: Sergio Pérez & Max Verstappen; Daniel Ricciardo, Liam Lawson, Dennis Hauger, Zane Maloney (test- en reservecoureurs).

» Belangrijke sponsoren en partners: Oracle (softwarebedrijf), Honda (autofabrikant), Bybit (crypto), Mobil1 (oliemaatschappij), TAG Heuer (horlogefabrikant), Castore (kledingfabrikant), Rauch (vruchtensapfabrikant).

» Grootste succes: constructeurstitels in 2010, 2011, 2012, 2013, 2022.

Red Bull begon in de Formule 1 als sponsor, vooral zichtbaar als geldschieter van Sauber in 1995. Het eigen team ontstond in 2005, na de overname van Jaguar Racing (dat vanaf 2000 deelnam, vanuit het in 1997 door Jackie Stewart opgezette Stewart GP). Na samenwerking met onder meer Cosworth en Ferrari werden tot 2019 Renault-motoren gebruikt – vanaf 2016 onder de naam van sponsor TAG Heuer. Sindsdien is het in zee met Honda. Hoewel de Japanse autofabrikant na 2021 officieel de sport verliet, blijft het tot eind 2025 motoren leveren aan de renstal, die met haar Red Bull Powertrains-divisie de leiding overneemt.

Dankzij een eigen opleidingsprogramma, het Red Bull Junior Team, scout en helpt teamadviseur Helmut Marko zelf getalenteerde jonge coureurs, met als doel om ze voor de renstal te laten rijden, vaak na een periode bij AlphaTauri (vroeger Toro Rosso). Red Bull is naarstig op zoek naar een band met een nieuwe autofabrikant. Lange tijd leek het erop dat het de handen ineen zou slaan met Porsche, maar tijdens de winterstop voor het seizoen 2023 is Ford in beeld gekomen als aangewezen kandidaat. Volgens de afspraak die begin 2023 bekendgemaakt werd, gaat deze Amerikaanse autogigant vanaf 2026 officieel de krachtbronnen leveren voor Red Bull.

Ferrari

TECHNISCHE INFO

Kenmerken anno 2023:

» Volledige naam: **Scuderia Ferrari**.

» Leiding: Benedetto Vigna (*chief executive officer*), Frédéric Vasseur (teambaas), Laurent Mekies (*racing director* & *head of track area*).

» Thuisbasis: Maranello, Italië.

» Coureurs: Charles Leclerc & Carlos Sainz; Antonio Giovinazzi & Robert Shwartzman (test- en reservecoureurs).

» Belangrijke sponsoren en partners: AWS (techbedrijf), Richard Mille (horlogefabrikant), , Ray-Ban (zonnebrillenfabrikant), Santander (bank), Shell (oliemaatschappij).

» Grootste succes: constructeurstitels in 1961, 1964, 1975, 1976, 1977, 1979, 1982, 1983, 1999, 2000, 2001, 2002, 2003, 2004, 2007, 2008.

De renstal van het sportieve Italiaanse automerk Ferrari geldt als het langst bestaande Formule 1-team. Afgezien van de allereerste voor het wereldkampioenschap meetellende Grand Prix in 1950 en enkele losse GP's door de jaren heen, heeft Ferrari altijd deelgenomen aan de allerhoogste autosportklasse.

Enzo Ferrari richtte de formatie op in 1929, als raceteam van Alfa Romeo. Enkele jaren later begon hij zijn eigen automerk, waarmee ook productieauto's werden gebouwd en verkocht om de raceactiviteiten te kunnen betalen.

Mercedes

Kenmerken anno 2023:

- Volledige naam: **Mercedes-AMG Petronas F1 Team**.
- Leiding: Toto Wolff (teambaas en *chief executive officer*), Markus Schäfer (*non-executive director* Mercedes-Benz), Hywel Thomas (*managing director* aandrijflijnen), James Allison (*chief technical director*), Mike Elliott (technisch directeur).
- Thuisbasis: Brackley, Verenigd Koninkrijk; Brixworth, Verenigd Koninkrijk (krachtbronfabriek).
- Coureurs: Lewis Hamilton & George Russell; Mick Schumacher (reservecoureur).
- Belangrijke sponsoren en partners: Petronas (oliemaatschappij), Ineos (chemiebedrijf), Crowdstrike (cyberbeveiligingsbedrijf), TeamViewer (softwarebedrijf), UBS (bank), Akkodis (techbedrijf).
- Grootste succes: constructeurstitels in 2014, 2015, 2016, 2017, 2018, 2019, 2020, 2021.

Mercedes was eigenlijk in 1954 en 1955 al aanwezig met een succesvol fabrieksteam in het Formule 1-wereldkampioenschap, in navolging van de raceactiviteiten vóór de Tweede Wereldoorlog. Na een ernstig ongeluk tijdens de 24 uur van Le Mans trok het Duitse automerk zich even helemaal terug uit de autosport. In de jaren negentig keerde het terug in de Formule 1 als motorleverancier in samenwerking met Ilmor, dat onder meer Sauber van motoren voorzag.

Het huidige Formule 1-team is eigenlijk een evolutie van het team Tyrrell Racing, dat in de jaren zestig werd opgezet door de Brit **Ken Tyrrell**. Eind jaren negentig werd dat overgenomen door British American Racing (BAR), dat in 2006 werd omgedoopt tot het fabrieksteam van Honda. Teambaas Ross Brawn nam de renstal voor 2009 over onder Brawn GP. Na een rol als motorleverancier dat jaar runt Mercedes de formatie sinds 2010 als fabrieksteam.

Alpine

TECHNISCHE INFO

Kenmerken anno 2023:

- Volledige naam: **BWT Alpine F1 Team**.
- Leiding: Laurent Rossi (*chief executive officer* Alpine), Otmar Szafnauer (teambaas), Bruno Famin (*executive director* krachtbronnen), Davide Brivio (*director of racing expansion projects*), Pat Fry (*chief technical officer*), Matt Harman (technisch directeur).
- Thuisbasis: Enstone, Verenigd Koninkrijk; Viry-Châtillon, Frankrijk (krachtbronfabriek).

» Coureurs: Pierre Gasly & Esteban Ocon.

» Belangrijke sponsoren en partners: BWT (waterbehandelingssystemen), Castrol (oliemaatschappij), BP (oliemaatschappij), Mapfre (verzekeringsmaatschappij), Renault (autofabrikant), Microsoft (computerproducten), Boeing (vliegtuigfabrikant).

» Grootste succes: twee constructeurstitels (2005 en 2006) (als Renault).

Alpine is de sportieve tak van Renault. Renault kent een lange en diverse geschiedenis in de Grand Prix-racerij. Dit Franse automerk was al betrokken bij de allereerste 'Grande Épreuve' in 1906, maar nam pas vanaf 1977 deel aan het wereldkampioenschap Formule 1 – met de allereerste turbomotor. Eind 1985 stopte het fabrieksteam, maar het leveren van motoren ging door tot 1986 en van 1989 tot en met 1997.

In 2000 keerde het fabrieksteam terug na de overname van Benetton, dat in 1981 begon als Toleman. Zo'n tien jaar later veranderde de formatie in een nieuw Lotus F1 Team, dat vanaf 2016 wederom opereerde als Renault-fabrieksteam. Vanwege de thuisbasis van deze meermaals van naam verwisselde formatie wordt de renstal ook wel Team Enstone genoemd. Ter promotie van sportwagenfabrikant Alpine, waar Renault nieuw leven in heeft geblazen, gaat het team vanaf 2021 verder onder deze nieuwe naam – en met de kenmerkende blauwe kleur, in plaats van geel. (Al racet dit team soms ook in de roze kleur van hoofdsponsor BWT.)

McLaren

TECHNISCHE INFO

Kenmerken anno 2023:

» Volledige naam: **McLaren F1 Team**.

» Leiding: Zak Brown (*executive director*), Andrea Stella (teambaas), James Key (technisch directeur).

» Thuisbasis: Woking, Verenigd Koninkrijk.

» Coureurs: Lando Norris & Oscar Piastri; Alex Palou (testcoureur).

» Belangrijke sponsoren en partners: British American Tobacco (tabaksfabrikant), Dell Technologies (computertechnologie), Darktrace (AI-technologie), Arrow (technologiebedrijf), Android/Chrome (takken van Google), Coca Cola (frisdrank), Hilton (hotels).

» Grootste succes: constructeurstitels in 1974, 1984, 1985, 1988, 1989, 1990, 1991 en 1998.

De Nieuw-Zeelander **Bruce McLaren** richtte in de jaren zestig een eigen raceteam op onder zijn eigen naam, waarmee hij ook racete – en helaas dodelijk verongelukte bij een test in 1970. De renstal leefde echter voort, vooral onder **Ron Dennis**, die in 1981 het team naar zijn hand wist te zetten. Onder zijn leiding werden vooral in de jaren tachtig (met motorleverancier Honda) en negentig (met Mercedes) de grootste successen behaald.

Een nieuw huwelijk met Honda leverde vanaf 2015 vooral problemen op door de zeer moeizame ontwikkeling van de krachtbron. Nadat Dennis als hoofd werd weggestuurd door medeaandeelhouders, kwam Zak Brown aan de leiding van de McLaren Technology Group, waaronder ook het gelijknamige productieautomerk valt dat luxe sportwagens bouwt. Onder leiding van Brown is McLaren tevens in andere raceklassen gestapt, zoals IndyCar, Formule E en Extreme E.

Alfa Romeo

TECHNISCHE INFO

Kenmerken anno 2023:

- Volledige naam: **Alfa Romeo F1 Team Stake**.
- Leiding: Andreas Seidl (*chief executive officer* Sauber) Alessandro Alunni Bravi (teamvertegenwoordiger), Jan Monchaux (technisch directeur).
- Thuisbasis: Hinwil, Zwitserland.
- Coureurs: Valtteri Bottas & Zhou Guanyu; Théo Pourchaire (testcoureur).
- Belangrijke sponsoren en partners: Alfa Romeo (autofabrikant), Stake (gokplatform), Kick (live streamingplatform), Singha (brouwerij), Rebellion (horlogefabrikant).
- Grootste succes: tweede in constructeurskampioenschap (2007, als BMW Sauber).

Achter de naam Alfa Romeo schuilt Sauber Motorsport, dat al in de jaren zeventig werd opgericht door **Peter Sauber**. Deze Zwitser behaalde successen in diverse andere autosporttakken, vooral in samenwerking met Mercedes-Benz. In 1993 volgde het Formule 1-debuut van het team, dat door de jaren heen samenwerkte met diverse partijen.

Van 2006 tot en met 2009 gold Sauber als het fabrieksteam van BMW, daarna werd de renstal weer in eigen beheer gerund. Sauber worstelde in die periode met grote financiële problemen, maar werd van de afgrond gered door investeringsmaatschappij Longbow Finance, dat in 2019 een brandingdeal sloot met Alfa Romeo. De renstal gaat een zonnige toekomst tegemoet, aangezien de Duitse autofabrikant Audi in 2023 een minderheidsaandeel heeft genomen in de Sauber Group. Het is een voorbode voor de transformatie tot het Audi-fabrieksteam, gepland voor 2026.

Aston Martin

TECHNISCHE INFO

Kenmerken anno 2023:

- Volledige naam: **Aston Martin Aramco Cognizant F1 Team**.
- Leiding: Lawrence Stroll (voorzitter), Mike Krack (teambaas), Martin Whitmarsh (*chief executive officer*), Andrew Green (*chief technical officer*), Dan Fallows (technisch directeur).
- Thuisbasis: Silverstone, Verenigd Koninkrijk.

- » Coureurs: Fernando Alonso & Lance Stroll; Felipe Drugovich & Stoffel Vandoorne (test- en reservecoureurs).
- » Belangrijke sponsoren en partners: Cognizant (informatiebedrijf), Aramco (staatsoliemaatschappij), Peroni (bierfabrikant), Tiktok (social media), Bombardier (vliegtuigfabrikant).
- » Grootste succes: de vierde plaats in het constructeurskampioenschap (2016) als Force India.

Voor de oorsprong van Aston Martin moeten we terug naar de oprichting van de renstal Jordan van autosportgoeroe **Eddie Jordan**. Deze Ier verkocht zijn team in 2005 aan Midland; twee jaar later werd het Nederlandse automerk Spyker de eigenaar. Door financiële problemen was een nieuwe koper nodig, die gevonden werd in de Indiase zakenman Vijay Mallya. Onder meer de Nederlandse Spyker-teambaas Michiel Mol bleef wel betrokken als aandeelhouder bij Force India.

Helaas wist ook Force India het hoofd niet boven water te houden, resulterende in een faillisementsaanvraag halverwege 2018. Het team werd hierop overgenomen door een consortium onder leiding van Lawrence Stroll, vader van F1-coureur Lance Stroll, en ging verder als Racing Point. De Canadese miljardair had grootse plannen voor de renstal en wist het team om te dopen tot het Aston Martin F1 Team na eerder een aandeel van 16,7 procent in de Britse sportwagenfabrikant te nemen. Als onderdeel hiervan gebruikt het motoren van Mercedes, zoals het team al sinds 2009 heeft gedaan.

Haas

TECHNISCHE INFO

Kenmerken anno 2023:

- » Volledige naam: **Moneygram Haas F1 Team**.
- » Leiding: Gene Haas (eigenaar en voorzitter), Guenther Steiner (teambaas), Joe Custer (*chief operating officer*), Simone Resta (technisch directeur).
- » Thuisbasis: Kannapolis, Verenigde Staten & Banbury, Verenigd Koninkrijk.
- » Coureurs: Nico Hülkenberg & Kevin Magnussen; Pietro Fittipaldi (test- en reservecoureur).
- » Belangrijke sponsoren en partners: Moneygram (betalingsverwerkingen), Haas (machinefabrikant).
- » Grootste succes: vijfde plaats in constructeurskampioenschap (2018).

Sinds 2016 is Haas F1 Team actief in de Formule 1, waarmee deze renstal de meest recente toevoeging aan het deelnemersveld is. De formatie is opgericht door Gene Haas, die eerder al actief was in de Amerikaanse NASCAR-raceklasse. De Amerikaan heeft een bedrijf in de fabricage van machines en gereedschappen.

Om zich te verzekeren van goede techniek ging Haas voor het debuut een technische samenwerking aan met Ferrari, dat onder meer de krachtbron levert en meehelpt bij de ontwikkeling van andere belangrijke componenten. Daarmee kan Haas tevens beschouwd worden als 'satellietteam' van Ferrari.

AlphaTauri

TECHNISCHE INFO

Kenmerken anno 2023:

- Volledige naam: **Scuderia AlphaTauri**.
- Leiding: Oliver Mintzlaff (*chief executive officer corporate projects and investments*), Franz Tost (teambaas), Helmut Marko (adviseur), Graham Watson (team manager), Jody Eggington (technisch directeur).
- Thuisbasis: Faenza, Italië.
- Coureurs: Nyck de Vries & Yuki Tsunoda.
- Belangrijke sponsoren en partners: AlphaTauri (kledingfabrikant), Honda (autofabrikant), Orlen (oliemaatschappij), Randstad (uitzendbureau), Epicor (softwarefabrikant).
- Grootste succes: zesde plaats in constructeurskampioenschap (2021).

De oorsprong van AlphaTauri ligt bij het team Minardi, dat in 1985 debuteerde in de Formule 1. De renstal behoorde bijna elke Grand Prix bij de achterhoede, met drie vierde plaatsen als beste resultaat. In 2005 werd Red Bull eigenaar van de renstal, aanvankelijk samen met oud-F1-coureur **Gerhard Berger**.

Het team heette aanvankelijk Toro Rosso en gold als de opleidingsrenstal van Red Bull binnen de hoogste autosportklasse. Als jonge coureurs uit het Red Bull Junior Team in de Formule 1 mogen racen, worden ze tegenwoordig eerst bij het dochterteam ondergebracht. Gaat het daar goed en is er de mogelijkheid om ze naar Red Bull Racing te laten promoveren, dan kan adviseur Helmut Marko daartoe besluiten. Red Bull besloot het dochterteam voor het seizoen 2020 om te dopen tot AlphaTauri, ter promotie van het eigen kledingmerk.

Williams

TECHNISCHE INFO

Kenmerken anno 2023:

- Volledige naam: **Williams Racing**.
- Leiding: Matthew Savage (voorzitter Dorilton Capital), James Matthews (voorzitter Eden Rock Group), James Vowles (teambaas), Sven Smeets (sportief directeur).
- Thuisbasis: Grove, Verenigd Koninkrijk.
- Coureurs: Alexander Albon & Logan Sargeant.
- Belangrijke sponsoren en partners: Duracell (batterijenfabrikant), Acronis (technologiebedrijf), Dorilton Ventures (investeringsmaatschappij), Financial Times (nieuws), Bang & Olufsen (audioproducten), Umbro (kleding).
- Grootste succes: constructeurstitels in 1980, 1981, 1986, 1987, 1992, 1993, 1994, 1996, 1997.

De naam Williams verscheen in 1969 al in de Formule 1, toen Frank Williams door andere constructeurs gebouwde raceauto's inzette voor zijn eigen raceteam. Uiteindelijk richtte hij in 1977 de basis op voor zijn huidige renstal die voluit Williams Grand Prix Engineering Limited heet.

Zijn dochter Claire runde tot halverwege 2020 een groot deel van de dagelijkse gang van zaken, maar na eerder grote verliezen te hebben geboekt werd het team verkocht aan investeringsmaatschappij Dorilton Capital, die vervolgens Jost Capito aanstelde om het team te leiden. Capito werd voor 2023 vervangen door voormalig hoofd strategie van Mercedes, James Vowles. Vooral in de jaren tachtig en negentig was het team zeer succesvol, mede dankzij nauwe samenwerking met motorleveranciers. Tevens is er een tak die andersoortige raceauto's en autotechniek ontwikkelt, onder de naam Williams Advanced Engineering. WAE werd in 2022 verkocht aan Fortescue, een van de grootste producenten ter wereld van ijzererts.

PAS OP

HET GELD TELT

Naast de geschiedenis en prestaties van elk team is er nog een factor die ze nadrukkelijk van elkaar onderscheidt: de budgetten.

De inkomsten en uitgaven verschillen behoorlijk per renstal. Die zijn namelijk niet alleen afhankelijk van hun sponsoren, maar ook van hun prestaties (voor prijzengeld) en zelfs van aanvullende afspraken met Formula One Management. Het verschil in prestaties tussen teams is vaak (ook) te verklaren als een verschil in budget, simpelweg omdat meer geld de mogelijkheid biedt om voor betere techniek en betere rijders te zorgen.

In hoofdstuk 9 behandelen we dit verschil in budgetten uitgebreider.

Kampioensconstructeurs

BELANGRIJK

Coureurs kunnen sinds 1950 strijden om de rijderstitel in het wereldkampioenschap Formule 1, voor teams geldt dit echter pas sinds 1958, toen het constructeurskampioenschap werd opgezet.

Door de jaren heen zijn de meeste titels veroverd door constructeurs die vandaag de dag nog steeds actief zijn. Toch zijn er ook nog andere, inmiddels ter ziele gegane, renstallen die tot constructeurskampioen werden uitgeroepen na een of meerdere seizoenen.

PAS OP

Tot begin jaren tachtig gold vaak de regel dat alleen de best gefinishte coureur in een Grand Prix punten scoorde voor de bijbehorende constructeur in dat kampioenschap – die toen nog de naam International Cup for F1 Manufacturers droeg.

Dit zijn de constructeurs die het wereldkampioenschap wonnen, maar inmiddels niet meer actief zijn:

- **Vanwall** werd in 1958 uitgeroepen tot allereerste wereldkampioen, vooral met dank aan de inspanningen van Stirling Moss en Tony Brooks. Enkele jaren later hield dit Britse team alweer op te bestaan.
- **Cooper** veroverde in 1959 en 1960 de constructeurstitel door als eerste het concept van een Formule 1-auto met middenmotor goed werkend te krijgen. Tot ver in de jaren zestig was het Britse merk geliefd bij veel coureurs, tot Cooper in 1969 geen Formule 1-auto's meer maakte.
- **BRM** (de afkorting voor *British Racing Motors*) was een Britse constructeur die in 1962 het kampioenschap won, vooral door de prestaties van landgenoot Graham Hill.
- **Lotus** is de succesvolste van alle niet meer aanwezige constructeurs. Na de oprichting door Colin Chapman debuteerde het team in 1958 in het wereldkampioenschap, waarin de titel zevenmaal werd gewonnen – in 1963, 1965, 1968, 1970, 1972, 1973 en 1978. Het einde kwam in 1994. De naam Lotus keerde in 2010 nog wel terug in de Formule 1, bij twee verschillende teams: één daarvan ging na een juridisch conflict nog enkele jaren verder als Caterham, de ander kennen we nu als het Renault-fabrieksteam.
- **Brabham** heette officieel *Motor Racing Developments* maar werd in de volksmond vernoemd naar de Australische oprichter Jack Brabham, die ook zelf succesvol racete met zijn eigen auto's. In 1966 en 1967 werd met de Repco-motor uit eigen land het wereldkampioenschap gewonnen. De renstal scoorde in de jaren zeventig en tachtig nog wel de nodige zeges, maar verdween in de jaren negentig.
- **Matra** was een constructeur die in 1969 met het team Tyrrell de constructeurstitel veroverde onder de naam Matra International. Het Franse merk bouwde en runde tot 1972 Formule 1-auto's.
- **Tyrrell** won in 1971 met een zelfontworpen auto het wereldkampioenschap. De successen namen daarna behoorlijk af, tot het team werd overgenomen en in 1999 veranderde in *British American Racing* (*BAR*).
- **Benetton** won de constructeurstitel alleen in 1995, met dank aan Michael Schumacher (die de rijderstitel zowel in 1994 als 1995 won), nadat deze constructeur in 1986 het team Toleman had overgenomen. In 2000 werd deze renstal het nieuwe Renault-fabrieksteam (wat het nu ook weer is).
- **Brawn** won de constructeurstitel in 2009 onder leiding van Ross Brawn, nadat hij de renstal vlak daarvoor overnam van Honda. Een jaar later maakte Mercedes er het huidige fabrieksteam van.

TECHNISCHE INFO

WAT GEBEURT ER MET OUDE F1-AUTO'S?

Hoewel Formule 1-raceauto's vroeger nog wel eens meerdere jaren ingezet konden worden, wordt tegenwoordig bijna elk seizoen een ander model gebouwd – alleen zo zorgen teams ervoor dat ze competitief zijn of blijven. Wat gebeurt er dan met de oude auto's?

- Vaak worden ze gewoon door de teams zelf bewaard, in veel gevallen in een museum of een eigen hal waar genodigden er bij kunnen komen, maar soms ook in een afgesloten opslag.
- In enkele gevallen worden oude auto's cadeau gedaan aan een teamlid, zoals een coureur of voormalige teambaas. Soms kunnen ook partners zoals grote sponsoren een Formule 1-auto krijgen. Ze worden vaak verkocht aan verzamelaars. Meestal niet rechtstreeks vanuit het team, maar wel nadat ze via een andere partij (bijvoorbeeld als cadeau) in omloop zijn gekomen.
- Gelukkig wordt met allerlei soorten oude Formule 1-auto's ook nog wel eens gereden! Bijvoorbeeld in het officiële ***FIA Masters Historic Formula One Championship*** (voor auto's van 1966 tot en met 1985) en de **BOSS GP** voor iets moderne modellen. De meest recente F1-auto's (van huidige teams) worden bij gelegenheden nog weleens ingezet voor demonstraties.
- Het is ook mogelijk om oude (vaak gebruikte) onderdelen van F1-auto's te kopen als kunstwerk!

3

Auto's, banen en centen

IN DIT DEEL . . .

De belangrijkste onderdelen van een Formule 1-auto.

Uitleg over alle circuits waarop Grands Prix worden verreden.

Wegwijs worden in de wirwar van regels en instanties.

IN DIT HOOFDSTUK

- **De onderdelen waaruit een Formule 1-auto is opgebouwd**
- **De werking van complexe systemen zoals de aandrijflijn en de banden**
- **De basis van de technieken die coureurs gebruiken tijdens het rijden**

Hoofdstuk 7
Technisch vernuftige auto's

Eerder heb ik je uitgelegd hoe autosport – en de Grand Prix-racerij in het bijzonder – onder meer heel groot is geworden omdat het de ontwikkeling van autotechniek vanaf dag één enorm heeft gestimuleerd. Nog steeds geldt de autosport als een kweekvijver voor allerlei vernieuwingen. (Al werkt dat in de Formule 1 vandaag de dag net even anders, om meerdere redenen.)

BELANGRIJK

Wel kunnen we met enige zekerheid zeggen dat onze huidige 'gewone' auto's niet zo goed zouden zijn als autoracen nooit was uitgevonden. Heel veel onderdelen en systemen die auto's in algemene zin sneller, beter te besturen, veiliger en zelfs zuiniger maken, zijn namelijk ontwikkeld door de wil van autofabrikanten om het er beter van af te brengen op het circuit.

Dat betekent ook dat je de meest geavanceerde raceauto's (waar Formule 1-wagens ook zeker onder vallen) kunt beschouwen als een soort rijdende laboratoriums. Er worden immers diverse hypermoderne, zeer complexe en vaak ook erg dure onderdelen gebruikt om deze zo goed mogelijk te laten presteren.

Tegelijkertijd komen Formule 1-auto's in principe gewoon overeen met de voertuigen waarmee wij ons in het dagelijks leven verplaatsen op de openbare weg. Ze hebben vier wielen, een stuur en een krachtbron die ervoor zorgt dat die wielen kunnen draaien, zodat de auto ook daadwerkelijk kan rijden.

PAS OP

Verder zijn er een hoop onderdelen die in principe overeenkomen met wat je op een gewone productieauto voor dagelijks gebruik aantreft, maar die in de Formule 1 op een andere manier functioneren. Logisch, want deze raceauto's moeten immers aan andere eisen voldoen.

In dit hoofdstuk gaan we dieper in op de belangrijkste technische onderdelen en eigenschappen van een Formule 1-auto:

- het **chassis**, het basisonderdeel dat als 'romp' van de auto functioneert;
- **vleugels** en andere **aerodynamische onderdelen**, die de auto beter bestuurbaar maken en koelen door de luchtstroming te beïnvloeden;
- de **motor** – of, beter gezegd, **krachtbron** – tegenwoordig een **hybridesysteem** dat ervoor zorgt dat er kracht wordt opgewekt om de wielen aan te drijven, middels het **differentieel** op de achteras;
- de **versnellingsbak**, waardoor met de aandrijfkracht die geleverd wordt hogere snelheden kunnen worden bereikt;
- de **wielophanging**, waarmee de wielen (en daarop de banden) bevestigd zijn aan het chassis;
- de **remmen**, waardoor de auto snel genoeg en voldoende kan vertragen wanneer dat nodig is, vooral voor bochten;
- de **wielen** en vooral **banden**, die het vermogen uiteindelijk gebruiken om vanuit hun contact met het circuitoppervlak voor beweging te zorgen;
- diverse **elektronica**, die alle onderdelen met elkaar verbinden en de coureur helpen;
- en het multifunctionele **racestuurwiel**!

Het geheel is uiterst complex door het gebruik van dure materialen en experimentele techniek. Niet voor niets geven teams jaarlijks tientallen tot zelfs honderden miljoenen euro's uit om hun auto's verder te ontwikkelen.

PAS OP

We ontkomen er natuurlijk niet aan om bij de verdere uitleg over de belangrijkste onderdelen van een Formule 1-auto te vervallen in wat autotechnische, natuurkundige en zelfs scheikundige termen. Toch probeer ik je zoveel mogelijk te vertellen over de manier waarop zo'n bolide werkt zonder dat dit hoofdstuk leest als een soort technische handleiding.

De basis: het chassis

Zie het chassis van een Formule 1-auto als de romp van jouw lichaam. Zonder dit essentiële onderdeel is het onmogelijk om überhaupt het geheel te kunnen hebben. Uiteindelijk zijn alle andere onderdelen hieraan bevestigd, al dan niet via nog meer componenten.

TECHNISCHE INFO

Het is van cruciaal belang dat het chassis zeer stevig is. Alleen op die manier is het mogelijk om een auto heel hard te laten rijden zonder dat deze alle kanten op zwabbert, omdat de trekkracht (**torsie**) van de krachtbron ervoor kan zorgen dat er beweging optreedt in de constructie zelf. Daarom is het belangrijk dat een stevige opbouw van het chassis zorgt voor torsiestijfheid.

BELANGRIJK

Bovendien geldt het chassis als de belangrijkste bescherming voor de coureur. Dit onderdeel moet er bij een ongeval immers voor zorgen dat de rijder 'veilig' op zijn plek blijft zitten en het moet de hardste klappen voor hem opvangen.

Daarnaast is het ook van belang dat een chassis niet te zwaar is – meer gewicht maakt het immers lastiger voor een raceauto om snel te gaan. Gelukkig hebben knappe koppen door de jaren heen verschillende, steeds betere manieren bedacht om het chassis zo stevig, veilig en licht mogelijk te maken.

TECHNISCHE INFO

Tegenwoordig wordt een chassis gemaakt als een ***monocoque*** (wat vanuit het Frans vertaald 'enkele cel' betekent). Deze kern bestaat uit een soort ijzersterke kuip die eigenlijk om de zitpositie van de coureur is gevormd. We spreken dan ook wel van de ***tub*** (het Engelse woord voor kuip) om aan te geven dat deze 'bak' ruimte biedt aan de rijder.

BELANGRIJK

Zo'n monocoque is in de Formule 1 grotendeels gemaakt van koolstofvezel (vaak ook carbon genoemd, de Engelstalige term) – een zeer stevig en zeer licht materiaal dat wordt gemaakt door heel veel dunne laagjes op elkaar te plakken en het te bakken in een speciaal soort ovens. Leuk om te weten: één zo'n laagje is vijf keer zo dun als een mensenhaar!

TECHNISCHE INFO

Koolstofvezel wordt (samen met het eveneens lichte en sterke aluminium) gebruikt voor bijna alle onderdelen van de ***body***, oftewel het bodywork (de verzamelnaam van alle panelen die aan de monocoque bevestigd zijn, zoals de neus en de motorkap).

Verder zijn er op diverse plekken rondom de cockpit een soort **kreukelzones** te vinden, die de 'energie' die vrijkomt bij een crash kunnen opvangen en de impact voor een coureur beperken – dit wordt getest middels een verplichte crashtest. Daarnaast bevat een cockpit achter het hoofd van de coureur een **rolbeugel,** die hoofdletsel moet helpen voorkomen wanneer een auto ondersteboven belandt.

Ook de cockpitrand rondom het hoofd van de coureur moet hem extra beschermen bij een ongeval. Deze ***headrest*** is gemaakt van een speciaal soort schuim – en kan losgehaald worden om het in- en uitstappen te vergemakkelijken. Ook ter hoogte van de knieën is ter bescherming zacht materiaal aangebracht in de cockpit.

BELANGRIJK

Er zijn strikte voorschriften voor de afmetingen van een cockpit. Hoewel deze enorm krap is en de coureur er eigenlijk maar net in past, moet er toch voldoende ruimte zijn om binnen vijf seconden te kunnen uitstappen. Daarbij moet ook het stuurtje losgehaald kunnen worden.

Om een Formule 1-auto zo laag mogelijk te houden (wat gunstig is voor het verlagen van de luchtweerstand en dus extra snelheid oplevert), ligt een coureur als het ware achter het stuur, met alleen het bovenste deel van zijn rug en zijn hoofd rechtop. De benen moeten dan ook bijna gestrekt zijn om bij de pedalen te kunnen.

TECHNISCHE INFO

Het stoeltje is een **kuipstoel** van carbon (koolstofvezel) en wordt volledig op maat gemaakt voor de coureur, om te zorgen dat hij zo stevig en dus 'comfortabel' mogelijk achter het stuur kan zitten. Deze speciale zetel wordt dan ook altijd geschuimd door een Formule 1-team, waarbij een coureur plaatsneemt in de cockpit en met een speciale vloeistof de vorm van zijn lijf precies wordt vastgelegd.

BELANGRIJK

Daarnaast beschikt elke Formule 1-auto uiteraard over **veiligheidsgordels**: deze zespuntsgordels verbinden zes riemen naar een centraal punt, waarop ook een hendeltje of knop zit om ze in één keer los te kunnen maken.

Daarnaast moet het altijd mogelijk zijn om de coureur (wanneer hij niet op eigen kracht uit kan stappen, bijvoorbeeld na een ongeluk) met stoeltje en al uit de cockpit te tillen. Op die manier kan letsel aan de ruggenwervels beter voorkomen worden.

TECHNISCHE INFO

NÓG MEER BESCHERMING

Hoewel Formule 1-auto's door de jaren heen al vele malen veiliger zijn gemaakt, blijft het risico op serieus letsel door ongevallen natuurlijk aanwezig. Vooral het hoofd van een coureur blijft een zwakke plek – door de open cockpit is er nog altijd gevaar voor een frontale klap.

Daarom is sinds 2018 een extra beschermingsconstructie verplicht gesteld: de ***halo***. Dit is een soort driepoot die boven het hoofd van de coureur is gemonteerd. Hoewel één van die poten voor de ogen van de coureur staat, wordt het zicht in de praktijk vrijwel niet belemmerd. Aanvankelijk was er een hoop kritiek op de halo (veel conservatieve autosportliefhebbers vonden het een lelijke oplossing). Die geluiden verstomden echter na nieuwe ongelukken, waarbij de halo significante hoeveelheden energie van de klap opving.

Aerodynamica

BELANGRIJK

Al vrij snel na de uitvinding van de auto gingen fabrikanten aan de slag met de aerodynamica van hun bouwsels. Dat principe is vrij simpel: door een auto zo gestroomlijnd mogelijk te maken, is er minder luchtweerstand en kan het voertuig op rechte stukken gemakkelijker hoger snelheden bereiken.

Maar het gaat al vele tientallen jaren om veel meer dan het beperken van de luchtweerstand. Er zijn namelijk allerlei manieren bedacht om de luchtstroming te gebruiken en zelfs te beïnvloeden om auto's nog sneller te laten gaan. Niet alleen op rechte stukken, maar juist ook door de bochten!

Veel neerwaartse druk, weinig weerstand

TECHNISCHE INFO

In de jaren zestig van de vorige eeuw ontdekte de autosportwereld hoe de luchtstroom kon worden gebruikt om raceauto's met **neerwaartse druk** (in het Engels: *downforce*) als het ware tegen de grond te drukken en zo meer aerodynamische grip te geven, om ze met hogere snelheden door de bochten te laten gaan.

BELANGRIJK

Dat gebeurt door middel van de **vleugels** (of *spoilers*). De belangrijkste zijn op de neus als voorvleugel en op de achterzijde als achtervleugel gemonteerd.

TECHNISCHE INFO

Dit principe is afgeleid van de werking van vleugels op een vliegtuig. Een vliegtuig creëert namelijk naarmate het sneller gaat – en de lucht op verschillende manieren over en onder de vleugels stroomt, waardoor een verschil in druk ontstaat – **opwaartse druk** (*lift*) die gebruikt wordt om op te stijgen. Dit natuurkundige principe noemen we de wet van Bernoulli.

Een raceauto doet precies het omgekeerde: de vleugels zorgen voor **negatieve lift**, wat zich vertaalt in de neerwaartse druk die een bolide tegen de grond perst. Deze druk zorgt voor extra G-krachten: een moderne Formule 1-auto kan in bepaalde bochten meer dan 5 G aan druk (die op de gehele machine wordt uitgeoefend) creëren, wat gelijk staat aan vijfmaal het gewicht van de wagen. Dat is zó veel, dat een Formule 1 auto op snelheid in theorie ondersteboven op een plafond zou kunnen rijden zonder naar beneden te vallen!

PAS OP

Formule 1-technici hebben vele jaren nodig gehad om het opwekken en benutten van neerwaartse druk helemaal goed werkend te krijgen. Sterker nog: in eerste instantie werden de bolides eind jaren zestig enigszins lukraak volgehangen met spoilers, in de verwachting dat ze daarmee sneller door de bochten zouden kunnen. Maar zo werkt het natuurlijk niet! Aangezien de experimentele en vaak gammele vleugels vooral voor gevaar zorgden (omdat ze juist averechts werkten of zelfs gemakkelijk konden afbreken), werden in 1970 regels geïntroduceerd die het formaat en de plaatsing van vleugels aan banden legden. Door de jaren heen zijn die reglementen vaak gewijzigd.

BELANGRIJK

Formule 1-technici proberen tot op de dag van vandaag om de auto's nog sneller te maken door te experimenteren met het veranderen van aerodynamische onderdelen, onder meer in computersimulaties en in de windtunnel – die de luchtstroom over een auto kan simuleren zonder dat deze echt hoeft te rijden.

PAS OP

Voor het seizoen 2022 (en daarna) heeft de Formule 1 een nieuwe regel ingevoerd die zich richt op de ontwikkeling van de aerodynamica. Op basis van de resultaten in het constructeursklassement het voorgaande jaar krijgen teams een bepaald percentage toegewezen met betrekking tot de tijd die ze mogen gebruiken voor de ontwikkeling van hun auto. Hierbij geldt dat het team dat als zevende finisht 100 procent van de tijd krijgt. Onderling is sprake van intervallen van 5 procent: zo krijgt het hoogst geklasseerde team slechts 70 procent van de tijd toegewezen, en het laagste geplaatste team zelfs 115 procent.

Tijdens trainingen en tests zie je soms een auto met klodders van een soort groene verf rondrijden: deze ***flow-viz*** wordt op het bodywork gesmeerd om te zien hoe bepaalde (nieuwe) aerodynamische elementen in de praktijk werken. Teams investeren daar op jaarbasis tientallen miljoenen in. Elke duizendste van een seconde die een auto per rondje sneller kan rijden door een nieuwe aerodynamische uitvinding, is immers winst!

TECHNISCHE INFO

AAN DE GROND GEZOGEN

De vroege aerodynamische experimenten bereikten hun hoogtepunt in de jaren zeventig van de vorige eeuw – ondanks de kort daarvoor oplegde beperking op het formaat en de plaatsing van vleugels.

De knappe koppen van het inmiddels niet meer bestaande Formule 1-team van automerk Lotus ontdekten namelijk een manier waarop ze het gehele chassis van de auto als één grote vleugel konden laten werken. Daardoor werd de hele bolide naar de grond gezogen en was het mogelijk om nog veel sneller dan voorheen door bochten te rijden: het **grondeffect**.

Het eveneens ter ziele gegane Formule 1-team Brabham ging nog een stapje verder: door een grote ventilator (die volgens de officiële verklaring van de renstal voor koeling moest zorgen) achterop de auto te zetten, werd de lucht onder de auto vandaan gezogen en ontstond nog meer neerwaartse druk.

De mogelijkheden om het grondeffect op deze manieren te benutten, werden enkele jaren later verboden door nieuwe reglementswijzigingen. Het grondeffect maakte het rijgedrag van Formule 1-auto's namelijk veel onvoorspelbaarder, met alle gevolgen van dien voor het risico op ongelukken.

Na een rigoureuze aanpassing van het technisch reglement heeft de Formule 1 het grondeffect teruggebracht. Het voornaamste doel van deze regelwijzigingen is het 'racebaar' maken van de auto's. Hoewel de auto's jarenlang enorm snel waren – vooral over één ronde in de kwalificatie – hadden de vele vleugels en spoilers een groot negatief gevolg: coureurs konden elkaar nauwelijks achtervolgen zonder daarbij de banden te vernietigen. Het terugbrengen van het grondeffect blijkt direct een succesformule. De Formule 1 zag in 2022 aanzienlijk meer inhaalmanoeuvres dan een jaar eerder, toen de nieuwe reglementen net waren ingevoerd.

Vleugels voor en achter

De meest opvallende aerodynamische onderdelen aan een Formule 1-auto zijn natuurlijk de voorvleugel en de achtervleugel. Hoewel ze pas in de jaren zeventig echt gemeengoed werden, gelden ze als absolute herkenningspunten wanneer we het hebben over de snelste soort formuleraceauto's ter wereld.

TECHNISCHE INFO

Natuurlijk zitten ze niet zomaar op de auto. De voor- en achtervleugel wekken onder de huidige reglementen samen zo'n veertig procent van de neerwaartse druk op die een Formule 1-auto kan gebruiken – de rest komt grotendeels via de vloer van de auto. Niet zo lang geleden was deze verhouding nog omgekeerd en waren de vleugels verantwoordelijk voor de meeste neerwaartse druk. Dit heeft te maken met het *ground effect*, ofwel grondeffect.

BELANGRIJK

Deze vleugels zijn bovendien (door monteurs in de pitstraat of pitbox) verstelbaar, zodat ze op elk circuit kunnen functioneren zoals de coureurs en teams dat graag willen.

Op langzame circuits met veel bochten is te zien dat vleugels over meer panelen beschikken om zoveel mogelijk neerwaartse druk op te wekken en te benutten in de bochten. Op snelle circuits met veel rechte stukken hebben ze doorgaans juist zo min mogelijk panelen, zodat ze minder luchtweerstand opwekken en de auto's sneller kunnen rijden.

TECHNISCHE INFO

De voorvleugel (*front wing*) van een Formule 1-auto is een soort plank van koolstofvezel, de *front wing mainplane*, waarop diverse kleine aerodynamische onderdelen gemonteerd zitten. Zo zitten achter de mainplane de *front wing flaps* en vinden we aan de zijkanten de verticale opstaande *front wing end plates*. De voorvleugel van een F1-auto is van 2021 op 2022 aanzienlijk vereenvoudigd om minder verstoorde lucht op te wekken, zodat de achtervolgende auto een betere kans heeft op inhalen. Zo zijn de end plates een stuk hoger dan voorheen, maar de front wing flaps minder complex. De voornaamste verandering is het verdwijnen van het gat tussen de neus en de front wing flaps. Deze elementen sluiten tegenwoordig op elkaar aan, waardoor de lucht voornamelijk langszij wordt gestuurd en de luchtstroom een stuk beter onder controle gehouden wordt dan in het verleden.

De gehele voorvleugel is gemonteerd onderaan de voorkant van de neus. Het ontwerp van de neus loopt bij moderne bolides vervolgens van de voorvleugel geleidelijk omhoog tot aan de hoogte van de cockpitrand – om niet te veel luchtweerstand te veroorzaken. De neus geldt bovendien als een soort 'bumper' met kreukelzone, bedoeld om te voorkomen dat de coureur letsel oploopt aan zijn benen.

Aan de achterkant van de auto, bovenop de achterwielophanging, vinden we de achtervleugel (*rear wing*). Die is vanzelf een stuk hoger dan de voorvleugel, mede omdat deze uit meerdere lagen bestaat. Onderaan vinden we de *rear lower mainplane*, bovenop de *rear upper wing* en aan weerszijden de *rear wing end plates*.

Ook aan de achterkant van een Formule 1-auto is een soort achterbumper met kreukelzone te vinden, de zogeheten *rear crash structure*. Deze is eigenlijk nauwelijks zichtbaar, maar helpt toch mee om schade (en letsel) bij botsingen aan de achterkant van de auto te beperken.

Openklappen

BELANGRIJK

Sinds 2011 beschikt elke Formule 1-auto aan de achterzijde over een bijzondere eigenschap: de beweegbare achtervleugel, officieel aangeduid als **drag reduction system** (**DRS**).

Met een druk op de knop klapt een paneel in de achtervleugel open, waardoor de luchtweerstand tijdelijk vermindert en een auto extra hard kan rijden – de topsnelheid kan hierdoor soms wel vijftien kilometer per uur hoger uitkomen. Wanneer de coureur op de rem trapt (of weer op de betreffende knop drukt) 'sluit' de achtervleugel weer.

PAS OP

Deze feature is ingevoerd om coureurs te helpen bij het inhalen van andere deelnemers. Er zijn echter wel een aantal vereisten om DRS hiervoor te kunnen gebruiken:

- DRS kan alleen gebruikt worden in aangewezen DRS-zones, die meestal beperkt zijn tot één of twee rechte stukken (of zeer flauwe bochten) per circuit.
- In vrije trainingen en kwalificatieheats mogen deelnemers DRS (in de aangewezen zones) zo vaak gebruiken als ze willen, tenzij de wedstrijdleiding dit om wat voor reden dan ook niet toestaat.
- In races kan DRS alleen gebruikt worden wanneer een deelnemer binnen een seconde van zijn voorganger rijdt bij het passeren van het DRS-detectiepunt – meestal bij het ingaan van een bocht vóór een DRS-zone. De coureur die DRS dan mag gebruiken, krijgt een signaal op zijn display in de cockpit.
- Pas als de eerste twee ronden van een race verstreken zijn, wordt DRS actief. Dit geldt ook voor de eerste twee ronden na een neutralisatie door middel van bijvoorbeeld de safety car. Er geldt een uitzondering voor de virtuele safety car.
- De wedstrijdleiding kan op elk moment besluiten dat DRS door niemand gebruikt mag worden, bijvoorbeeld wanneer het regent.

TECHNISCHE INFO

Hoewel DRS ervoor zorgt dat inhaalacties relatief gemakkelijker uit te voeren zijn, is er ook kritiek op het systeem. Het passeren van een andere deelnemer wordt door puristen niet meer 'authentiek' genoemd wanneer een coureur hierbij geholpen wordt door deze 'gimmick'.

Onderop en achteraan

De onderzijde van Formule 1-auto's (vaak **vloer** genoemd) behoort tot de best bewaarde geheimen van het wereldje – en wel om meerdere redenen.

TECHNISCHE INFO

Eerder heb ik je verteld dat de voor- en achtervleugels voor veertig procent van de neerwaartse druk zorgen en de rest voornamelijk te danken is aan de vloer. Dat komt door een combinatie van aerodynamische elementen aan en naast de onderkant van een bolide.

Omdat de onderzijde (of **bodemplaat**) van een Formule 1-auto toch eigenlijk nooit goed te zien is (tenzij deze met een takelwagen wordt verplaatst, bijvoorbeeld na een crash), maken teams graag van de situatie gebruik om juist hier eigen uitvindingen en andere ideeën toe te passen. Wat de concurrentie niet (of nauwelijks) kan zien, valt immers ook niet goed te kopiëren!

Toch weten we natuurlijk wel íets over de vloer van een gemiddelde moderne Formule 1-auto. Zoals het feit dat helemaal onderop een plank (officieel *skid block* genoemd) is gemonteerd, gemaakt van een speciaal houtachtig materiaal, *Jabroc*. Deze plank mag tijdens het rijden afslijten, maar moet altijd een minimale dikte hebben – om te voorkomen dat de rijhoogte van Formule 1-auto's te laag wordt en er onvoorspelbaar, gevaarlijk rijgedrag kan optreden.

Bovendien zitten aan de onderkant van moderne Formule 1-auto's een soort blokjes van aluminium, die er mede voor zorgen dat er spectaculair ogende vonken gecreëerd worden wanneer de vloer naar beneden wordt getrokken tijdens het rijden. Dit is dus meer voor de show dan dat er iets mis zou zijn met de bolides!

TECHNISCHE INFO

Hoewel het niet goed zichtbaar is, hebben de huidige Formule 1-auto's een soort tunnels ingebouwd in de vloer om de luchtstroom te beïnvloeden en neerwaartse druk te creëren – daarmee wordt gebruik gemaakt van het grondeffect. Die tunnels werken in harmonie met de vleugels voor en achter om een zo snel mogelijke F1-bolide neer te zetten, eentje die in balans is in de bochten, maar tegelijkertijd een hoge topsnelheid heeft.

BELANGRIJK

Verder zit er een in aerodynamisch opzicht zeer belangrijk (en redelijk zichtbaar) onderdeel onderaan de achterzijde van elke Formule 1-auto: de ***diffuser*** – een soort omgekeerde vleugel met een aantal verticaal geplaatste paneeltjes. Deze zorgt ervoor dat de luchtstroom, die door de aerodynamische elementen onder de auto weer voor extra neerwaartse druk zorgt, als het ware 'gekalmeerd' wordt voordat deze de onderzijde van de bolide weer verlaat.

TECHNISCHE INFO

Daarnaast wordt de bodem (net als de onderkant van de voorvleugel) vaak gebruikt voor het monteren van ballast, wanneer een Formule 1-auto dit nodig heeft om op het minimumgewicht uit te komen. In dat geval is het gunstig om deze verzwaring zo laag mogelijk aan te brengen voor een zo laag mogelijk zwaartepunt – waardoor de auto zich beter laat besturen.

Andere details

TECHNISCHE INFO

Naast de voorvleugel, de achtervleugel en de vloer zijn er nog veel meer onderdelen die een belangrijke aerodynamische functie hebben. Kleine vleugeltjes (bijvoorbeeld verwerkt in de wieldoppen) noemen we ook wel ***winglets***. Die zag je in het verleden op allerlei plaatsen op de auto, maar met de regelwijzigingen voor 2022 zijn die grotendeels verdwenen. Wel zie je winglets na die wijzigingen aan weerszijden van de voorvleugel en op de wieldoppen, om de luchtstroom zo effectief mogelijk langs de auto te sturen.

BELANGRIJK

Maar dat betekent ook dat eigenlijk elk element aan een Formule 1-auto, van de zijspiegels tot de aan boord geplaatste (zeer kleine) televisiecamera's tot zelfs de helm van de coureurs, zodanig ontworpen wordt dat het de luchtstroom over de auto zo min mogelijk verstoort.

Ze zorgen per stuk voor een veel minder groot deel van de bruikbare neerwaartse druk, maar maken alles bij elkaar toch een aardig verschil. Ook hier geldt: elke duizendste van een seconde per rondje tijdwinst helpt mee!

Nadat verschillende belanghebbenden in de Formule 1, waaronder teambazen en topmannen binnen de FIA, zich hadden uitgesproken tegen de haaienvin en T-wing, werd besloten om deze met ingang van 2018 te verbieden.

PAS OP

Overigens geldt er één belangrijke regel voor alle aerodynamische componenten, afgezien van het DRS: ze mogen niet bewegen tijdens het rijden. Anders gezegd: er geldt een verbod op actieve aerodynamica.

Hoewel je er niet aan ontkomt dat vleugel(tje)s wat trillen terwijl ze op hoge snelheid de luchtstroom beïnvloeden, houdt de FIA goed in de gaten of teams niet stiekem illegaal aerodynamisch voordeel behalen door bijvoorbeeld de voorvleugel onder druk extra omlaag te laten buigen (*flexing*) en zakken.

Niet drukken maar koelen

Zoals ik al heb aangegeven, draait het controleren van de luchtstroom rond een Formule 1-auto niet alleen maar om het opwekken van neerwaartse druk, met meer grip en dus hogere bochtensnelheden als gevolg.

BELANGRIJK

Lucht (helemaal wanneer deze op snelheid in grote hoeveelheden op de auto afkomt door de rijwind) wordt namelijk ook gebruikt voor het koelen van belangrijke onderdelen, waaronder elementen van de motor en de versnellingsbak, maar ook de remmen.

Dat gebeurt met verschillende **luchthappers** – waaronder de *airbox* (die verwerkt zit in de rolbeugel bovenop de cockpit) en de *sidepods* (die zeer duidelijk zichtbaar zijn aan weerszijden van de cockpit), evenals de *brake ducts* om rijwind richting de remmen te sturen. Vaak vervullen ze (vooral in het geval van de sidepods) ook een belangrijke aerodynamische functie.

De aandrijflijn

TECHNISCHE INFO

Dat brengt ons bij het kloppend hart van elke auto: de **aandrijflijn**, een verzamelnaam die we gebruiken voor alle onderdelen die ervoor zorgen dat de auto zonder hulp van buitenaf in beweging kan komen.

Zonder al die onderdelen kun je dan ook helemaal niets beginnen. De auto heeft immers ooit zijn bestaansrecht verworven als een uit zichzelf bewegend voertuig, met dank aan de toepassing van een motor om voor aandrijving te zorgen.

Door de vele evoluties die auto's, raceauto's en dus ook Formule 1-auto's in al die jaren hebben meegemaakt en nu nog steeds ondergaan, wordt het steeds lastiger om bepaalde onderdelen nog onafhankelijk van elkaar te zien. Ze raken steeds meer onlosmakelijk met elkaar verbonden – een toonbeeld van de razendsnelle technische ontwikkeling in de Formule 1!

Waar de kracht vandaan komt

Zo kunnen we tegenwoordig eigenlijk niet meer zomaar over 'een motor' spreken in de Formule 1, omdat een moderne F1-auto feitelijk over meerdere motoren beschikt – een verbrandingsmotor en een elektromotor (met z'n eigen bijbehorende componenten), als onderdeel van een hybridesysteem.

In plaats daarvan noemen we deze combinatie van motoren de *powertrain* of *power unit* – krachteenheid of krachtbron, om aan te geven dat hiermee het vermogen en de trekkracht worden opgewekt die de wielen van de auto aandrijven.

TECHNISCHE INFO

Specifiek genomen bestaat de power unit uit deze onderdelen:

» de ***internal combustion engine*** (***ICE***), oftewel de verbrandingsmotor, die nog steeds het belangrijkste onderdeel van de aandrijflijn vormt;

» de ***turbocharger*** (***TC***), in het Nederlands turbo genoemd, die de verbrandingsmotor meer vermogen laat leveren door extra samengeperste lucht aan te voeren;

» de ***motor generator unit-kinetic*** (***MGU-K***), waarmee energie die vrijkomt bij het remmen wordt opgevangen om deze uiteindelijk te laten gebruiken door de elektromotor, die ook bij de MGU-K hoort;

» de ***motor generator unit-heat*** (***MGU-H***), die hitte afkomstig van de turbo opvangt en omzet in energie die de elektromotor kan gebruiken. Van dit complexe en dure onderdeel wordt afscheid genomen, volgens de voorgestelde nieuwe technische regels die vanaf 2026 ingaan;

» de ***energy storage*** (***ES***), oftewel het onderdeel dat de vrijgekomen en opgevangen energie opslaat totdat de elektromotor die kan gebruiken;

» de ***control electronics*** (***CE***) die het hybridesysteem (voor het belangrijkste deel) reguleren;

Ook de versnellingsbak geldt als een integraal onderdeel van de aandrijflijn, eigenlijk al sinds de opkomst van de auto. Alleen daardoor kan een auto het vermogen van de motor(en) gebruiken om steeds hogere snelheden te bereiken, door middel van verschillende versnellingen.

De verbrandingsmotor

Ondanks de opkomst van elektrische auto's (zowel auto's die volledig op elektriciteit rijden als hybride auto's die daar deels gebruik van maken) geldt de verbrandingsmotor nog altijd als de meest gebruikte manier om een auto aan te drijven. Ook een Formule 1-auto is voor de aandrijving primair afhankelijk van de verbrandingsmotor – al werkt deze wel zeer nauw samen met de elektrische delen van de aandrijflijn.

TECHNISCHE INFO

Een verbrandingsmotor bestaat uit cilinders, waarin zuigers kunnen bewegen door de aanvoer en het laten ontploffen van het brandstofmengsel (waar zowel benzine als zuurstof, binnengekomen via de luchthappers, in zit). Door de energie die vrijkomt bij deze mini-explosies raken de zuigers in beweging en ontstaat er aandrijfkracht.

In de moderne Formule 1 bestaan de brandstofmotoren uit zes cilinders die geplaatst zijn in een V-vorm: een V6. Elk van deze cilinders beschikt over een bepaalde inhoud. Bij elkaar opgeteld komt deze inhoud op ongeveer 1,6 liter (oftewel 1600 cc) uit.

De snelheid waarmee deze cilinders de krukas (die via een hele reeks andere onderdelen zorgt dat het opgewekte vermogen bij de wielen terecht komt) laten ronddraaien, kan ongelofelijk hoog zijn. Sowieso geldt doorgaans dat het vermogen steeds groter wordt naarmate het toerental toeneemt. Dit tempo meten we in toeren per minuut (tpm) en bedraagt in een huidige Formule 1-verbrandingsmotor maximaal maar liefst 15.000 tpm – twee tot drie keer zoveel als in een personenauto met verbrandingsmotor!

BELANGRIJK

Sinds de introductie van de huidige generatie brandstofmotoren in de Formule 1 (voordat de huidige V6 in een hybride-opzet in 2014 in gebruik werd genomen, zijn door de jaren heen allerlei andere soorten brandstofmotoren met verschillende cilinderaantallen en indelingen ingezet) wordt er ook gebruik gemaakt van een turbo.

TECHNISCHE INFO

Dit onderdeel (dat aan de buitenkant lijkt op een soort slakkenhuis) vangt de in de cilinders verbrande lucht (oftewel uitlaatgassen, die op weg zijn om de aandrijflijn via de uitlaat te verlaten) op en stuurt deze door een schoepenrad, dat door deze lucht steeds sneller gaat ronddraaien.

Vervolgens wordt deze kracht gebruikt om de lucht die de cilinders ingaat samen te persen: daardoor komt zuurstof met een hogere luchtdruk in het brandstofmengsel, waardoor de mini-explosies krachtiger worden en er dus meer vermogen wordt opgewekt. Bovendien wordt deze samengeperste lucht gekoeld door middel van een soort radiatoren, de *intercoolers* (of tussenkoelers) – de koude lucht zorgt ervoor dat het brandstofmengsel bij ontploffing nog meer vermogen genereert.

'DUITSE' TURBOPOWER

BELANGRIJK

Sinds de Formule 1 in 2014 begon met de huidige soort krachtbron, is Mercedes heel vaak (met enige afstand) het snelste team geweest. Dat komt vooral omdat het Duitse automerk een ingenieuze manier bedacht om de turbo te gebruiken.

Deze is bij Mercedes namelijk als het ware gespleten. De turbo bestaat normaal gesproken uit een compressor (die de samengeperste lucht aanlevert) en een turbine (die uitlaatgassen gebruikt om het schoepenrad te laten ronddraaien). Mercedes heeft echter de compressor aan de voorkant van het motorblok geplaatst, terwijl de turbine aan de achterkant is gemonteerd. Een speciale aandrijfas die door het motorblok gaat, zorgt ervoor dat de compressor toch wordt aangedreven door de turbine.

Dit zorgt ervoor dat de lucht die de compressor samenperst extra koel is. Bovendien kan het Mercedes-fabrieksteam door deze keuze diverse onderdelen compacter maken en dichter op elkaar monteren, wat scheelt in gewicht.

Laat je overigens niet zomaar wijsmaken dat dit een slimme uitvinding van de Duitsers is. De krachtbron van Mercedes is namelijk ontwikkeld in een fabriek in het Britse Brixworth. (Het hoofdkwartier van de Formule 1-renstal staat elders in Engeland, in Brackley.) Maar uiteraard pronken de Duitsers er wel graag mee!

PAS OP

Hoewel Formule 1-auto's de snelste raceauto's ter wereld zijn, betekent dat niet dat de coureurs constant volgas kunnen geven. De huidige regels schrijven voor dat er per race maximaal 110 kilo aan brandstof mag worden meegenomen. Deze benzine zit in een speciale brandstoftank van rubber, die verstevigd is met **kevlar** om bij te dragen aan het voorkomen van explosies.

De coureurs kunnen en mogen die hoeveelheid trouwens niet gelijk helemaal opstoken. De reglementen beperken de brandstoftoevoer (*fuel flow*) namelijk tot 100 kilo per uur. Bovendien duurt een gemiddelde Formule 1-race al gauw anderhalf tot twee uur – en dus moet er regelmatig zuinig gedaan worden met de benzine! Meestal is dat zo 'simpel' als wat eerder gas loslaten ('*liften*') en soms zelfs de auto richting een bocht laten uitrollen ('*lift and coast*').

TECHNISCHE INFO

Om te zorgen dat de brandstof zo efficiënt mogelijk gebruikt wordt en als onderdeel van het brandstofmengsel de maximale hoeveelheid vermogen levert, werken veel Formule 1-teams nauw samen met brandstofmaatschappijen (zoals Ferrari met Shell). Ook leveren deze partijen vaak speciale olie die (opgeslagen in de olietank) zorgt voor de smering van onderdelen in onder meer de aandrijflijn, waardoor ze beter werken en langer meegaan. Vanaf 2022 maken F1-auto's gebruik van E10-brandstof, bestaande uit tien procent ethanol. Het is een belangrijke stap richting het volledig overgaan op synthetische brandstof, wat vanaf 2026 op de planning staat.

BELANGRIJK

Mocht je je afvragen hoe de krachtbron eigenlijk in de zeer beperkte ruimte tussen de voorwielen en coureur moet passen – dat is niet het geval! Sinds de jaren zestig van de vorige eeuw beschikken Formule 1-auto's namelijk over een middenmotor, die bijna letterlijk midscheeps is gemonteerd achter de rug van de coureur, maar vóór de achterwielen.

Dit zorgt voor een betere gewichtsverdeling en dus een betere bestuurbaarheid van de auto. Bovendien is de verbinding tussen de motor en de achterwielen (die aangedreven worden door de krachtbron, terwijl de voorwielen er eigenlijk alleen zijn om mee te sturen) hierdoor korter, wat voor gewichtsbesparing en meer efficiëntie zorgt.

Het elektrische deel

De techniek van de verbrandingsmotor kan erg ingewikkeld overkomen. De toevoeging van elektrische onderdelen die eveneens voor aandrijving zorgen, maakt het wat dat betreft nog een stuk complexer. Ik zal ook hier proberen zo helder mogelijk uit te leggen hoe de diverse elektrische componenten binnen het hybridesysteem werken.

BELANGRIJK

Als verzamelnaam gebruiken we ***Energy Recovery System*** (***ERS***), wat natuurlijk aangeeft dat deze onderdelen vrijgekomen energie opvangen en omzetten in aandrijfkracht. Dit noemen we recuperatie.

Hierbij gaat het om energie die als warmte ontstaat bij het remmen en in het uitlaattraject (waar ook de turbo bij hoort) van de verbrandingsmotor. Deze extreme warmte ging vroeger verloren, maar met ingang van het Formule 1-seizoen 2009 werd besloten om die 'verspilling' tegen te gaan en de energie juist te benutten.

TECHNISCHE INFO

Dat gebeurde toen nog onder de noemer ***Kinetic Energy Recovery System*** (***KERS***). Destijds kon namelijk alleen de kinetische energie worden opgevangen die vrijkwam wanneer een Formule 1-auto remde. In de praktijk betekende dit dat coureurs de energie, die opgeslagen werd in een speciale batterij, via een druk op de knop konden gebruiken om tijdelijk de auto extra hard te laten rijden dankzij een vermogensboost.

Het huidige hybridesysteem, dat in 2014 werd ingevoerd, is wat dat betreft veel geavanceerder en bovendien geautomatiseerd – coureurs hoeven niet meer op een knop te drukken om de elektrische energie te gebruiken, dat gebeurt nu eigenlijk vanzelf. Als de batterij vol genoeg is, zorgt het hybridesysteem er zelf voor dat er extra vermogen en trekkracht beschikbaar komt tijdens het rijden, bijvoorbeeld bij het optrekken.

TECHNISCHE INFO

Feitelijk doet de MGU-K (waarbij de 'K' dus nog steeds staat voor *kinetic*) in een moderne Formule 1-auto nog steeds hetzelfde als het oude KERS: energie die bij het remmen vrijkomt opvangen en inzetten wanneer daar door het systeem om gevraagd wordt. Bovendien geeft de MGU-K ook de energie die opgevangen is door de MGU-H door aan de aandrijflijn– al is dit wel beperkt tot 4 megajoule per rondje.

Je kunt de MGU-K het beste zien als een soort generator die de opgevangen energie gebruikt om rond te draaien. Dat gebeurt met een toerental tot wel 50.000 toeren per minuut, waarmee een vermogen van 120 kilowatt (meer dan 160 pk) wordt opgewekt. Die energie kan ook doorgegeven worden aan de *energy storage*, al is deze hoeveelheid beperkt tot 2 megajoule per rondje.

In dit proces kan de MGU-K erg warm worden, waardoor koeling vereist is. Dit gebeurt bijvoorbeeld door gebruik te maken van een fles met perslucht.

TECHNISCHE INFO

Ook de MGU-H (met de 'H' van heat) kun je beschouwen als een generator, maar dan wel een die gemonteerd is op de turbine van de turbo. Deze kan met een toerental van maar liefst 100.000 toeren per minuut ronddraaien. De MGU-H mag zoveel energie als een team maar wil naar de *energy storage* afvoeren – evenals naar de MGU-K.

Tevens regelt de MGU-H de snelheid waarmee de turbine van de turbo draait. In principe wil je hier natuurlijk een hoog aantal toeren per minuut – voor meer samengeperste zuurstof in het brandstofmengsel en om de hitteontwikkeling om te zetten in energie voor het ERS. Tegelijkertijd moet gedacht worden aan de duurzaamheid van alle onderdelen in de aandrijflijn.

PAS OP

Het nieuwe reglement voor motoren dat per 2026 in werking treedt, betekent het einde van de MGU-H. Dit was een belangrijk item voor de Volkswagen Group, dat niet toe wilde treden tot de Formule 1 als dit onderdeel van de aandrijflijn zou blijven. Met het aanstaande verdwijnen van de MGU-H heeft Audi besloten een aandeel te nemen in de Sauber Group, dat vanaf 2026 verder zal gaan als het fabrieksteam van Audi.

BELANGRIJK

Net als de brandstoftank (met de benzine voor de verbrandingsmotor) zit ook de *energy storage* (waarin dus de door de MGU-K en MGU-H opgevangen energie bewaard wordt) in een veiligheidscel, om te voorkomen dat bijvoorbeeld bij een ongeluk plotseling deze energie vrijkomt.

PAS OP

Met al die (elektrische) energie aan boord kun je je misschien wel voorstellen dat een Formule 1-auto een behoorlijke schok kan afgeven. Zulke ongelukjes gebeurden ook wel eens toen de hybridetechnologie zijn intrede deed. Daarom hebben de wagens tegenwoordig twee lampjes in een eenheid bovenop de airbox: als het groene brandt, is het veilig om de auto aan te raken – zie je het rode branden, dan moet je er vooral van afblijven!

BELANGRIJK

HOE START JE EEN FORMULE 1-AUTO?

Lang geleden werden Formule 1-auto's door de coureurs zelf gestart. Maar op een gegeven moment ontdekte men dat het achterwege laten van de startmotor (die bij bijna elke andere auto wél aan boord zit) een hoop gewicht kon besparen.

Daarom worden raceauto's nu al jaren gestart met een externe starter. Dit zware 'stuk gereedschap' met een grote accu op wieltjes moet tot onderaan de achterkant van auto gebracht worden. Door een soort grote naald op de juiste plek met de aandrijflijn te verbinden, kan de energie uit de externe accu worden doorgegeven om de motor te starten.

Zoals je je kunt voorstellen hebben Formule 1-coureurs dan ook een groot probleem wanneer ze de motor van de auto laten afslaan, bijvoorbeeld na een spin. In de pitstraat kunnen monteurs dan nog helpen om de motor weer aan de praat te krijgen, maar elders op de baan is dat niet mogelijk. Daarom beschikken de auto's over een *antistall*-systeem, dat probeert te voorkomen dat de motor afslaat wanneer deze te weinig toeren maakt.

Door de ontwikkeling van het huidige hybridesysteem hebben coureurs nu in bepaalde gevallen weer de mogelijkheid om zélf te aandrijflijn aan te zetten (mocht die zijn uitgevallen), middels de opgeslagen (elektrische) energie.

BELANGRIJK

Om te voorkomen dat fabrikanten doorslaan in hun ontwikkelingswoede – door bijvoorbeeld veel te dure, betere materialen toe te passen – moet elke power unit minimaal 145 kilo wegen en zijn er strenge voorschriften voor het gebruik van de metaalsoorten en andere materialen.

VOORBEELD

Evenzogoed worden ook op dit gebied (net als bij de aerodynamische ontwerpafdelingen) per jaar vele tientallen miljoenen geïnvesteerd om betere prestaties uit de krachtbronnen te halen. Aanvankelijk was de mogelijkheid om deze door te ontwikkelen beperkt, maar sinds 2017 mag elke leverancier componenten naar eigen inzicht verbeteren.

PAS OP

Met het oog op het beperken van de uitgaven middels het budgetplafond en de nieuwe regels voor motoren die vanaf 2026 van kracht zullen zijn, heeft de Formule 1 besloten de bestaande motoren voor een aantal jaar te 'bevriezen'. De motoren worden gehomologeerd, waarna fabrikanten enkel nog aanpassingen aan de krachtbron mogen maken ten behoeve van de veiligheid, betrouwbaarheid en kosten.

Naar verluidt heeft Mercedes inmiddels al meer dan een miljard (!) euro geïnvesteerd in de huidige power unit, die sinds zijn intrede in 2014 algemeen beschouwd wordt als de sterkste en betrouwbaarste. Bovendien beschikken de auto's van het Mercedes-fabrieksteam over motoren met een kwalificatiestand, waardoor ze tijdelijk extra vermogen kunnen leveren.

BELANGRIJK

Want naast de betrouwbaarheid om dit soort complexe, experimentele krachtbronnen meerdere Grands Prix mee te laten gaan en ze zuiniger te laten omgaan met brandstof, gaat het natuurlijk vooral om vermogen. Niet alleen de hoeveelheid, maar ook hoe snel en vloeiend de vermogensafgifte (in het Engels *drivability*) plaatsvindt.

Alleen de verbrandingsmotor al levert tegenwoordig ruim 700 pk; de elektromotor doet daar nog eens 200 pk bij. Zo komt het systeemvermogen (de maximale kracht wanneer beide soorten motoren hun uiterste hoeveelheid energie leveren) van een moderne Formule 1-auto uit op meer dan 900 pk! (Al verschilt dat natuurlijk wel per team.)

We hebben het dan over vijf tot tien keer zoveel kracht als waarover een gemiddelde personenauto voor de openbare weg beschikt. Bovendien weegt een personenauto al gauw het dubbele van de 796 kilo die een Formule 1-raceauto minimaal op de weegschaal laat zien.

De versnellingsbak

Al die power komt niet zomaar bij de achterwielen terecht. De versnellingsbak (of transmissie) zit namelijk tussen de krachtbron en de aandrijfas – die er uiteindelijk voor zorgt dat via het differentieel het vermogen op de achterwielen verdeeld wordt.

TECHNISCHE INFO

Feitelijk bestaat de versnellingsbak uit een verzameling tandwielen van verschillende, steeds korter wordende lengtes. Deze verschillende afmetingen noemen we tandwielverhoudingen of ratio's: ze zorgen ervoor dat de kracht die de krachtbron opwekt, gebruikt kan worden om steeds hogere snelheden te bereiken.

Hoe hoger de versnelling, hoe korter het tandwiel, hoe hoger de topsnelheid. Niet voor niets is de eerste versnelling vrijwel altijd de langste en eigenlijk alleen bedoeld om de auto van z'n plek te laten komen.

De tandwielverhoudingen moeten aan het begin van het seizoen door de teams gekozen worden voor hun auto's en mogen in de loop van het jaar niet zomaar gewijzigd worden.

BELANGRIJK

Sinds het begin van het hybridetijdperk in 2014 beschikt elke Formule 1-auto over acht versnellingen, evenals één tandwiel om de auto achteruit te kunnen laten rijden. Middels een koppeling met meerdere koppelingsplaten kan één versnelling tegelijk worden ingelegd om de aandrijving te geleiden.

De coureur bedient de versnellingsbak door middel van speciale hendeltjes – **schakelflippers** – aan het stuur, die via een elektrohydraulische verbinding doorgeven welke versnelling er ingelegd moet worden. Via een ander, apart hendeltje bedient de coureur ook de koppeling, al hoeft dit alleen wanneer hij wegrijdt, bijvoorbeeld aan de start van de race of bij het verlaten van de pitbox.

Bovendien moet een stilgevallen auto altijd weg te duwen zijn door mensen van buitenaf, waarvoor ook de koppeling bediend moet kunnen worden. Dat kan aan de buitenkant van de auto in de buurt van de cockpit, middels een speciale knop die met een rode letter N in een witte cirkel staat aangegeven.

PAS OP

De koppeling hoeft dus niet gebruikt te worden bij elke keer dat de coureur schakelt. We spreken dan ook van een semiautomatische versnellingsbak. Zo'n transmissie kan in een tijd van slechts 0,05 seconde van versnelling wisselen – vele malen sneller dan mensen dat zouden kunnen!

TECHNISCHE INFO

Omdat er nogal wat kracht door de versnellingsbak en de daarin gemonteerde tandwielen heen gaat, is de bak zelf gemaakt van koolstofvezel en titanium, terwijl de ratio's van staal zijn. De koppelingsplaten bestaan uit koolstofvezel, waardoor ze zowel heel sterk als heel licht zijn.

Kansen en straffen

PAS OP

Om te voorkomen dat teams en coureurs telkens het absolute maximale uit hun aandrijflijn halen, gelden er beperkingen op het aantal keer dat je de essentiële onderdelen mag vervangen.

Zo mag een coureur per seizoen niet meer dan drie krachtbronnen inzetten. Of, beter gezegd: hij mag niet meer dan drie exemplaren van elk van de vier kernonderdelen gebruiken: de verbrandingsmotor, de turbo, de MGU-K en de MGU-H. Voor de de energy store en de *control electronics* geldt een maximum van twee stuks.

De FIA controleert regelmatig of teams zich hier wel aan houden door elk ingezet onderdeel te verzegelen, waardoor bij elke check kan worden nagegaan met welke van het toegestane aantal onderdelen een auto is uitgerust.

VOORBEELD

Houdt een team zich voor of tijdens een Grand Prix niet aan de regels, dan moet een coureur voor straf een aantal plekken terug op de startgrid voor die race: bij een vierde exemplaar van een bepaalde component krijgt hij tien plekken straf, voor elke andere component waarvan eveneens de vierde versie wordt gebruikt, staat een gridstraf van vijf plekken. Zo werkt het ook bij de zesde, de zevende en nog meer opeenvolgende exemplaren van een onderdeel. Meer dan vijftien plaatsen straf betekent automatisch achteraan starten.

Voor het vervangen van een versnellingsbak gelden andere regels. Elke coureur mag maximaal vier exemplaren gebruiken. Hierbij wordt nog onderscheid gemaakt tussen de behuizing en andere componenten. Voor ieder van deze twee onderdelen van de transmissie kunnen gridstraffen van vijf plaatsen worden gegeven. Bij een overschrijding van beide, word je dus tien plaatsen teruggezet.

Het loopt op rolletjes

Met een chassis, allerlei ingewikkelde vleugels en een misschien nog wel veel complexere aandrijflijn hebben we al een behoorlijke Formule 1-auto bij elkaar, maar er mist nog wel wat. Sterker nog: eigenlijk zijn dit de belangrijkste onderdelen om de bolide überhaupt in beweging te krijgen ...

BELANGRIJK

Alle gekheid op een stokje: we hebben het natuurlijk over de wielen, maar vooral de banden van een Formule 1-auto zijn zonder meer het meest cruciale onderdeel. Ze bepalen namelijk voor een heel groot deel hoeveel **mechanische grip** een auto heeft. Zelfs met het meeste vermogen van de krachtbron kun je het vergeten om een auto snel genoeg te laten rijden zonder de juiste omgang met de banden!

Daarnaast zijn er nog enkele behoorlijk belangrijke componenten die ervoor zorgen dat de wielen aan de auto bevestigd kunnen worden, maar ook op de juiste manier kunnen bewegen en niet alleen sneller, maar ook langzamer kunnen ronddraaien.

Wielophanging

De wielophanging vormt de verbinding tussen de wielen en het chassis. Hoewel je van de buitenkant misschien niet veel meer dan een aantal stangen ziet dat de vier wielen aan de rest van de auto bevestigt, is het wel degelijk van groot belang om deze aansluiting nauwkeurig te ontwerpen en ontwikkelen.

BELANGRIJK

Net als menig ander belangrijk onderdeel is de wielophanging voor het grootste deel gemaakt van koolstofvezel, maar ook van aluminium. Er komt immers nogal wat (vooral neerwaartse) druk op de ophanging te staan tijdens het rijden op tempo, en de wielen mogen natuurlijk niet zomaar van de auto losraken.

Sterker nog: zelfs bij een crash moet de ophanging stevig genoeg zijn om te voorkomen dat wielen los kunnen raken en als losse projectielen voor meer narigheid kunnen zorgen. Dat wordt voorkomen door speciale kabels te verwerken in de wielophanging.

TECHNISCHE INFO

Toch doet de wielophanging veel meer dan alleen maar de verbinding vormen tussen de wielen en de rest van de auto. Dit deel zorgt namelijk ook voor de demping van de auto, net als de wielophanging in productieauto's voor de openbare weg. Bovendien draagt de wielophanging ook voor een deel bij aan de hoeveelheid mechanische grip van een auto.

Dat gebeurt middels de zogeheten *push-rods*, die hoog aan de zijkant van het chassis zijn gemonteerd, of *pull-rods*, die juist laag aan de zijkant van het chassis zitten. Onderdelen aan de binnenzijde van het chassis, vooral de dempers, vangen uiteindelijk de klappen op om voor de vering van de auto te zorgen. Met ingang van het seizoen 2022 heeft de Formule 1 verschillende regelwijzigingen doorgevoerd om de wielophanging van een F1-auto te vereenvoudigen. Als gevolg moeten bijvoorbeeld hydraulische systemen vervangen worden door mechanische.

TECHNISCHE INFO

De voorwielophanging en achterwielophanging mogen niet met elkaar verbonden zijn. Ook mag de wielophanging van een Formule 1-auto niet veranderen tijdens het rijden – **actieve wielophanging** is dus (net als actieve aerodynamica) ten strengste verboden.

Dit hangt nauw samen met de aerodynamicaregels voor Formule 1-auto's. En dat is niet zo goed, omdat de wielophanging ontworpen en afgesteld wordt met het oog op de rijhoogte – de afstand tussen de grond en de onderzijde van de auto, ook wel bodemspeling genoemd.

Het verlagen van de rijhoogte is voor raceauto's op asfaltcircuit zeer gebruikelijk. Dit zorgt immers voor een lager zwaartepunt, waardoor de body bij stuurbewegingen minder beweegt. Door deze vermindering van *body roll* is de auto beter te besturen.

PAS OP

Wanneer de rijhoogte van een auto tijdens het rijden het laagste punt bereikt, bijvoorbeeld wanneer de deelnemer snel door een verlaging rijdt en er compressie optreedt, bestaat het gevaar dat de onderkant van het chassis het baanoppervlak raakt – *bottoming*. Dit kan ervoor zorgen dat de auto plots heel moeilijk of zelfs even helemaal niet te besturen is, waardoor het risico op een ongeluk groter wordt.

TECHNISCHE INFO

Een andere, vooral door Red Bull Racing populair gemaakte opzet is het gebruik van ***rake***, waarbij de voorkant van de auto een lagere rijhoogte heeft dan de achterkant. Hierdoor kan de voorvleugel extra veel neerwaartse druk genereren, waardoor de voorkant meer grip krijgt.

TECHNISCHE INFO

Technici hebben nog meer mogelijkheden om zaken als het rijgedrag van de auto en de bandenslijtage te beïnvloeden door de wielophanging van een bolide aan te passen. Dit zijn de belangrijkste:

- De **wielvlucht** (of *camber*): de hoek waarin de wielen ten opzichte van de autobody gemonteerd zijn.
- De **wielhoek** (of *caster*); de hoek waarin de wielen vanaf de zijkant gezien aan de ophanging bevestigd zijn.
- De **sporing**: de mate waarin de voorwielen in standaardpositie naar binnen (toespoor of *toe-in*) of juist naar buiten (uitspoor of *toe-out*) wijzen.
- De **wielbasis**: de afstand tussen de voorwielen en de achterwielen. Sinds 2022 maximaal 3600 mm.

Remmen

Het lijkt misschien een beetje gek: in een sport waarin het erom gaat dat de auto's zo snel mogelijk kunnen rijden, zijn onderdelen die ervoor zorgen dat de deelnemers zo snel mogelijk snelheid kunnen verminderen reuze belangrijk.

BELANGRIJK

Immers: wanneer een coureur zo laat mogelijk kan remmen voor een bocht, om zo nog voldoende te vertragen en de bocht goed te kunnen nemen, betekent dit ook dat hij vlak daarvoor iets langer sneller kan blijven rijden. En juist daar zit een boel tijdwinst. Je vindt daarom niet voor niets vrijwel de beste remmen ter wereld op Formule 1-auto's.

TECHNISCHE INFO

Er wordt gebruikgemaakt van **schijfremmen**, een techniek die ook op de meeste nieuwe productieauto's is terug te vinden. Zo zit achter elk wiel een schijf, waar twee remblokken keihard tegenaan kunnen drukken om de rolsnelheid van de wielen te verminderen. Dit gebeurt wanneer de coureur op het rempedaal drukt, wat weer voor druk op de remvloeistof in de remleidingen zorgt.

PAS OP

Omdat door de frictie die hierbij ontstaat de remmen extreem heet kunnen worden – tot wel duizend graden Celsius, wat tevens verklaart waarom je ze roodgloeiend kunt zien oplichten als het donker is – is het voor de duurzaamheid van groot belang dat de remmen goed gekoeld kunnen worden. Anders kan er namelijk *brake fading* ontstaan, waarbij de remmen minder goed 'bijten' en het dus lastiger wordt om zo snel mogelijk vaart uit de auto te krijgen wanneer de coureur dit wil.

Het koelen van de remmen gebeurt tijdens het rijden met speciale luchthappers die rijwind opvangen. Wanneer de auto stilstaat, bijvoorbeeld in de pitbox en op de startgrid, zijn er echter teamleden die speciale luchtblazers gebruiken om lucht in de happers te blazen.

Ook de remmen zijn gemaakt van koolstofvezel, maar dan wel een extra verstevigde soort. Dit materiaal zorgt voor genoeg frictie (en dus extra remkracht), voert hitte goed af, verbuigt niet en is ook nog eens betrekkelijk licht van gewicht.

BELANGRIJK

Om nog eens te onderstrepen hoe belangrijk de remmen voor een coureur zijn: het gaat niet alleen om zo snel mogelijk te kunnen vertragen, maar ook om hulp bij het goed insturen en doorkomen van bochten. Daartoe kunnen coureurs namelijk tijdens het rijden de **rembalans** aanpassen – de manier waarop de remdruk over de vooras en de achteras verdeeld is, afhankelijk van de omstandigheden en de voorkeur van de bestuurder.

Ook kan een coureur heel veel tijd (en dus posities) verliezen als de remmen niet goed werken, bijvoorbeeld wanneer ze te warm of juist niet warm genoeg zijn (vooral als een auto pas op de baan is). Ook kan het zijn dat hij te hard op het rempedaal trapt. In dat geval kunnen er blokkerende remmen optreden, waardoor een auto doorschiet.

Wielen

Dan zijn er natuurlijk de wielen zelf, die voor iedereen vrijwel gelijk zijn. De FIA schrijft namelijk voor dat alle vier de wielen van een Formule 1-auto van één van twee soorten **magnesium** gemaakt moeten zijn.

Met ingang van het seizoen 2022 gaat de velgenmaat voor het eerst in lange tijd omhoog, namelijk van 13 inch (circa 33 centimeter) naar 18 inch (circa 45 centimeter). Als gevolg kunnen coureurs harder met elkaar racen, onder meer dankzij de dunnere wang van de band alsmede de grotere remschijven en wieldoppen, die de luchtverstoring verminderen.

TECHNISCHE INFO

Wel kan er verschil zitten in de afmetingen. De voorwielen moeten elk tussen de 34,5 en 37,5 centimeter breed zijn, de achterste tussen de 44,5 en 47,0 centimeter. Dat zijn dus veel forsere afmetingen dan de wielen (en banden) van een productieauto!

Ook geldt er een maximale afstand voor de diameter van de wielen met de banden eromheen: maximaal 72,5 centimeter (of 73,5 centimeter met regenbanden).

PAS OP

PLEZIER MET MEER DAN VIER

We zijn het volstrekt normaal gaan vinden dat auto's vier wielen hebben. Zeer extreme uitzonderingen daargelaten geldt dat immers voor alle wagens die je op de openbare weg aantreft, net als in de autosport.

Toch werd er gedurende een korte periode in de jaren zeventig ook geracet met zeswielige Formule 1-auto's. Het enige team dat dit goed voor elkaar kreeg op een bepaald model was Tyrrell: de P34 die in 1976 en 1977 werd ingezet, had namelijk vier (kleine) voorwielen.

Door hun kleinere formaat hielpen ze de aerodynamica van de auto. Het concept was redelijk succesvol: de auto eindigde regelmatig in de top drie en won zelfs in zijn eerste jaar de Grand Prix van Zweden!

Verschillende andere teams, waaronder March en zelfs Ferrari, bedachten en testten eveneens zeswielige Formule 1-auto's, maar lieten ze nooit racen. Het concept bleek om meerdere redenen te complex om beter te werken dan 'gewoon' op vier wielen te rijden.

Begin jaren tachtig werd het gebruik van meer dan vier wielen bovendien verboden door de FIA – naar verluidt nadat iemand opperde dat verwisselen van zes banden in de pitstraat een chaos zou worden ...

Elk wiel is bevestigd aan de wielophanging middels één **bandenmoer**, die door monteurs met behulp van een soort pneumatisch pistool (de *wheel gun*) verwisseld kan worden in de pitbox of tijdens een pitstop.

Pas echt belangrijk is het materiaal dat om de randen (velgen) van de wielen heen gemonteerd is ...

Het belang van de banden

BELANGRIJK

De banden zijn extreem belangrijk in de autosport. Omdat ze zorgen voor het enige contact tussen het circuitoppervlak en de auto, en dus verantwoordelijk zijn voor een heel groot deel van de grip, kan een coureur helemaal niets beginnen wanneer de banden niet goed functioneren.

Zoals vrijwel alle banden zijn ook de exemplaren die in de Formule 1 gebruikt worden van rubber, en wel van een synthetische soort die bovendien goed te recyclen is. Sinds 2011 is het Italiaanse bandenmerk Pirelli de enige leverancier in de Formule 1.

PAS OP

Eigenlijk is de manier waarop de banden van Formule 1-auto's (en raceauto's in algemene zin) gebruikt worden nauwelijks te vergelijken met het functioneren van banden op productieauto's. Ze zorgen weliswaar in beide gevallen voor mechanische grip door contact met de weg te maken, en voor een zekere mate van demping, maar in de autosport worden ze specifiek ontwikkeld om deelnemers gedurende een korte periode zoveel mogelijk grip te geven.

Daarbij is vaak sprake van een kunstmatige levensduur: banden in de autosport moeten gedurende een bepaald aantal ronden optimaal presteren door een maximale hoeveelheid grip te bieden, tot ze een punt bereiken waarop ze niet meer goed functioneren en verwisseld moeten worden. Goed kunnen omgaan met het verschil tussen slijtage (wegslijten van rubberoppervlak zonder dan de grip vermindert) en degradatie (progressieve vermindering van grip naarmate de race vordert) vormt dan ook een extra uitdaging voor elke deelnemer.

BELANGRIJK

Volgens het huidige bandenreglement zijn er nu zes verschillende soorten bandensamenstellingen (***compounds***) die in de Formule 1 gebruikt worden:

- **C5**, banden die gedurende korte tijd de meeste grip bieden, maar ook de kortste levensduur hebben;
- **C4**, banden die iets minder grip bieden dan C5-banden, maar wel iets langer meegaan;
- **C3**, banden die een redelijke balans vinden tussen grip en levensduur;
- **C2**, banden die minder nadrukkelijk grip bieden, maar wel langer meegaan;
- **C1**, deze bandensoort is een compromis tussen de C2 en nieuwe C0;
- **C0**, de bandensoort die relatief gezien de minste grip geeft, maar wel het langst meegaat van alle soorten.

PAS OP

Deze compounds gelden echter alleen voor droge omstandigheden – het zijn profielloze droogweerbanden, bekend als *slicks*. Wanneer het nat is op de baan, kunnen de deelnemers ervoor kiezen om gegroefde banden (oftewel regenbanden) te monteren. Deze zorgen ervoor dat het water tijdens het rijden wordt afgevoerd, wat (relatief) voor veel meer grip zorgt. Ze helpen ook om te voorkomen dat auto's tijdens het remmen doorglijden over natte plekken – een fenomeen dat we kennen als *aquaplaning*.

BELANGRIJK

Het gaat daarbij om *intermediates* (te herkennen aan een groene ring op de zijkant) en *full wets* (met een blauwe ring op de wang).

TECHNISCHE INFO

Deelnemers kunnen echter niet zomaar kiezen welke bandensoort ze wanneer willen gebruiken. Het huidige bandenreglement is namelijk erg complex. Pirelli geeft een bepaald aantal weken voorafgaand aan elke Grand Prix aan welke drie compounds van de droogweerbanden er beschikbaar zijn – afhankelijk van diverse omstandigheden, zoals de temperatuur en de ruwheid van het baanoppervlak, die invloed hebben op de grip en slijtage.

Op vastgestelde momenten tijdens de vrije trainingen moeten de teams voor elke deelnemer een aantal sets teruggeven aan Pirelli. Zo houden ze voorafgaand aan de kwalificatie in principe zeven sets over.

Daarnaast moeten coureurs die Q3 halen de zachtste bandenset teruggeven, al krijgen ze een ander setje om daarmee alsnog een snelle ronde te rijden. Zij moeten vervolgens de race starten op de banden waarmee ze hun snelste tijd in Q2 noteerden. De rest van de deelnemers mag zelf bepalen op welke bandenset ze de wedstrijd beginnen.

BELANGRIJK

Het is dus aan de deelnemers om tijdens een Grand Prix-weekend de juiste keuzes te maken qua **bandenstrategie**. Tijdens de trainingen wordt de auto namelijk afgesteld afhankelijk van deze keuzes – zaken als aerodynamica, wielophanging en de werking van de krachtbron hebben allemaal invloed op de manier waarop de banden werken.

PAS OP

Extra lastig wordt het dan ook als het regent tijdens de race (en de wedstrijd tot *wet race* wordt verklaard). Dan vervalt namelijk de verplichting om meerdere compounds te gebruiken, maar dan moeten de deelnemers wel bepalen of het nat genoeg is om regenbanden te gebruiken (die juist minder grip bieden en sneller slijten als de baan nog nat of alweer relatief droog is).

BELANGRIJK

Temperatuur is een zeer belangrijke factor in het gebruik van banden. Alleen wanneer de **bandentemperatuur** hoog genoeg is – vaak meer dan honderd graden Celsius – 'plakt' het rubber goed aan de weg en bieden de banden optimale grip. Voordat banden op een auto gemonteerd worden (voorafgaand aan een sessie of bij een pitstop), bewaren teams ze dan ook in speciale bandenwarmers. Ook zullen coureurs op laag tempo (bijvoorbeeld tijdens de opwarmronde) veel heen en weer sturen om het rubber warm te krijgen.

Ook het goed afstellen van de luchtdruk in de banden, oftewel de bandenspanning, is van belang om ze optimaal te laten functioneren. De banden worden overigens niet gevuld met lucht, maar met stikstof, waardoor de bandenspanning minder snel verandert wanneer er tijdens het rijden druk (*load*) wordt uitgeoefend op het rubber.

BELANGRIJK

DIKKE EN DUNNE BANDEN

Als je naar Grand Prix-raceauto's door de jaren heen kijkt, zal het je vast opvallen dat de diktes van de banden flink verschillen. Van oorsprong waren die tot in de jaren zestig namelijk erg smal en gegroefd, maar daarna werden ze veel breder en ook gladder.

Deze invoering van slicks gaf de auto's niet alleen een stoerder uiterlijk, maar zorgde door het grotere contactoppervlak met de baan ook voor meer grip. Aan het eind van de jaren negentig werd besloten dat banden weer smaller en gegroefd moesten worden, om de steeds sneller rijdende bolides enigszins in te perken.

In 2009 werd besloten dat de slicks moesten terugkeren en sinds 2017 mogen ze ook weer lekker breed zijn. Niet alleen om ze agressiever te laten ogen, maar ook om er mede voor te zorgen dat de huidige Formule 1-auto's de snelste aller tijden zijn!

PAS OP

Natuurlijk ligt er ook een grote mate van verantwoordelijkheid bij de omgang door de coureur. Als hij zijn banden niet goed managet, kunnen er blaren ontstaan op het loopvlak van de banden. Wanneer hij bijvoorbeeld te hard door de bochten gaat, kunnen de banden oververhitten, wordt het rubber te zacht en kunnen er stukjes loslaten en op de band blijven plakken. Door de ongelijkheid op het loopvlak treedt er gripverlies op – dit noemen we *graining*. Overigens raken er sowieso stukjes van de band af naarmate deze op normale wijze slijt. Deze *marbles* blijven op en naast de baan achter.

Wanneer een coureur zich verremt, kan dat nog ergere gevolgen hebben voor het functioneren van de band. Door de frictie van een niet of langzaam rollend wiel terwijl de auto doorschiet, kan een vlakke plek (*flat spot*) ontstaan op het loopvlak. Dit zorgt niet alleen voor gripverlies, maar kan ook vibraties in de auto veroorzaken. Door dit soort problemen wordt ook het risico op een (langzaam leeglopende) lekke band of zelfs een (ontploffende) klapband groter.

TECHNISCHE INFO

Alleen wanneer een coureur aan het einde van de kwalificatie of de race is, zal hij proberen om juist van de ideale lijn af te wijken en marbles aan de banden van zijn auto te laten plakken. Deze zorgen namelijk voor (marginaal) extra gewicht, waardoor de kans kleiner wordt dat de auto niet voldoet aan het minimumgewicht bij de keuring na afloop.

BELANGRIJK

Banden zijn een dermate belangrijk onderdeel van een Formule 1-auto, dat er vrijwel constant ontwikkeling plaatsvindt om ze nog beter naar behoren te laten functioneren. Daarom worden er door het jaar heen aparte bandentests gehouden door de leverancier(s) in samenwerking met de Formule 1-teams.

Andere elektronica

Los van de elektrische onderdelen van de hybride krachtbron is een Formule 1-auto op nog veel meer manieren volgehangen met elektronica.

TECHNISCHE INFO

De belangrijkste daarvan is zonder meer de electronic control unit (***ECU***) – oftewel het **motormanagement**. Als de krachtbron het kloppend hart van de auto voorstelt, dan kun je dit onderdeel beschouwen als de hersenen.

PAS OP

In tegenstelling tot in voorgaande jaren is het sinds de Grand Prix van Italië 2020 verboden om de standen van de verbrandingsmotor aan te passen. Vanaf het begin van de kwalificatie tot het einde van de race moet één stand worden gehanteerd. Dit betekende destijds het einde voor de zogenoemde *party mode* van Mercedes, een speciale stand ontwikkeld voor de kwalificatie die het maximale vermogen uit de power unit perst voor optimale prestaties over één ronde. Wel mogen coureurs de engine mode veranderen met betrekking tot de elektrische zijde van de krachtbron, bijvoorbeeld om de batterijen op te laden of juist de *overtake button* (inhaalstand) in te schakelen.

Hier wordt onder meer de *engine mapping* geregeld, die bepaalt op welke manieren het vermogen kan worden afgegeven aan de achterwielen. Ook de werking van de versnellingsbak, de koppeling en het differentieel worden door de ECU geregeld. De FIA kiest een standaard-ECU uit die door alle deelnemers gebruikt moet worden.

BELANGRIJK

Verder is er een groot aantal sensoren aanwezig om constant allerlei informatie te verzamelen over het functioneren van onderdelen – van de banden, de remmen en de ophanging tot de versnellingsbak en de diverse onderdelen in de krachtbron. Middels GPS wordt ook de exacte positie en beweging van elke auto bepaald.

TECHNISCHE INFO

Tijdens bepaalde trainingen en tests willen teams nog wel eens hele constructies (die van een afstand lijken op een soort wasrek) vol extra sensoren op een auto monteren.

Al die informatie bij elkaar noemen we **telemetrie**, die wordt uitgelezen door de teams door computersystemen van buitenaf te verbinden met de auto. In de Formule 1 gebeurt dit grotendeels draadloos (middels een antenne), in andere vormen van autosport wordt er geregeld nog een bekabelde verbinding gelegd. Tijdens het rijden mogen er overigens geen gegevens vanuit het team naar de bolide gestuurd worden. Andersom mag wel, zodat de technici kunnen monitoren hoe alle systemen functioneren.

Tevens is er aan boord een soort zwarte doos (de ***security data recorder***) om gegevens te verzamelen in geval van een ongeluk, bijvoorbeeld over snelheid en G-krachten bij impact.

BELANGRIJK

Rijhulpsystemen die we tegenwoordig op steeds meer productieauto's aantreffen, zoals het **antiblokkeersysteem** (**ABS**) voor de remmen, maar ook **tractiecontrole** (dat wielspin voorkomt) en **stabiliteitscontrole** (dat helpt om te voorkomen dat een auto spint), zijn absoluut niet toegestaan volgens het huidige Formule 1-reglement.

PAS OP

Ook naar verlichting aan de voorkant van een F1-auto kun je tevergeefs zoeken. Aan de achterkant zit wel een lampje, evenals aan weerszijden van de achtervleugel. Deze moeten rood licht kunnen geven wanneer het zicht slecht is (vooral door regenval), maar ook knipperen wanneer een coureur ergens bewust trager is –

bijvoorbeeld tijdens het rijden door de pitstraat – en wanneer hij snelheid inlevert om het ERS extra energie te laten recupereren voor de krachtbron.

Het licht achteraan kan tevens groen banden, wat aangeeft dat het om een rookie (beginnende) coureur gaat.

Ten slotte heb je bovenop de auto nog lampjes, die verschillende kleurcodes hebben. Groen betekent dat de auto veilig gestopt is, bijvoorbeeld in de garage. Geel geeft aan dat de elektrische systemen zijn ingeschakeld, maar de motor niet draait. Paars zie je als een auto door de pitstraat rijdt. Bij knipperend rood moet je oppassen, dit betekent dat er een elektrisch probleem aan de hand is. In dit geval mag je de auto niet aanraken, tenzij je speciale handschoenen draagt. Dit licht knippert, zodat zelfs mensen die kleurenblind zijn begrijpen dat er iets mis is met de auto.

Verder zitten er op Formule 1-auto's enkele camera's, onder meer op de neus, bovenop de airbox en schuin achter de coureur, om (live) videobeelden te maken voor onder meer de televisie-uitzendingen.

Multifunctioneel stuurwiel

Nu we alle cruciale onderdelen van een moderne Formule 1-auto besproken hebben, is er nog slechts één over – die afgezien van de banden ook vaak als laatste wordt bevestigd wanneer een coureur zich klaarmaakt om te gaan rijden.

BELANGRIJK

Want natuurlijk heeft hij een stuur nodig om via de stuurinrichting aan te geven welke kant zijn auto op moet gaan. Elektronische stuurbekrachtiging is daarbij toegestaan – anders is het voor coureurs wel heel erg zwaar om (zeker op hoge snelheden) te kunnen sturen. Het is echter verboden om de achterste wielen te laten meebewegen door middel van vierwielbesturing.

PAS OP

Maar het stuurtje doet veel meer dan alleen maar de stuurbewegingen van de coureur doorgeven. Net als op het stuurwiel in steeds meer productieauto's, vind je op het stuur van een F1-auto allerlei knoppen voor de meest uiteenlopende functies, waaronder deze:

- **schakelen** tussen de versnellingen, middels de flippers achter het stuur;
- de koppeling bedienen, om vanuit stilstand te kunnen wegrijden;
- de **toerenbegrenzer** aanpassen, bijvoorbeeld om tijdelijk meer vermogen te vragen of juist de krachtbron te sparen;
- de ***pit-limiter*** aanzetten, zodat de auto automatisch de maximale snelheid in de pitstraat aanhoudt;
- de brandstoftoevoer wijzigen;
- de werking van het ERS veranderen;
- de remdruk en rembalans aanpassen, evenals de instelling van het differentieel;

» communiceren met het team via de radioverbinding;

» de coureur laten drinken uit een drinkfles die met een rietje aan zijn helm verbonden is;

» en natuurlijk het DRS gebruiken wanneer dat mogelijk is.

BELANGRIJK

Op het stuurtje (of daarboven, tegen de cockpitrand) zit ook een display, met daarop onder meer het toerental, de snelheid, de gekozen versnelling, tijdinformatie en vlagsignalen. Daarnaast is er schakelverlichting, die via van links naar rechts oplichtende groene, rode en blauwe led-lampjes aangeeft wanneer de coureur moet opschakelen.

Je kunt een Formule 1-stuurwieltje dan ook beter beschouwen als een soort ergonomisch toetsenbord en computerscherm in één! En dan ook nog eens een heel dure: met alle elektronica en het gebruik van koolstofvezel, waardoor het amper twee kilo weegt, kost een stuurtje tienduizenden euro's.

BELANGRIJK

Verder gebruikt de coureur natuurlijk een gaspedaal en een rempedaal om gas te geven en te remmen.

Daarnaast zijn er nog diverse bedieningselementen, die in geval van nood ook buiten de cockpit bereikbaar moeten zijn. Zo is er een **hoofdschakelaar** om alle elektronische systemen uit te schakelen (buiten de cockpit aangegeven middels een rode bliksemschicht in een wit-blauwe driehoek). De **brandblusser** moet automatisch geactiveerd kunnen worden bij een ongeval, maar ook handmatig – die knop is aangegeven door middel van een rode E in een witte cirkel.

Eindelijk rijden!

Nu we alle onderdelen, systemen en functionaliteiten op een rij hebben gezet, kun je je wellicht beter voorstellen waar coureurs en hun teams allemaal mee te maken hebben wanneer hun Formule 1-auto's in actie komen.

BELANGRIJK

Om de wagen zo goed mogelijk te kunnen besturen in een poging om (aan het einde van de rit) de snelste deelnemer te zijn, gaat het dus om veel meer dan alleen maar flink gas geven en sturen. Er moeten te allen tijde allerlei systemen gemanaged worden om te zorgen dat de auto op elk moment optimaal functioneert, wat afhankelijk is van diverse factoren en ook nog eens om de haverklap kan veranderen!

PAS OP

Je zou daarom haast vergeten dat de coureurs te maken hebben met serieuze G-krachten bij het optrekken, remmen en sturen in de auto. Zo kan in een bocht meer dan 5 G opgewekt worden, wat vooral terechtkomt op de nek van een coureur. Stel je dus even voor dat iets wat vijfmaal zoveel weegt als jouw eigen hoofd tégen je hoofd aandrukt – dat is ontzettend zwaar!

En behalve dat je zo snel mogelijk moet zien te rijden, moet je ook nog zorgen dat je voorbij de andere deelnemers komt én dat je alle anderen voorblijft ...

Verschillende rijtechnieken

PAS OP

Over de vele verschillende manieren waarop coureurs hun rijstijl en racevaardigheden (met een mooi Engels woord *race craft*) demonstreren, zou ik een apart boek kunnen schrijven. Zeker in de Formule 1, waar de (rijtechnische) mogelijkheden paradoxaal genoeg zowel heel vergaand als zeer beperkt zijn.

Los van het feit dat dit heel persoonlijk en in sommige gevallen zelfs haast ongrijpbaar kan zijn, mede omdat je moet spreken over de combinatie van zaken als talent, ervaring en gevoel, zijn er wel enkele basisprincipes waarvan het goed is om op te hoogte te zijn:

- » Alles draait om grip: zowel mechanische (vooral via de banden) als aerodynamische grip. De coureur zal dus altijd proberen om op elk moment zoveel mogelijk grip te hebben.
- » Op rechte stukken wil een coureur natuurlijk zo snel mogelijk volgas kunnen geven, om het maximale vermogen te benutten en zo hard mogelijk te gaan.
- » Voor het nemen van bochten waarvoor geremd moet worden, kiest een coureur meestal een **rempunt** – bijvoorbeeld door een bord, gebouw of paal als referentiepunt te nemen.
- » Als basisprincipe voor het nemen van bochten geldt: laat remmen, langzaam van de buitenkant van de baan naar het binnenste gedeelte toe (het snijpunt oftewel de ***apex***) en via de buitenkant de bocht (of bochtencombinatie) weer verlaten.
- » Door dit consequent over een hele ronde van het circuit te doen, kun je de ideale lijn aanwijzen – de (in theorie) snelste manier om over de baan te rijden. De kortste lijn door de bochten is echt niet altijd de snelste!
- » Omdat coureurs de ideale lijn zoveel mogelijk proberen aan te houden, verzamelen stof, stukjes band en ander vuil zich daarbuiten. Op dit vuile gedeelte wil een coureur zo min mogelijk rijden, omdat daar veel minder grip is. Dat kan inhalen tijdens een race extra lastig maken, omdat de ideale lijn vaak zeer smal is – niet veel meer dan een autobreedte.
- » Ook zal een coureur zoveel mogelijk willen **slipstreamen** door op rechte stukken dicht achter een andere deelnemer te rijden. Door de verminderde luchtweerstand levert dit een kleine snelheidsboost op – helemaal wanneer hij ook nog DRS kan gebruiken.
- » In bochten is het juist niet gunstig om vlak achter een ander te rijden. De 'vuile lucht' (of turbulentie) afkomstig van de voorgaande auto is voor de achtervolger veel moeilijker te gebruiken om neerwaartse druk (en dus meer grip) te creëren.
- » In de regen geldt weer een andere reden om niet vlak achter anderen te willen rijden, ook op rechte stukken. Zeker wanneer er stilstaand water op de baan ligt werpt een voorganger heel veel *spray* op, die het zicht voor de achtervolger nog eens extra vermindert.

Zo zijn er natuurlijk nog veel meer zaken waar een coureur tijdens het rijden rekening mee moeten houden, vooral ook met betrekking tot het sparen van brandstof en natuurlijk het managen van de manier waarop de banden gebruikt worden.

BELANGRIJK

Bovendien gaat 'de snelste zijn' om goede resultaten te scoren in Grands Prix uiteindelijk niet alleen om de prestaties van de coureur en zijn auto, maar ook om de manier waarop elk lid en elk element van het hele team functioneert. Daarnaast hebben we natuurlijk nog te maken met vele, al dan niet onvoorspelbare, invloeden van buitenaf – van weersomstandigheden tot simpelweg geluk!

TECHNISCHE INFO

OVERSTUUR EN ONDERSTUUR

De manier waarop een auto zich laat besturen, is in verschillende termen uit te drukken. Twee veelgehoorde termen verdienen speciale aandacht:

Wanneer we het hebben over **overstuur**, betekent dit gripverlies aan de achterkant, waardoor die zijde van de auto begint te glijden. Dit kan echter ook bewust worden gebruikt door een coureur: in beperkte mate om een auto met een scherpere hoek te laten insturen, in grotere mate om een auto te laten **driften** (oftewel gecontroleerd slippen - niet te verwarren met spinnen, waarbij de coureur de auto niet meer onder controle heeft en wegglijdt).

Bij **onderstuur** is er juist gripverlies aan de voorkant van de auto, waardoor die niet scherp genoeg een bocht instuurt. Voor een bestuurder voelt dit alsof de auto niet reageert op zijn stuurbeweging en rechtdoor wil rijden. Dit is eigenlijk nooit gewenst, al kan er ook voor gekozen worden om een auto ietwat te laten ondersturen als een coureur nadrukkelijk geen overstuur wil hebben.

Beide fenomenen kunnen op allerlei manieren optreden, bijvoorbeeld door een verkeerde afstelling, bandenslijtage of schade aan een of meerdere onderdelen.

Een complexe combinatie

BELANGRIJK

Je zult inmiddels beter begrijpen dat het in de Formule 1 niet alleen maar gaat om de kwaliteiten van een coureur, maar zeker ook om die van een auto. Hoe die balans precies ligt, is lastig te zeggen – al zijn er kenners die stellen dat het voor veertig procent aan de coureur ligt, en dat de overige zestig procent afhankelijk is van de kwaliteiten van de auto.

Het kan dus zo zijn – zeker in de Formule 1 – dat een heel goede coureur achteraan rijdt omdat zijn auto technisch minder goed is dan die van andere coureurs. Andersom kan een matige coureur betere resultaten scoren dan tegenstanders met meer talent of vaardigheid, omdat hij over een auto beschikt die beter is dan die van de andere deelnemers.

Bovenal gaat het om de som der delen – inclusief een portie geluk. Niet alleen van de bestuurder en zijn auto, maar ook van allerlei andere factoren binnen het team en de Formule 1-wereld. Die kunnen immers een verschil van tienden of zelfs honderdsten van een seconde per rondje betekenen. Elk klein detail is dus ongelofelijk belangrijk in de hoogste autosportklasse!

IN DIT HOOFDSTUK

- De kenmerken van Formule 1-circuits
- Opvallende eigenschappen van alle belangrijke banen
- Hoe een circuit in aanmerking komt voor een Grand Prix

Hoofdstuk 8

Circuits over de hele wereld

Hoewel autoracen vele jaren geleden begon op openbare wegen, die lang niet altijd helemaal afgesloten waren, zou het nu natuurlijk totaal onverantwoord zijn om snelheidswedstrijden te organiseren in zo'n situatie. Dat gebeurt dan ook niet, zeker in het geval van de Formule 1. Grands Prix worden uitsluitend verreden op volledig afgesloten circuits – al kunnen die op verschillende manieren opgezet zijn.

In elk geval is een racebaan vrijwel nooit langer dan zeven kilometer. In het verleden is wel geracet op circuits waarbij je in één ronde meer dan twintig kilometer aflegde, maar dat is tegenwoordig niet meer aan de orde. Een traject met een betrekkelijk korte afstand is immers overzichtelijker en dus ook relatief gemakkelijker veilig te houden.

Voor elke Grand Prix moet een raceafstand van 305 kilometer worden afgelegd – het aantal ronden is dus ruwweg te berekenen door deze afstand te delen door de lengte van een omloop. Alleen bij de Grand Prix van Monaco (waar op het stratencircuit met de langzaamste gemiddelde rondesnelheid wordt gereden) is deze afstand ongeveer 260 kilometer.

Permanente circuits

BELANGRIJK

De meeste banen waarop Grands Prix worden verreden, zijn specifiek aangelegd om auto's (en vaak ook motoren) zo snel mogelijk te laten rijden en racen. Op deze zogenoemde **permanente circuits** rijdt geen verkeer zoals op de openbare weg, wordt uitsluitend in één richting gereden en zijn legio maatregelen getroffen om de veiligheid van iedereen zo goed mogelijk te kunnen garanderen.

Bovendien is normaliter ook de kwaliteit van het baanoppervlak een stuk beter dan die van de openbare weg. Zeker moderne permanente banen beschikken over een zeer gelijke, gladde toplaag van asfalt. Dat rijdt in principe prettiger (omdat er zo min mogelijk ongelijkheden zijn), maar betekent niet per se dat de coureurs over meer grip beschikken.

TECHNISCHE INFO

NA VECHTEN KOMT RACEN

Een belangrijke reden waarom autoracen flink populairder werd in Groot-Brittannië na de Tweede Wereldoorlog, is het feit dat er diverse (militaire) vliegvelden 'over' waren in die periode – eerder gebruikt als bases voor de luchtmacht. Daarop werd besloten om deze locaties te gebruiken voor de organisatie van races.

Dat geldt bijvoorbeeld voor het circuit van Silverstone, waar tot op heden de Grand Prix van het land ook gehouden wordt. Tot niet zo heel lang geleden waren zelfs de landingsbanen nog zichtbaar op het binnenterrein van het circuit. Ook het circuit van Sebring in de Verenigde Staten is van oorsprong een vliegveld.

Veel permanente circuits zijn gebouwd in een gebied waar veel ruimte is, enkele tot tientallen kilometers van dorpen en steden verwijderd. Dat maakt het immers gemakkelijker en vaak ook goedkoper om een baan, inclusief alle benodigde faciliteiten zoals de paddock en parkeerplaatsen, met voldoende plek aan te leggen.

VOORBEELD

Evenzogoed wordt geregeld de naam van een grote plaats gebruikt om het circuit aan te duiden, zoals in het geval van het circuit van Spa-Francorchamps, dat ruim tien kilometer van de Belgische stad Spa af ligt.

Stratencircuits

BELANGRIJK

Zoals je inmiddels geleerd hebt, worden autoraces van oudsher op afgezette stukken openbare weg verreden. Hoewel dat tegenwoordig veel meer gebeurt op permanente circuits, zijn er ook nog steeds **stratencircuits** waarop Formule 1 Grands Prix (evenals races in andere klassen) gehouden worden.

VOORBEELD

Het bekendste voorbeeld is zonder meer het circuit van Monaco. De race door de nauwe straten van Monte-Carlo, de hoofdstad van het prinsdom aan de Middellandse Zee, is sinds de allereerste Grand Prix in 1929 bekend komen te staan als een absolute klassieker – zowel door het bijzondere decor als door de hoge mate van uitdaging.

Tegenwoordig worden onder meer ook Grands Prix verreden op de stratencircuits van Singapore en de Azerbeidjaanse hoofdstad Bakoe. Ook die kennen lay-outs met veel krappe bochten, al bereiken de deelnemers op deze banen wel flink hogere topsnelheden door langere rechte stukken.

PAS OP

Stratencircuits zijn overigens zeker niet beperkt tot compleet volgebouwde stedelijke gebieden. Zo laat Albert Park, het circuit van de Australische stad Melbourne, de deelnemers rond een groot meer rijden. Het circuit van Sotsji voert door het Olympisch park van de Russische stad, waar sinds de Russische invasie in Oekraïne echter geen Formule 1 Grand Prix meer gehouden wordt.

Het circuit van Spa-Francorchamps is van oorsprong een stratencircuit op openbare (buiten)wegen, maar de baan van tegenwoordig is een permanent circuit geworden.

Eigenschappen van een circuit

Een circuit is (zeker vandaag de dag) veel meer dan een parcours van asfalt waar de auto's overheen racen. Over de baan zelf kunnen we een hoop vertellen, maar ook over allerlei belangrijke elementen daaromheen.

Op de baan

Allereerst is het belangrijk om te weten dat zo'n parcours niet zomaar is neergelegd, maar (zeker in het geval van recent aangelegde circuits) nauwkeurig ontworpen. Dat gebeurt in de Formule 1 bijna altijd door circuitontwerper **Hermann Tilke** en in mindere mate ook **Jarno Zaffelli** van Dromo Circuit Design, verantwoordelijk voor het gerenoveerde Circuit Zandvoort.

TECHNISCHE INFO

Bij het ontwerpen van een baan wordt natuurlijk goed gekeken naar de indeling. Een circuit moet niet alleen lang genoeg zijn, maar ook uitdagend voor de coureurs. Veel moderne parcoursen zijn er bovendien op ingericht om extra inhaalmogelijkheden te creëren, bijvoorbeeld door lange rechte stukken te laten opvolgen door scherpe bochten.

Ook is het goed om te weten dat een circuit vaak uit verschillende configuraties bestaat – alternatieve parcoursen binnen hetzelfde terrein, zullen we maar zeggen. Tijdens een Formule 1-raceweekend wordt echter alleen gereden op de Grand Prix-configuratie; bij andere gelegenheden (bijvoorbeeld met races met andersoortige voertuigen) worden de andere lay-outs toegepast.

BELANGRIJK

De (figuurlijk) centrale plek op een circuit is eigenlijk altijd het lange rechte stuk waar ook de start en de finish plaatsvinden, oftewel **start-finish**. Daar zijn ook de startvakken (aangegeven met witte lijnen en één gele zodat de coureur ziet hoe hij zijn auto moet parkeren) van de startgrid te vinden, waarin de coureurs zich opstellen voor het begin van de race.

Daarnaast heeft eigenlijk elk circuit ook een tweede lang rechte stuk: het ***back straight***.

Meestal geldt dat de deelnemers op beide lange rechte stukken DRS kunnen gebruiken om gemakkelijker een tegenstander in te halen. Dat kan echter alleen als iemand op het **DRS-detectiepunt** (vaak vóór de bocht voor een lang recht stuk) binnen een seconde achter een ander rijdt. Vanaf het activatiepunt op het rechte stuk kan hij vervolgens de achtervleugel van zijn auto open laten klappen voor minder luchtweerstand en dus meer snelheid.

TECHNISCHE INFO

Sowieso is het goed om te weten dat elke baan is ingedeeld in drie sectoren. Daarvoor gelden aparte tijdsmetingen, zodat te zien is hoe de tempoverschillen tussen coureurs zijn op een bepaald deel van het circuit. Ook is er op een lang recht stuk een punt waar topsnelheden worden gemeten: de *speed trap*.

VOORBEELD

In elk geval heeft elk circuit zijn eigen 'ritme' met verschillende bochten (van flauw tot zeer scherp), maar ook bochtencombinaties. Zo noemen we een opeenvolging van twee of meer langzame bochten (die niet allemaal dezelfde kant op gaan) een **chicane**. Wanneer zo'n combinatie wat sneller is, spreken we vaak van een **S-bocht**.

TECHNISCHE INFO

Ook hoogteverschillen kunnen een cruciale rol spelen in het karakter van een circuit. Niet alleen omdat een stijging voor vertraging kan zorgen en een verlaging juist voor een snelheidsboost, maar ook door het *camber* van de bochten: de manier waarop hoogteverschillen invloed hebben op een verandering van richting. Als de buitenkant van de bocht hoger is, maakt dat het gemakkelijker voor een deelnemer om er op snelheid doorheen te komen; als juist de binnenkant iets verhoogd is (wat we *off-camber* noemen), wordt het extra lastig.

BELANGRIJK

Er speelt tijdens een training of race echter nog veel meer mee dan alleen het ontwerp en het verloop van een circuit. Zo spelen er natuurkundige factoren mee in de **baanevolutie**: wanneer er nog weinig gereden is, en er veel stof en dus weinig grip op het asfalt is, noemen we de baan 'groen'. Naarmate deelnemers het oppervlak 'schoonvegen' door eroverheen te rijden, waarmee ze door de frictie van de banden ook rubber achterlaten, neemt de hoeveelheid grip toe.

Ook meteorologie speelt een belangrijke rol in het functioneren van de auto's op het asfalt. De baantemperatuur is van belang (een hogere temperatuur betekent vaak meer grip), evenals de luchttemperatuur en de luchtvochtigheid – zeker voor het functioneren van de krachtbronnen in de bolides.

TECHNISCHE INFO

ASFALT OVER HET ASFALT

Hoewel de straten waarop een stratencircuit is uitgezet vaak al van asfalt zijn, doen ze er in de Formule 1 geregeld nog een schepje bovenop – letterlijk! Voordat de Grand Prix verreden wordt, komt er een werkploeg om het volledige parcours te bedekken met een extra laag asfalt. Dat is immers de beste manier om een zo gelijkmatig mogelijk oppervlak te krijgen en zaken als putdeksels en andere oneffenheden (tijdelijk) weg te werken. Een hele klus, maar het geeft wel aan hoe ver de organisatoren gaan om de kwaliteit van zo'n baan helemaal goed te krijgen.

En vergeet natuurlijk niet de invloed van regen, wat niet alleen de baan glad maakt, maar ook het zicht voor coureurs belemmert – zeker wanneer water als spray opspat door auto's die voor ze rijden.

Naast de baan

De randen van de baan zijn meestal gemarkeerd door middel van witte verflijnen. Daarbuiten kom je geregeld ook andere kleuren tegen op circuits – dikwijls zijn stukken asfalt van een circuit opgefleurd met de kleuren van de bij het land horende nationale vlag, of met de *branding* van een belangrijke sponsor.

BELANGRIJK

In de bochten tref je een speciaal soort tegels aan: deze *kerbstones* zijn neergelegd om te voorkomen dat de coureurs gelijk buiten de baan belanden wanneer ze een bocht scherp aansnijden of (te) wijd verlaten. Door hun geribbelde, lichtelijk omhooglopende structuur ontmoedigen ze ook nóg scherpere of wijdere lijnen.

Daarbuiten zijn over het algemeen verschillende soorten ondergronden te vinden. Soms één bepaalde categorie, soms een combinatie. De meest voorkomende zijn:

- **uitloopzones** van asfalt;
- (kunst)gras, zoals Astroturf;
- **grindbakken**, met een diepte van 25 centimeter en gevuld met stenen die een van de baan geraakte auto zoveel mogelijk moeten afremmen.

TECHNISCHE INFO

Vooral op recentelijk aangelegde circuits zijn veel uitloopzones van asfalt te vinden. Die zorgen er namelijk voor dat van de baan geraakte auto's niet gelijk vast komen te staan in het grind, waardoor de kans groter is dat ze verder kunnen rijden. Over wat voor meer veiligheid zorgt, valt echter te twisten – een auto die op hoge snelheid doorschiet over een asfaltstrook, heeft meer kans op een harde crash dan wanneer er een grindbak is.

BELANGRIJK

Daarbuiten zijn echter andere belangrijke veiligheidselementen aanwezig, die moeten helpen om ernstige ongelukken met deelnemers te voorkomen:

- **bandenstapels**, tactisch geplaatst om de klap van een doorschietende auto op te vangen;
- **Tecpro**-barrières, een soort kunststof blokken die een soortgelijke functie als bandenstapels hebben;
- metalen vangrails van **Armco**;
- een betonnen wand die vaak als laatste, maar keiharde redmiddel geldt om te voorkomen dat een crashende auto bijvoorbeeld in het publiek belandt;
- metalen hekken om te zorgen dat een door een crash opstijgende auto - of brokstukken daarvan - niet voor letsel zorgen bij mensen in het publiek.

TECHNISCHE INFO

Verder beschikt elk circuit over baanposten – een aanduiding die zowel gebruikt wordt voor de huisjes langs de baan, als ook de veiligheidsmensen (of: ***marshals***) die daarin en omheen staan wanneer er raceauto's rijden. Vanuit deze posities kunnen deze hulpverleners snel ter plaatse zijn in het geval van een ongeluk. Tijdens Formule 1-raceweekends moet daarom aan beide zijden van de baan elke driehonderd meter een baanpost staan.

Daarnaast kun je nog allerlei zaken tegenkomen in het gedeelte tussen de verharde baan en de randen van het circuit. Denk daarbij aan paaltjes en kleine drempeltjes (bijvoorbeeld om coureurs te ontmoedigen om af te snijden), maar ook allerlei soorten reclameborden en natuurlijk televisiecamera's.

De pitstraat

BELANGRIJK

Feitelijk kun je de pitstraat het beste zien als een afslag op het circuit. Vaak ligt die vlak voor of na de laatste bocht(en) voordat coureurs aan het einde van een ronde het rechte stuk opkomen. Met witte lijnen is de pitingang – evenals de pituitgang, waar ook een stoplicht is geplaatst – weergegeven. Bij het betreden of verlaten van de pitstraat moeten deelnemers tussen die lijnen blijven.

De pitstraat zelf bestaat uit twee 'stroken', waarop alleen met een maximumsnelheid van tachtig kilometer per uur gereden mag worden. De rijbaan die het dichtst bij de reguliere baan is, geldt als algemene route; de andere baan geeft de pitstoplocaties voor de pitboxen van elk team weer.

TECHNISCHE INFO

In die pitboxen (een soort grote, complexe en hypermoderne garages) nemen de teams tijdens raceweekends hun intrek. De raceauto's worden daarin afgesteld, onderhouden en eventueel gerepareerd.

Terwijl de coureurs op de baan rijden, worden al hun acties in de pitboxen aandachtig gevolgd door alle andere teamleden. De monteurs doen dit vaak voor televisieschermen, diverse engineers voor een verzameling computerschermen om allerlei informatie te kunnen analyseren en de teamleiding (samen met de belangrijkste engineers) in een speciaal hokje aan de pitmuur – tussen start-finish en de pitstraat in.

En in sommige gevallen is in de pitboxen ook nog ruimte voor enkele genodigden om de actie van dichtbij te bekijken.

De paddock

In de meeste gevallen zijn de pitboxen als begane grond onderdeel van een groot pitgebouw, waarin je ook de mensen kunt aantreffen die betrokken zijn bij zaken als de wedstrijdleiding, de tijdwaarneming en de algemene organisatie. Ook zitten hier geregeld de journalisten in het mediacentrum, evenals de allerbelangrijkste genodigden in de *Paddock Club*.

BELANGRIJK

Dat brengt ons op het 'dorp' dat op bijna elk Formule 1-circuit te vinden is: de *paddock*, een verzamelnaam voor voertuigen, (nood)gebouwen en faciliteiten (zoals een medisch centrum) waar vooral de teams en coureurs gebruik van maken.

Denk daarbij niet alleen aan enorme trucks met trailers, waarin de auto's, onderdelen, gereedschappen en materialen worden vervoerd, maar ook luxe ontvangstruimtes van de teams. Deze *hospitality units* zijn voorzien van eetgelegenheden en ruimtes voor coureurs en belangrijke teamleden om zich in terug te trekken, voor een moment van rust of vergaderingen.

Om te voorkomen dat Jan en alleman de paddock op kan wandelen, wordt de ingang streng bewaakt door middel van speciale poortjes. Ben je niet in het bezit van een pas die jou de toegang verleent, dan kom je er gegarandeerd niet in!

PAS OP

In iets oudere (Nederlandstalige) bewoording wordt de paddock ook nog wel eens **pits** genoemd, maar die term wordt nog weinig gebruikt om verwarring met de pitstraat te voorkomen. Als synoniem stamt ook de aanduiding rennerskwartier uit het verleden.

Voor het publiek

Voor het publiek geldt dat ze gelukkig hun eigen plekjes hebben op elk circuitterrein. Niet alleen middels tribunes en staanplaatsen, maar ook in de speciale *fan zone*, waarin ze kunnen genieten van vele standjes (voor de verkoop van merchandise en consumpties) en activiteiten die de 'Formule 1-ervaring' zo bijzonder maken.

PAS OP

Hoewel toeschouwers in het verleden (tot in de loop van de jaren zeventig en tachtig) zeer dicht op de baan konden komen, is dat door goede beveiliging vrijwel niet meer mogelijk. Toch gebeurt het bij uitzondering nog wel eens dat iemand uit het publiek de baan op rent – al wordt die meestal binnen de kortste keren hardhandig verwijderd door de bewakers!

Alle huidige circuits op een rij

BELANGRIJK

Samen met de coureurs en de teams vervullen de circuits de belangrijkste rollen in de Formule 1. Sommige locaties zijn zelfs absoluut iconisch geworden als decor voor uiteenlopende wedstrijden, vaak beïnvloed door unieke eigenschappen van bepaalde banen.

Om een beeld te krijgen van de Grands Prix op de Formule 1-kalender anno 2023, gaan we in vogelvlucht over de bijbehorende circuits en hun belangrijkste kenmerken:

1. **Bahrein: Bahrain International Circuit, Sakhir – 5,412 kilometer.** Deze baan ligt midden in de woestijn, waardoor er soms zand op het asfalt kan waaien. De lange rechte stukken en trage bochten zorgen voor relatief weinig uitdaging.
2. **Saoedi-Arabië: Jeddah Corniche Circuit, Jeddah – 6,174 kilometer.** Een van de nieuwste banen op de kalender die met het predicaat van 'snelste stratencircuit' aan de haal gaat. Het wordt gekenmerkt door razendsnelle en veelal onoverzichtelijke bochten, wat het erg gevaarlijk maakt.

3. **Australië: Albert Park, Melbourne – 5,303 kilometer.** Dit overwegend snelle stratencircuit voert de deelnemers rond een door bomen omgeven meer. Vooral de zeer veranderlijke temperatuur, wind en neerslag kunnen voor extra uitdaging zorgen.
4. **Azerbeidjan: Baku City Circuit, Bakoe – 6,006 kilometer.** Nog een bloedsnel stratencircuit met zeer lange rechte stukken, maar ook extreem krappe bochten – dat tegen de klok in verreden wordt! In 2016 voor het eerst gebruikt voor de 'eretitel' Europese Grand Prix.
5. **Miami International Autodrome, Miami – 5,412 kilometer.** Een bijzonder stratencircuit gelegen in de Miami Garden, rondom het Hard Rock Stadium, het thuis van de American Footbal club Miami Dolphins. Het heeft lange zwiepende bochten, kronkelende rechte stukken en akelig nauwe secties. Een echte uitdaging.
6. **Italië: Autodromo Internazionale Enzo e Dino Ferrari, Imola – 4,909 kilometer.** Het beroemde Imola vond in 2020 wegens de coronapandemie haar weg terug op de kalender en viel dermate in de smaak dat het tot tenminste 2025 mag blijven. Het is zeer pittoresk dankzij de bijzondere omgeving (het ligt aan de rand van een dorp) en vele golvingen van de baan.
7. **Monaco: Circuit de Monaco, Monte Carlo – 3,337 kilometer.** Een ware klassieker door de nauwe straten (en een karakteristieke tunnel) van het prinsdom aan de *Côte d'Azur*. In 1950 voor het eerst en sinds 1955 altijd verreden als vaste waarde op de Formule 1-kalender.
8. **Spanje: Circuit de Barcelona-Catalunya, Montmeló – 4,655 kilometer.** Met een zeer lang recht stuk, wat hoogteverschillen en zowel snelle (lang doordraaiende) als langzame bochten heeft deze baan eigenlijk alles. Omdat hier ook veel getest wordt, kennen alle deelnemers de baan uitzonderlijk goed.
9. **Canada: Circuit Gilles Villeneuve, Montréal – 4,361 kilometer.** De muren zijn bijna overal dichtbij op dit zeer snelle stratencircuit. Vooral in de laatste bocht, die door de vele crashes van topcoureurs niet voor niets de ironische naam '*Wall of Champions*' draagt.
10. **Oostenrijk: Red Bull Ring, Spielberg – 4,326 kilometer.** Wederom een rappe baan met lange rechte stukken, maar ook zeer veel hoogteverschil. Sinds een aantal jaar in het bezit van Red Bull.
11. **Groot-Brittannië: Silverstone Circuit, Silverstone – 5,891 kilometer.** Ooit het decor van de allereerste Formule 1 Grand Prix voor het wereldkampioenschap in 1950, maar sindsdien vaak verbouwd. Nog altijd een snelle, uitdagende baan waar vaak veel enthousiaste fans te vinden zijn.
12. **Hongarije: Hungaroring, Magyoród – 4,381 kilometer.** Een nauw, bochtig 'Mickey Mouse'-baantje nabij hoofdstad Boedapest, waarop weinig gereden wordt, behalve tijdens de Formule 1 Grand Prix. In 1986 het decor van de eerste F1-race achter het voormalige IJzeren Gordijn.
13. **België: Circuit de Spa-Francorchamps, Francorchamps – 7,004 kilometer.** Het langste en volgens heel veel Formule 1-kenners het allermooiste (voormalig straten)circuit van allemaal, gelegen in de Ardennen. De zeer steil omhooggaande, razendsnelle dubbele knik *Eau Rouge* behoort tot de meest uitdagende bochten ter wereld.

14. **Nederland: Circuit Zandvoort, Zandvoort – 4,259 kilometer.** Gelegen achter de duinen in de badplaats Zandvoort is dit circuit voor menig Nederlander vanwege de rijke geschiedenis ervan synoniem met autoracen en de Formule 1. Dankzij de populariteit van Max Verstappen in 2021 in gerenoveerde vorm teruggekeerd op de kalender, uiteraard met groot succes. De beide kombochten zijn inmiddels wereldberoemd.

15. **Italië: Autodromo Nazionale Monza, Monza – 5,793 kilometer.** Nóg een absolute klassieker, door de weinig veranderde combinatie van lange rechte stukken en snelle bochten, waarop sinds de beginjaren slechts één jaar geen Grand Prix plaatsvond. Omgeven door de restanten van een oude kombaan en tijdens de jaarlijkse Formule 1 Grand Prix gegarandeerd afgeladen met enthousiaste Italiaanse fans – de *tifosi*.

16. **Singapore: Marina Bay Street Circuit, Singapore – 5,065 kilometer.** In 2008 geïntroduceerd als de allereerste avondrace in de Formule 1, op een (tegen de klok in lopend) stratencircuit dat daarom ook volgehangen is met kunstmatige verlichting. Extra opvallend is de bocht die onder een tribune doorloopt.

17. **Japan: Suzuka Circuit, Suzuka – 5,807 kilometer.** Deze zeer vloeiende baan loopt in de vorm van een acht middels een soort viaduct. Bevat een vrijwel blinde, razendsnelle bocht linksaf (de '130R') waar vaak het verschil gemaakt wordt in Grand Prix-weekends.

18. **Qatar: Lusail International Circuit, Lusail – 5,380 kilometer.** Dit circuit, gelegen nabij Doha, is van oorsprong gericht op motoren en is daarom bijzonder breed, met enorme uitloopstroken. De wijde, vloeiende bochten maken het een behoorlijk snel circuit. Wegens de warmte wordt er 's avonds gereden.

19. **Verenigde Staten: Circuit of the Americas, Austin (Texas) – 5,470 kilometer.** Wederom een betrekkelijk nieuwe baan die tegen de klok in verreden wordt. Speelt een belangrijke rol in het populairder maken van de Formule 1 in Amerika.

20. **Mexico: Autódromo Hermanos Rodríguez, Mexico-Stad – 4,313 kilometer.** Na twee eerdere periodes sinds 2015 terug op de kalender, nu met een bochtige laatste sectie door een stadion! Door de ligging op twee kilometer hoogte (waardoor er minder zuurstof in de lucht zit) en de hitte een ware slijtageslag voor mens en machine.

21. **Brazilië: Autódromo José Carlos Pace, São Paulo – 4,309 kilometer.** Nog een circuit dat tegen de klok in verreden wordt, met een mix van twee zeer lange rechte stukken en een lange bochtige sectie. Grenst opvallend genoeg aan arme sloppenwijken.

22. **Verenigde Staten: Las Vegas Street Circuit, Las Vegas – 6,120 kilometer.** De Formule 1 treft vanaf 2023 een derde locatie in de VS in de vorm van Las Vegas, en hoe. Met een waanzinnige show dwars door de beroemde straten (waaronder The Strip) van het Amerikaanse gokparadijs hoopt de sport een waar spektakel neer te zetten – in tegenstelling tot het compleet geflopte experiment in de jaren tachtig.

23. **Abu Dhabi: Yas Marina Circuit, Abu Dhabi (Verenigde Arabische Emiraten) – 5,554 kilometer.** Sinds enkele jaren traditioneel de seizoensafsluiter, met de start tijdens de ondergaande zon en de finish in het donker. Ook tegen de klok in verreden, maar weinig spannend door een gebrek aan echt unieke eigenschappen.

Oude, opvallende circuits

PAS OP

Sinds het begin van het wereldkampioenschap Formule 1 in 1950 zijn er allerlei verschillende circuits geweest waarop Grands Prix zijn verreden. In sommige gevallen zijn GP's door de jaren heen op diverse banen georganiseerd, al is het ook voorgekomen dat een bepaalde baan verschillende GP's heeft mogen 'hosten' (zoals het circuit Imola, waarop zowel de GP van Italië als die van San Marino is verreden).

BELANGRIJK

DE GRAND PRIX VAN NEDERLAND

Kort na de Tweede Wereldoorlog ontstond er een circuit in de Nederlandse kustplaats Zandvoort. Daar werd in 1948 voor het eerst een Grand Prix georganiseerd – toen nog als GP van Zandvoort. In 1950 werd dit de Grand Prix van Nederland, vanaf 1952 telde de wedstrijd ook mee voor het wereldkampioenschap Formule 1. Alberto Ascari won de race van 1952 met Ferrari.

De snelle baan door de Noord-Hollandse duinen was geliefd bij velen en bleef tot en met de editie van 1985 (waarin McLaren-coureur Niki Lauda de sterkste bleek) op de kalender. Door beperkte mogelijkheden om te kunnen ontwikkelen, raakte het circuit achter vergeleken bij andere banen.

Het succes van Max Verstappen als eerste Formule 1 Grand Prix-winnaar uit Nederland heeft voor een nieuwe impuls gezorgd. Onder de nieuwe leiding van prins Bernhard van Oranje-Nassau werd uitgesproken dat Circuit Zandvoort graag weer de Grand Prix van Nederland wilde organiseren – al heeft het TT-circuit Assen die wens ook. In mei 2019 werd officieel bekendgemaakt dat dit doel bereikt was, waardoor op zondag 3 mei 2020 de terugkeer van de Dutch Grand Prix zou plaatsvinden. Om dat te bereiken, had de organisatie niet alleen de hulp van geldschieters en partnerpartijen nodig, maar moest het circuit ook grondig gerenoveerd worden. In het najaar van 2019 begon men met de verbouwing van Circuit Zandvoort, waarbij onder meer enkele kombochten werden geplaatst (waar auto's sneller en veiliger doorheen kunnen) en het terrein werd gemoderniseerd.

Helaas moest de Grand Prix wegens de coronapandemie met een jaar worden uitgesteld. Alsof het zo moest zijn was dit exact het jaar dat Max Verstappen over een uitstekende bolide beschikte, waardoor hij voor eigen publiek kon zegevieren op weg naar zijn eerste wereldtitel. Ook in 2022 kon niemand tippen aan de coureur van Red Bull Racing, die zo de enige F1-winnaar blijft op het vernieuwde Circuit Zandvoort.

TECHNISCHE INFO

Anno 2023 staat de teller op meer dan zeventig verschillende banen! Dat zijn er simpelweg te veel om allemaal te behandelen. Toch pikken we er nog een paar uit die om diverse redenen relevant zijn:

- **Duitsland**: deze Grand Prix keerde tijdelijk terug naar de Hockenheimring voor 2018 en 2019. Ook op de Nürburgring, waar wegens de coronapandemie in 2020 nog eenmalig werd geracet (in diverse configuraties, waaronder de zeer lange en gevaarlijke Nordschleife), en AVUS in Berlijn zijn GP's gehouden.
- **Marokko**: op het Ain-Diab Circuit in Casablanca in 1958 werd hier de enige Grand Prix verreden.
- **Turkije**: vanaf 2005 werd zevenmaal op Istanbul Park in Gebze een Formule 1 Grand Prix georganiseerd en daarna nog twee keer in 2020 en 2021. Zo won Lewis Hamilton er zijn zevende titel.
- **Zweden**: de nogal afgelegen Scandinavian Raceway was zesmaal het terrein waar in de jaren zeventig door Formule 1-auto's een Grand Prix werd afgewerkt.

Racen waar het geld is

TECHNISCHE INFO

Om tegenwoordig een Formule 1 Grand Prix te mogen organiseren, moet de lokale promotor (vaak gekoppeld aan een circuit) daarvoor eerst toestemming krijgen van de eigenaar van het Formule 1-wereldkampioenschap – in het verleden was dat effectief Bernie Ecclestone, nu zijn dat de topmannen van Liberty Media.

De bedragen die daarvoor betaald moeten worden door de promotor verschillen enorm. Bestaande GP's in Europa hoeven soms 'slechts' enkele tientallen miljoenen af te rekenen. Zulke deals worden gesloten onder de noemer 'historische waarde', terwijl races in landen als Bahrein en Rusland veel nieuwer en dus duurder zijn voor de lokale promotors. Ook betaalt Abu Dhabi veel meer om de slotrace van het seizoen te mogen organiseren.

Met alleen het verkopen van tickets voor het publiek kan een promotor die kosten eigenlijk nauwelijks tot nooit terugverdienen. Niet voor niets wordt daarom vaak samengewerkt met grote commerciële partijen als titelsponsoren, die hun naam kunnen verbinden aan een bepaalde Grand Prix.

IN DIT HOOFDSTUK

De manier waarop de Formule 1-regels bepaald worden

Waarmee en door wie geld wordt verdiend in de Formule 1

Hoe de Formule 1-teams geld binnenkrijgen en uitgeven

Hoofdstuk 9
Regels en pegels

PAS OP

Hoewel je geregeld andere uitspraken hierover zult tegenkomen, is er niet zoiets als één absolute eigenaar of baas van de Formule 1.

In plaats daarvan hebben we te maken met een complexe combinatie van bedrijven, hun kopstukken en belanghebbenden die op een of andere manier allemaal verbonden zijn met de allerhoogste internationale autosportklasse. Daarom is het ook niet zo gemakkelijk om iets in de Formule 1 te veranderen: het is in de loop der jaren uitgegroeid tot een grote, logge machine, waarin heel veel verschillende ideeën, meningen en belangen omgaan.

BELANGRIJK

Het ontleden van die machine tot een overzichtelijk geheel is bepaald geen gemakkelijke taak, maar we komen een heel eind door in elk geval onderscheid te maken tussen drie verschillende soorten groepen:

- De *Fédération Internationale de l'Automobile* (*FIA*), verantwoordelijk voor de regelgeving van de Formule 1.
- De *Formula One Group* (*F1 Group*), een verzameling van bedrijven die met elkaar verantwoordelijk zijn voor de promotie van de Formule 1, evenals het genereren van inkomsten door de commerciële rechten te exploiteren.
- De Formule 1-raceteams, die de raceauto's inzetten waarmee hun coureurs deelnemen aan het wereldkampioenschap, maar die ook in zeer beperkte mate inspraak hebben op de regelgeving. (Hiertoe rekenen we ook de leveranciers van krachtbronnen.)

Het is eigenlijk alleen mogelijk om de Formule 1 te laten bestaan door deze drie soorten partijen te hebben. Er is immers regelgeving nodig om wedstrijden gestructureerd te laten verlopen; er zijn inkomsten nodig om alle betrokkenen te betalen; en er zijn deelnemers nodig om de wedstrijden überhaupt te kunnen organiseren.

Tegelijkertijd hebben we hier te maken met behoorlijk verschillende soorten organisaties, elk met een eigen agenda en vaak met een andere kijk op bepaalde onderwerpen. Maar omdat ze van elkaar afhankelijk zijn, moet er toch regelmatig overleg gevoerd worden door verschillende afgevaardigden en topmensen van alle betrokken partijen.

Sportief de baas: de FIA

In principe is de FIA verantwoordelijk voor zowel de sportieve als de technische regelgeving van veel grote internationale autosportevenementen, waaronder de Formule 1 Grands Prix.

BELANGRIJK

Deze federatie heeft een behoorlijke staat van dienst. Zoals ik je in het tweede hoofdstuk van dit boek uitlegde, gaat de geschiedenis van de FIA namelijk terug tot de oprichting van de *Association Internationale des Automobile Clubs Reconnus* (*AIACR*) in 1904 – verantwoordelijk voor de organisatie van de allereerste Grand Prix (van Frankrijk) in 1906!

TECHNISCHE INFO

De rol van sportief regelgever werd later overgenomen door een subdivisie, de in 1922 opgerichte *Commission Sportive Internationale* (*CSI*). In 1947 werd de gehele AIACR omgedoopt tot de FIA zoals we die vandaag de dag nog steeds kennen. Tussentijds werd het CSI in 1978 wel omgedoopt tot *Fédération Internationale du Sport Automobile* (*FISA*), om vanaf 1993 weer op te gaan in de FIA.

BELANGRIJK

Tegenwoordig geldt de FIA dan ook als de partij die het sportief reglement opstelt. In dit document staat precies beschreven hoe elke Grand Prix van A tot Z moet verlopen, aan welke eisen voldaan moet worden en welke straffen eventueel uitgedeeld kunnen worden.

VOORBEELD

Daarnaast is de FIA ook verantwoordelijk voor het technisch reglement, waarin tot in detail verwoord wordt wat wel en niet is toegestaan bij het ontwerpen en bouwen van een Formule 1-auto. Hierbij gaat het om zaken als de motorconfiguratie, de brandstof, bandenafmetingen, minimumgewichten, afmetingen en materiaalgebruik.

PAS OP

Het technisch reglement is niet alleen bedoeld om beperkingen op te leggen met het oog op de veiligheid, maar ook om technici te prikkelen om met nieuwe technische uitvindingen op de proppen te komen!

De FIA heeft twee hoofdkwartieren: één in de Zwitserse stad Genève en één in Parijs (waar de AIACR oorspronkelijk is opgericht). Bovendien is er nog een technisch centrum in Valleiry, eveneens in Frankrijk.

Elke vier jaar wordt de voorzitter van de FIA gekozen in de algemene ledenvergadering. Die rol was van oktober 2009 tot en met december 2021 weggelegd voor **Jean Todt**, die daarvoor diverse andere functies in de autosport bekleedde (waaronder Formule 1-teammanager van Ferrari). Tegenwoordig staat rallycoureur en autoverzamelaar **Mohammed Ben Sulayem** aan het hoofd van de organisatie.

BELANGRIJK

Net als de oorspronkelijke AIACR geldt de FIA niet alleen als regelgever voor de internationale autosport, maar ook als overkoepelende belangenvereniging voor nationale automobielverenigingen (227 in totaal, verdeeld over 132 landen), automobilisten en (tot op zekere hoogte) autofabrikanten.

In die hoedanigheid lobbyt de FIA bij diverse instanties, van nationale en internationale overheden tot andere belangenverenigingen, ook voor de ontwikkeling van autotechniek, en promoot de federatie het veiliger maken van het autoverkeer (onder de noemer '*FIA Action for Road Safety*').

BELANGRIJK

DE NEDERLANDSE AFDELING: KNAF

Nederland heeft net als vele andere landen een eigen autosportfederatie: de KNAC Nationale Autosport Federatie (**KNAF**). Deze is in 1980 voortgekomen uit de KNAC (Koninklijke Nederlandsche Automobiel Club), die op zijn beurt in 1898 werd opgericht als de eerste grote belangenvereniging voor automobilisten in Nederland onder de naam Nederlandsche Automobiel Club (NAC).

De KNAF is onder meer verantwoordelijk voor de regelgeving voor autosportwedstrijden in eigen land, waarbij gewerkt wordt met secties voor diverse autosporttakken, zoals autorensport, rallysport, terreinsport en sinds 2020 ook esports. Daarnaast verstrekt de KNAF licenties aan Nederlandse deelnemers en kent het een eigen opleidingsprogramma voor jong talent – waar onder meer Max Verstappen deel van uitmaakte tot hij de Formule 1 bereikte.

Eerlijk en veilig doen

Los van het verloop van een Formule 1 Grand Prix en een heel seizoen – zoals ik dat in hoofdstuk 3 heb behandeld – beschrijft het sportief reglement ook de regels voor het racen, inclusief de straffen die staan op het overtreden van die regels.

BELANGRIJK

Die regels stellen in de eerste plaats hoe de competitie eerlijk moet verlopen, maar ook hoe de veiligheid te allen tijde op de eerste plaats moet staan tijdens het verloop van elk evenement. Het gaat onder meer om:

- een valse start maken door te gaan rijden voor het startsignaal gegeven is;
- een ongeluk veroorzaken dat te vermijden was;
- onnodig gevaarlijk rijgedrag vertonen in duel met een andere deelnemer;
- in de weg rijden wanneer een andere deelnemer wil inhalen die op een ronde voorsprong kan komen;

- te hard rijden in de pitstraat;
- opzettelijk het circuit verlaten zonder geldige reden.

BELANGRIJK

Daarnaast mag een coureur in duel met een tegenstander op een recht stuk of in een bocht maar éénmaal van richting veranderen om zijn positie te verdedigen – er mag dus niet heen en weer gezwabberd worden! Bovendien moet er altijd één wagenbreedte ruimte tussen de auto van een deelnemer en de rand van de baan zijn, om te voorkomen dat hij een ander blokkeert of van de baan drukt.

Wanneer de wedstrijdleiding oordeelt dat een bepaalde deelnemer zich schuldig heeft gemaakt aan het overtreden van een regel, kan een straf worden opgelegd. Vaak is dat één van de volgende:

- een tijdstraf van vijf seconden, die uitgezeten mag worden voorafgaand aan een pitstop;
- een tijdstraf van tien seconden, die uitgezeten mag worden voorafgaand aan een pitstop;
- een *drive-through penalty*, waarbij de coureur voor straf door de pitstraat moet rijden zonder een pitstop te maken;
- een *stop-and-go penalty*, waarbij een coureur de pitstraat in moet rijden, tien seconden moet stilstaan voor de pitbox van zijn team zonder een pitstop te maken voor hij weer mag doorrijden.

PAS OP

Een coureur die een straf zoals de laatste twee krijgt opgelegd, moet deze binnen drie ronden na de melding van de wedstrijdleiding aan het team uitdienen. Wanneer op dit moment in de race nog maar drie ronden te rijden zijn, kan de straftijd ook bij de eindtijd van de deelnemer worden opgeteld (waarbij voor een drive-through penalty twintig seconden en voor een stop-and-go penalty dertig seconden worden gebruikt).

Ook kan de wedstrijdleiding gridstraffen opleggen – niet alleen voor vergrijpen van een coureur, maar ook voor het ongeoorloofd verwisselen van een onderdeel van de aandrijflijn (zoals beschreven in hoofdstuk 4 van dit boek). In dat geval wordt een deelnemer een bepaald aantal plekken teruggezet op de startgrid van de race in het lopende raceweekend – of de daaropvolgende race, wanneer de straf na afloop van een wedstrijd wordt uitgedeeld.

VOORBEELD

Verder kan de wedstrijdleiding reprimandes uitdelen voor lichte vergrijpen – bij strafbaar rijgedrag op de baan, maar ook bijvoorbeeld wanneer een coureur zich niet op tijd op de startgrid meldt! Bij drie reprimandes krijgt de coureur een gridstraf van tien plekken, mits minimaal twee van de reprimandes voor een strafbare actie op de baan waren.

BELANGRIJK

Ook kunnen er nog strafpunten toegekend worden. Het aantal verschilt afhankelijk van de overtreding. Wanneer een coureur in een periode van twaalf maanden twaalf strafpunten heeft moeten incasseren, wordt hij voor één race geschorst.

De jury

De wedstrijdleiding wordt elke Grand Prix door een groep *officials* (of stewards) voorgezeten. De kern van dat zevenkoppige team is altijd hetzelfde, de rest van deze mensen verschilt per Grand Prix.

BELANGRIJK

De door de FIA afgevaardigde *race director* is altijd dezelfde, in de persoon van **Niels Wittich**. Hij is eindverantwoordelijk voor elke sportieve beslissing tijdens een Grand Prix-weekend, inclusief het moment dat de rode lichten doven voor de start van de race en de keuze om een sessie stil te leggen wanneer dit nodig is. Tijdens elke sessie kunnen teams (al dan niet op verzoek van hun coureurs) contact met hem opnemen wanneer ze een opmerking of vraag hebben over een bepaalde situatie.

De FIA heeft het sinds het overlijden van **Charlie Whiting** niet gemakkelijk gehad met het vinden van een passende race director. De Brit raakte na een lange carrière in de autosport in 1998 betrokken bij de FIA, waarna hij in 1997 de rol van race director op zich nam. Hier was hij een baken van rust en kalmte, en verantwoordelijk voor talloze ontwikkelingen binnen de sport. Whiting kwam op de vooravond van het seizoen 2019 plotseling te overlijden aan een embolie, waarop zijn rechterhand **Michael Masi** abrupt de touwtjes in handen kreeg. Dat verliep niet zonder enige controverse en Masi werd na het seizoen 2021 2021 uit zijn functie ontheven.

TECHNISCHE INFO

ALLES VOOR HET INHALEN

De reglementen zijn niet alleen bedoeld om eerlijkheid en veiligheid te bewaken en technici uit te dagen met creatieve oplossingen te komen voor technische beperkingen, maar ook om de competitie spannender en aantrekkelijker te maken. Dat kan natuurlijk op allerlei manieren: zowel door het bedenken en opleggen van beperkingen als nieuwe mogelijkheden, zowel op sportief als technisch vlak.

Zo is het huidige bandenreglement duidelijk opgezet om coureurs en hun teams te laten nadenken over hun strategie. Omdat deelnemers daarvoor tijdens het verloop van een race op verschillende bandensoorten met een verschillende mate van slijtage rijden, kan het gripverschil de achtervolgende coureur helpen om een inhaalactie uit te voeren. Een ander voorbeeld van een maatregel die inhalen moet stimuleren, is DRS.

Om diezelfde reden is het bijtanken van brandstof tijdens races juist niet opnieuw ingevoerd. Daar ontstond in recente jaren animo voor, maar die gedachte verdween nadat onderzoek (vergelijking met de perioden waarin dit wel toegestaan was) uitwees dat dit geen bevorderend effect zou hebben.

Hoewel dit soort regels het aantal inhaalacties en daarmee de sensatie tijdens races kunnen vergroten, zijn puristen kritisch op de 'kunstmatigheid' ervan. Het passeren gebeurt dan immers niet omdat de vaardigheid of de auto van een deelnemer per se beter is dan die van een tegenstander, maar onder invloed van de beschreven 'kunstgrepen.'

Verder worden er nog vier officials aangewezen door de FIA, waaronder minimaal één ervaren autocoureur. Daarnaast is er nog een official die aangewezen wordt door de nationale autosportfederatie in kwestie (vaak ook een ervaren autocoureur), evenals een *clerk of the course*, die fungeert als rechterhand van de race director.

TECHNISCHE INFO

Daarnaast wordt voor elke Grand Prix een voorzitter van de technische commissie aangewezen. De FIA heeft hiervoor **Jo Bauer** als *technical delegate.*

BELANGRIJK

Teams hebben altijd de gelegenheid om protest aan te tekenen tegen een uitspraak van de wedstrijdleiding. Wanneer een team na behandeling van dat protest niet tevreden is, kan het ook nog tegen een beslissing in beroep gaan.

Veiligheid naast de baan

Er wordt in de Formule 1 geprobeerd om de veiligheid niet alleen te waarborgen door middel van regels op het gebied van sportiviteit en techniek, maar ook middels strenge voorwaarden op andere vlakken zoals voorzieningen op de circuits en uitrusting van de coureur.

BELANGRIJK

Los van de invulling van banen (waarbij onder meer uitloopzones, grasvelden, grindbakken en bandenstapels moeten helpen om ernstige ongelukken te voorkomen, evenals de plaatsing van genoeg baanposten met brandblussers) zijn er ook strenge eisen voor de faciliteiten op het circuit.

Zo moet er altijd een **medisch centrum** zijn – een klein ziekenhuis waarin noodoperaties kunnen worden uitgevoerd. Ook moet een volwaardig ziekenhuis altijd goed bereikbaar zijn middels (een van de twee) helikopters of door (een van de vier aanwezige) ambulances, als die snel genoeg kunnen rijden. Bovendien zijn er minimaal vijf brandweerauto's aanwezig.

Ook rijdt FIA's *chief medical delegate*, in de gedaante van dokter **Ian Roberts**, altijd mee in de medical car – die net als de safety car altijd de baan op moet kunnen tijdens een neutralisatie van een sessie, om zo snel mogelijk bij de plek van een ongeval te kunnen zijn.

Denk aan je hoofd

Verder is het aan rijders om zichzelf tijdens het rijden te beschermen, door middel van de juiste uitrusting.

BELANGRIJK

Omdat het hoofd van een mens het meest vitale en dus belangrijkste lichaamsdeel is dat beschermd moet worden, zijn Formule 1-coureurs verplicht om een door de FIA goedgekeurde integraalhelm te dragen. Deze zijn zeer licht (niet meer dan twee kilo), ook om te voorkomen dat gewicht voor extra druk op het hoofd zorgt onder invloed van de G-krachten.

TECHNISCHE INFO

Ze zijn gemaakt van een combinatie van onder meer koolstofvezel, polyetheen (een soort kunststof) en de vuurvaste stof aramide. Daarmee kunnen klappen worden opgevangen, evenals projectielen (zoals losgeraakte onderdelen van andere auto's).

Ook het vizier van de helm is ijzersterk, en gemaakt van doorzichtig polycarbonaat. Om de zichtbaarheid (vooral bij avondraces of in de regen) te verbeteren rijden veel coureurs met een getint vizier – soms behandeld met een middel dat helpt tegen beslaan. Door een speciale strip (van het even lichte als stevige materiaal Zylon) bovenaan het vizier is het geheel extra sterk tegen bedreigingen voor de ogen van de coureur, zoals steenslag. Tijdens een Grand Prix-weekend wisselt een coureur ook wel eens van vizier.

BELANGRIJK

Verder zijn de coureurs verplicht om een ***Head and Neck Support***-systeem te gebruiken – afgekort tot ***HANS***. Deze 'kraag' van koolstofvezel rust op de schouders van de coureur, onder de bovenste twee gordels, en is met speciale clips aan de achterkant van de helm bevestigd. Bij een crash beperkt deze constructie de klapbeweging van het hoofd, waardoor whiplash of zelfs schedelletsel voorkomen kan worden.

Voordat de helm opgaat, doet een coureur eerst nog speciale oordopjes in – zowel om via de boordradio te kunnen communiceren met zijn team, als om eventuele gehoorbeschadiging te voorkomen door luid motorgeluid.

Racekleding

Coureurs doen ook een brandvrije bivakmuts op, de **balaclava**, alvorens de helm over het hoofd gaat. Maar daar blijft het niet bij op het gebied van brandwerende kleding.

BELANGRIJK

Om brandwonden te voorkomen dragen coureurs namelijk verplicht een overall die gemaakt is van meerdere lagen **Nomex** – een stof die gloeiendhete vlammen (tot op enkele centimeters nabijheid) lang kan weerstaan.

TECHNISCHE INFO

Extra verwonderlijk is het feit dat de overall niet alleen goed kan ademen (omdat coureurs het tijdens het rijden enorm warm kunnen krijgen, onder meer van de inspanning en de autotemperatuur), maar ook zo enorm sterk is: aan speciale lussen op de schouders van het pak moet de coureur met stoel en al uit de auto getild kunnen worden, in geval van nood.

Ook de schoenen, handschoenen (met suède palmbekleding voor extra grip) en zelfs het ondergoed van coureurs (waaronder ze vaak nog wel een reguliere onderbroek dragen) zijn gemaakt van brandwerend materiaal zoals Nomex. Ook de ritsen en stiksels die verwerkt zijn in de kleding mogen niet zomaar smelten of in brand vliegen.

PAS OP

Ook de monteurs die deel uitmaken van de pitcrew zijn verplicht om een brandvrije outfit te dragen wanneer ze tijdens de race in de pitstraat staan om een pitstop uit te voeren.

Gelicenceerd om te racen

De FIA voorkomt dat te onervaren of domweg onkundige coureurs in een Formule 1-auto kunnen rijden tijdens een Grand Prix-weekend. Dat beschermt dus niet alleen alle andere aanwezigen op het circuit, maar ook al te optimistische bestuurders (met te veel geld en contacten bij een Formule 1-team) tegen zichzelf!

BELANGRIJK

Wie aan een Formule 1 Grand Prix wil deelnemen, moet namelijk beschikken over een **superlicentie** – de hoogste soort van alle racelicenties, die je kunt beschouwen als een soort rijbewijzen waar deelnemers aan autosport over kunnen beschikken om te mogen deelnemen.

In eerste instantie moet daarvoor een racecursus worden gevolgd, maar om een superlicentie te kunnen bemachtigen, moet ook nog eens bewezen ervaring opgedaan worden. In een periode van drie jaar moet een coureur voldoende punten hebben behaald door goede resultaten te behalen in andere raceklassen, zoals de Formule 2.

Daarnaast moet een coureur minimaal twee jaar hebben geracet in opstapklassen richting de Formule 1, een geldig rijbewijs hebben én slagen voor een theorie-examen over het sportief reglement. Ook moet hij driehonderd testkilometers in een moderne F1-bolide hebben afgelegd en minimaal achttien jaar oud zijn.

TECHNISCHE INFO

MEER 'VERSTAPPENS' VOORKOMEN

De vereisten voor een superlicentie zijn flink aangescherpt sinds Max Verstappen in 2015 op 17-jarige leeftijd zijn Grand Prix-racedebuut maakte. Hij spendeerde daarvoor slechts één seizoen in een opstapklasse (het Europees kampioenschap Formule 3), maar kon dankzij Red Bull gelijk daarna al in de Formule 1 gaan racen bij opleidingsteam Toro Rosso.

Om te voorkomen dat meer coureurs die route zó razendsnel zouden afleggen, stelde de FIA het beschreven puntensysteem in voor de verkrijging van een superlicentie en moet een coureur minimaal 18 jaar oud zijn, en in het bezit van een autorijbewijs. Hoewel Verstappens situatie beschouwd wordt als een uitzondering vanwege zijn natuurlijke racetalent, kun je je afvragen of deze maatregel is bedacht voor de veiligheid, of om ervoor te zorgen dat de opstapklassen richting de Formule 1 voldoende bestaansrecht behouden.

Commercieel de baas: Formula One Group

Terwijl de FIA dus feitelijk verantwoordelijk is voor de 'spelregels' en de technische voorschriften, zorgt een andere partij ervoor dat er ook geld mee wordt verdiend – waarvan een deel tevens weer geïnvesteerd wordt in de Formule 1.

BELANGRIJK

Dat is namelijk de Formula One Group: een verzameling van bedrijven onder één paraplu die met elkaar de commerciële belangen behartigen. Bij elkaar fungeren ze als de promotor van het wereldkampioenschap Formule 1.

TECHNISCHE INFO

De aandelen in Formula One Group, die door verschillende aandeelhouders kunnen worden gekocht of verkocht, zijn verzameld in een moederbedrijf, ***Liberty Media***.

BELANGRIJK

Zoals ik eerder al heb aangeven kun je de Formule 1 eigenlijk zien als een grote verzameling van allerlei bedrijven, die met elkaar een show vol actie en sensatie opvoeren waarmee geld wordt verdiend. Dat gebeurt op meerdere manieren:

- De Formule 1 trekt als sensatiesport heel veel betalende kijkers. Niet alleen de (tien) duizenden toeschouwers die tickets kopen om erbij te zijn, maar vooral tientallen miljoenen mensen die de videobeelden (vooral via televisie) willen bekijken, zijn interessant voor de promotor. Dus zijn er **uitzendrechten** van deze beelden te verkopen aan (televisie)zenders over de hele wereld die de Formule 1-actie willen laten zien.
- Mede omdat het spektakel een miljoenenpubliek bereikt, zijn er bedrijven en andere partijen die zich als sponsoren of partners op een of andere manier willen verbinden aan de Formule 1 om meer bekendheid te verkrijgen.
- Lokale promotors die een Grand Prix willen organiseren, moeten een geldbedrag betalen aan de promotor van het wereldkampioenschap. (De opbrengst van de kaartverkoop aan toeschouwers gaat dan vaak naar de lokale promotors.)

PAS OP

Het gaat dus om een systeem dat zichzelf in stand houdt: zonder show zijn er geen kijkers, zonder kijkers wordt er geen geld verdiend en zonder geld is er geen show te organiseren!

De nalatenschap van een oude man

BELANGRIJK

Degene die deze manier van promoten (en dus geld verdienen) in de Formule 1 als eerste het best begreep, was Bernie Ecclestone. Tot begin 2017 gold hij als de absolute topman van de hele klasse!

Dat betekende overigens niet dat hij alle macht in handen had, maar door zijn uitgekookte manier van handelen wist hij wel tientallen jaren lang de commerciële kant van de Formule 1 in zijn greep te houden. Daarvoor werd hij zowel bewonderd als gevreesd door allerlei leden van de F1-wereld, van coureurs tot teambazen en van nationale promotors tot topmensen van de FIA.

TECHNISCHE INFO

WIE IS BERNIE ECCLESTONE?

Bernie Ecclestone werd geboren op 28 oktober 1930 en groeide uit van autohandelaar tot Formule 1-teambaas. In die hoedanigheid mocht hij in de jaren zeventig de belangen behartigen van de meeste teambazen, door met hen de *Formula One Constructors Association* (*FOCA*) op te richten. Daarmee maakte Ecclestone een vuist tegen de FISA, om zo meer commercieel gewin voor de renstallen te bewerkstelligen.

Middels een reeks juridische stappen en zelfs protesten bemachtigde de Brit in 1981 de toestemming om de uitzendrechten van de Formule 1 te verkopen aan televisiezenders. Eind jaren tachtig gaf hij zijn toenmalige raceteam Brabham op om zich volledig toe te leggen op de promotie van het wereldkampioenschap middels de *Formula One Promotions and Administration* (*FOPA*). Deze instantie kreeg niet alleen de helft van de televisieopbrengsten, maar inde ook het geld dat promotors van afzonderlijke Grands Prix moesten betalen. De FOPA verzorgde daarop de uitkering van het prijzengeld aan de teams. In de jaren negentig kreeg Ecclestone nog meer verantwoordelijkheid in handen.

Daarmee had hij zich definitief gevestigd als de topman van de Formule 1 – al houdt hij zelf nog altijd vol dat hij louter de belangen van de diverse aandeelhouders behartigde en zorgde dat er winst gemaakt werd. Onder zijn leiding groeide de omzet van het wereldkampioenschap Formule 1 naar zo'n 1,75 miljard euro per jaar.

Ondanks zijn zeer kleine postuur was de Brit door zijn sluwe manier van handelen berucht (hij zou zelfs bij de grote treinroof op een Britse posttrein in 1963 betrokken zijn geweest, waarbij 2,6 miljoen Britse pond werd buitgemaakt). Toch is hij het meest verantwoordelijk voor de wereldwijde bekendheid en populariteit van de Formule 1 vandaag de dag. Bovendien was Ecclestone altijd erg begaan met de veiligheid van de coureurs – als manager zag hij meerdere van 'zijn' coureurs dodelijk verongelukken – en gold hij als een van de drijvende krachten achter het veiliger maken van de sport, in samenwerking met de in 2012 overleden 'Formule 1-dokter' Sid Watkins.

BELANGRIJK

De Formula One Group bestaat uit verschillende subdivisies:

- ***Formula One Management (FOM)***: zonder meer het belangrijkste onderdeel van de groep. De FOM beheert namelijk alle content, waarbij het vooral gaat om het videobeeldmateriaal dat middels uitzendrechten kan worden aangekocht door (televisie)zenders. Daarnaast verzorgt deze partij de invulling van de officiële Formule 1-website en probeert het de algemene populariteit van de sport te vergroten. Bovendien coördineert het FOM de F1-kalender in samenspraak met de FIA.
- ***Formula One Administration (FOA)***: deze afdeling bemoeit zich met economische zaken, waaronder de betaalstromen rond uitzendrechten en prijzengeld. Formeel bezit de FOA ook de commerciële rechten. Ook zorgt het voor de aanvoer van nieuws, uitslagen en andere informatie. Bovendien regelt de FOA voor een deel de verkoop van officiële merchandise, zoals shirts en petten.

» ***Formula One Licensing***: dit bedrijf bezit de rechten rondom de handelsmerken van de Formule 1, waaronder het officiële logo, de aanduiding 'F1' en verschillende termen, zoals (F1) Grand Prix.

TECHNISCHE INFO

De F1 Group zal niet snel de organisatie van het *FIA Formula One World Championship*, zoals het kampioenschap officieel heet, uit handen geven. In 2001 werden deze exclusieve rechten verstrekt voor een termijn van honderd jaar vanaf 2011. Deze overkoepelende deal heet de *Umbrella Agreement.*

Deze hele constructie is onder leiding van Bernie Ecclestone opgetuigd. Met resultaat, want zonder dit complexe, dichtgetimmerde systeem is het maar de vraag of de Formule 1 zo groot zou zijn geworden.

PAS OP

Vooral de uitzendrechten van videobeeldmateriaal worden zeer goed beschermd. Iedereen die probeert om zonder het sluiten van een overeenkomst bewegende beelden uit te zenden van een officieel Formule 1-evenement (zowel een test als een Grand Prix), wordt op de vingers getikt en kan zelfs een boete verwachten. Dat geldt dus ook voor televisieprogramma's van alle soorten en maten, evenals online videokanalen, zoals op YouTube. Er is de F1 Group dus veel aan gelegen om de inkomstenstroom te beschermen!

Een nieuwe eigenaar: Liberty Media

In de loop van 2016 gebeurde er iets zeer bijzonders. Er klonken geluiden dat de Britse grootaandeelhouder van de Formule 1, CVC Capital (waarvoor Ecclestone sinds 2006 de belangen behartigde), de aandelen in Delta Topco zou willen verkopen aan een andere partij: Liberty Media, een massamediabedrijf dat onder meer aandelen in filmstudio's, productiemaatschappijen en honkbalteam Atlanta Braves heeft.

BELANGRIJK

Die deal werd in september 2016 concreet: Liberty Media nam voor een bedrag van 7,1 miljard euro het meerderheidsbelang in de Formula One Group over. Eerder bezat de partij overigens al bijna twintig procent van de aandelen.

Die verkoop moest nog wel worden goedgekeurd door de FIA, met één procent ook een aandeelhouder in Delta Topco en dus de F1 Group, wat officieel gebeurde in januari 2017.

Hoewel **John Malone** geldt als de voorzitter van de raad van bestuur bij Liberty Media, werd Chase Carey aangesteld als de *chief executive officer* (*CEO*) van de Formule 1, naast zijn rol als voorzitter. Hij was daarmee te beschouwen als de opvolger van Bernie Ecclestone – ondanks het feit dat Ecclestone formeel benoemd werd tot emeritus voorzitter, heeft hij eigenlijk niets meer in de melk te brokkelen. Carey zou tot september 2020 aanblijven als CEO. Daarna werd voormalig Ferrari-teambaas Stefano Domenicali aangewezen voor deze functie.

Daarnaast werden nog twee topmannen aangesteld. Ross Brawn, eerder succesvol als onder meer teambaas bij verschillende Formule 1-renstallen, werd sportief directeur – nadat hij eerder een adviserende rol had ingevuld tijdens het verloop van de overname door Liberty Media. Sean Bratches werd benoemd als commercieel directeur. Bratches vertrok in 2020 uit de sport om terug te keren naar de Verenigde Staten, waar zijn familie woont. Brawn volgde twee jaar later hetzelfde voorbeeld om een punt te zetten achter een carrière van bijna vijf decennia in de autosport. Anno 2023 is Steve Nielsen sportief directeur en is Brandon Snow verantwoordelijk voor de commerciële kant van de Formule 1.

BELANGRIJK

Hoewel Liberty Media pas zes jaar eigenaar is van de Formule 1, is er in die tijd al veel veranderd. Het bedrijf doet er alles aan om de zichtbaarheid van de sport te verbeteren. Dit loopt uiteen van de openheid in de paddock tot een actieve aanwezigheid op social media, om over initiatieven als de documentaireserie *Drive to Survive* en streamingplatform F1TV nog maar te zwijgen. Daarnaast heeft Liberty Media hard gewerkt om de gezondheid van de sport te verbeteren. Dit resulteerde onder meer in het invoeren van een budgetplafond, een franchisemodel voor de teams en een eerlijker verdeling van de prijzenpot.

Dit begon met een eerste stap aan het begin van het seizoen 2017, toen Liberty Media (in tegenstelling tot Ecclestone jarenlang) de teams toeliet om zelf video-opnames te maken in de paddock – mits dat niet gebeurt terwijl er Formule 1-auto's rijden.

De deelnemers: Formule 1-teams

Zoals we al in eerdere hoofdstukken hebben beschreven, vormen de Formule 1-teams met de coureurs samen het deelnemersveld.

Hoewel alle renstallen aangeven dat ze een eerlijke competitie willen, denken ze vaak heel verschillend over de manier waarop dat mogelijk is. Verschillende meningen, visies en belangen verdelen de teams in allerlei opzichten.

BELANGRIJK

Zo zullen fabrieksteams vrijwel altijd achter de opvattingen van hun bijbehorende autofabrikanten staan, vooral wanneer het aankomt op de technische reglementen. Er moet namelijk voldoende relevantie voor een automerk zijn om in de Formule 1 actief te zijn – of het nou gaat om het runnen van een volledig team of het leveren van motoren.

VOORBEELD

Zo is het voor Mercedes en Renault van belang dat er in de Formule 1 met hybride krachtbronnen wordt gereden, omdat deze 'groene' technologie relevant is voor de strategie van de automerken. Er wordt immers vergelijkbare techniek verwerkt in hun productieauto's, waarvoor ze middels hun F1-activiteiten marketing kunnen doen.

Ook de vraag waar Grands Prix worden georganiseerd is soms van belang voor automerken – afhankelijk van de lokale afzetmarkt kunnen ze meer interesse hebben om hun Formule 1-auto's in actie te laten komen in een bepaald land.

Omdat de FIA ook fungeert als belangenvereniging voor automerken, zijn fabrieksteams en het autosportorgaan het normaal gesproken (sneller) met elkaar eens wanneer bepaalde elementen binnen de Formule 1 ter discussie staan.

PAS OP

Renstallen die niet direct aan grote automerken verbonden zijn, vinden – net als de privéteams – gelijkwaardige en aantrekkelijke competitie vaak belangrijker. Ook hechten ze meer waarde aan een gelijke verdeling van de inkomsten door het FOM – deze teams hebben meestal immers geen grote autofabrikant achter zich staan die een groot deel van het budget voor z'n rekening neemt!

TECHNISCHE INFO

VERENIGEN OF NIET?

De verschillende opvattingen verklaren ook waarom de Formule 1-teams in de huidige situatie niet samenwerken binnen een vereniging.

In het verleden gebeurde dat wel middels de FOCA, al waren hierin alleen de (privé)teams vertegenwoordigd zonder fabriekssteun. Nadat Bernie Ecclestone hun commerciële belangen nadrukkelijker ging behartigen, wat resulteerde in de komst van de Formula One Group, verdween deze vereniging.

In 2008 werd een nieuwe vereniging opgericht, de *Formula One Teams Association (FOTA)*, vooral met het oog op nieuwe onderhandelingen over de inkomstenverdeling. Ook die werd in 2014 – als gevolg van onoplosbare meningsverschillen – opgeheven. De coureurs zijn nog wél verenigd, in de *Grand Prix Drivers' Association*.

F1 Commission

PAS OP

Het bestuursproces in de Formule 1 wordt sinds 2021 overzien door de *F1 Commission*, een groep van 30 leden die zich buigt over allerlei voorstellen en vraagstukken ter ontwikkeling van de sport, zoals vastgelegd in het *Concorde Agreement*.

De stemverdeling van de 30 leden die de F1 Commission vormen is als volgt:

- tien stemmen voor de tien teams (voor ieder één)
- tien stemmen voor de FIA
- tien stemmen voor de Formule 1

Een voorstel wordt goedgekeurd bij een meerderheid van 25 stemmen. Een voorstel kan direct van kracht gaan bij een zogeheten 'super majority' van 28 stemmen. Maar hiervoor moet de kwestie eerst nog langs ...

FIA World Motor Sport Council

BELANGRIJK

Voordat regelwijzigingen helemaal goedgekeurd en daadwerkelijk verwerkt worden, buigt namelijk als laatste de FIA World Motor Sport Council zich nog over gedane voorstellen.

Daarmee geldt deze raad als het belangrijkste orgaan binnen de FIA. De leden worden gekozen in de algemene ledenvergadering, waarin afgevaardigden van nationale automobielverenigingen van over de hele wereld zetelen. Ze komen tenminste vier keer per jaar bij elkaar.

Zij hebben dan ook de verantwoordelijkheid om zaken als veiligheid, eerlijkheid, vernieuwing en marketing elk goed af te wegen alvorens een beslissing te nemen. Dat wordt gedaan door:

- de voorzitter van de FIA
- de vicevoorzitter op het gebied van sport
- zeven vicevoorzitters van de FIA
- veertien benoemde leden
- vier leden op basis van bepaalde bestuursfuncties

BELANGRIJK

Alleen als de FIA World Motor Sport Council een regelwijziging voor de Formule 1 (of een andere grote internationale autosportklasse) goedkeurt, wordt deze doorgevoerd. Vaak gebeurt dit geruime tijd van tevoren – om alle belanghebbenden in de Formule 1 de gelegenheid te geven om de aanpassing te verwerken – al zijn er ook gevallen waarin een beslissing op zeer korte termijn genomen moet worden om een probleemsituatie op te lossen.

TECHNISCHE INFO

AUTOSPORTRECHTSPRAAK

Er is nog een belangrijke instantie die het vermelden waard is: het *FIA International Court of Appeal* vormt het allerhoogste niveau van rechtspraak binnen de internationale autosport. Te behandelen juridische kwesties kunnen worden voorgedragen door een nationaal autosportorgaan (dat zelf ook over een juridische raad beschikt, zoals het College voor Autosport Rechtspraak (CAR) bij de KNAF in Nederland) of door de voorzitter van de FIA.

Keiharde afspraken

Gezien de gevoelige relatie tussen de Formule 1-teams, het FOM en de FIA, is het natuurlijk wel zo handig om goede afspraken te maken, en die duidelijk beschreven vast te leggen in een bindend document. Alleen op deze manier zorg je ervoor dat er voldoende structuur ontstaat om het hele systeem te laten werken.

Het Concorde-verdrag

Daarom werd vanaf 1981 het Concorde-verdrag (*Concorde Agreement*) opgesteld. Dit contract is vernoemd naar het plein waar het oorspronkelijke hoofdkwartier van de FIA was, de *Place de la Concorde* (wat ook nog eens 'Eendrachtsplein' betekent), de locatie waar ook getekend werd.

BELANGRIJK

In dit verdrag tussen de Formule 1-teams, de FIA en de Formula One Group liggen onder meer de volgende zaken vast:

- De Formula One Group beheert de commerciële rechten van de Formule 1.
- Hoe de inkomsten in de Formule 1 (vooral afkomstig van de verkoop van uitzendrechten) verdeeld worden als prijzengeld onder de teams.
- De Formule 1-teams moeten in principe verplicht bij elke Grand Prix van het seizoen aanwezig zijn om aanspraak te kunnen maken op deze inkomsten.
- Hoe en op welke termijn verandering in regelgeving mogelijk is. Alleen wanneer de veiligheid in gevaar komt, kan de FIA direct ingrijpen.

Elke overeenkomst heeft betrekking op een periode van enkele jaren. Tegen de afloop van de eerste termijn zijn de partijen meermaals opnieuw met elkaar om de tafel gaan zitten om een nieuwe deal te sluiten. Het huidige Concorde-verdrag loopt tot 2026.

BELANGRIJK

Centraal staat de verdeling van de opbrengsten. De Formule 1 maakte begin 2022 bekend dat de opbrengsten over het voorgaande jaar 2,136 miljard euro bedroegen. Hoewel de exacte inhoud van het Concorde-verdrag nooit duidelijk wordt gemaakt, weten we wel ongeveer welke bedragen er per jaar naar welk team gaan.

PAS OP

Een belangrijk punt voor Liberty Media was het eerlijker verdelen van de prijzenpot, daar er in het verleden grote verschillen bestonden die de vermogende teams aan de top hielden en de kleine teams lieten ploeteren – met als gevolg zeer eentonige resultaten in de races en het klassement. Het nieuwe Concorde-verdrag brengt hier verandering in door de verschillen tussen het hoogste en laagst geklasseerde team te verkleinen, zodat zelfs de drager van de rode lantaarn een redelijk som geld krijgt om de boel draaiende te houden.

Wel zijn er onder het huidige Concorde-verdrag nog steeds bepaalde bonussen, maar ook hier geldt dat er zekere aanpassingen zijn aangebracht om een eerlijker speelveld te creëren. Zo ontvangt Ferrari een standaardbonus van meerdere miljoenen euro's, omdat de renstal de langstlopende historie heeft van alle teams. Teams die in het verleden constructeurskampioen zijn geworden – denk aan Mercedes, Red Bull, McLaren en Williams – ontvangen eveneens een bonus, die afhankelijk van het aantal titels varieert. Ten slotte is er een bonus voor teams die in het afgelopen decennium in de top drie zijn geëindigd, waarbij de hoogte van de bonus wordt bepaald aan de hand van de behaalde resultaten over de betreffende periode.

De huidige verdeling van de prijzenpot is eveneens de reden dat teams terughoudend zijn wat betreft het toelaten van nieuwe deelnemers. Een extra renstal op de grid betekent dat de prijzenpot niet over tien, maar elf teams moet worden verdeeld, resulterende in een lagere uitbetaling voor iedereen. Mede hierom is in het Concorde-verdrag opgenomen dat een nieuwe deelnemer ter compensatie minimaal 200 miljoen dollar moet meenemen, zodat aan ieder van de bestaande teams een bedrag van 20 miljoen dollar overgemaakt kan worden om de pijn te verzachten. Dit bedrag is bepaald aan de hand van de verkoop van Williams aan Dorilton Capital, dat de renstal in 2020 kocht voor zo'n 200 miljoen dollar. Wegens de stijgende waarde van de Formule 1 en de teams in het algemeen, is dit bedrag echter flink toegenomen – sommige insiders zeggen dat de som inmiddels is verdrievoudigd.

Andere partijen

Gelukkig voor de teams zijn ze niet alleen maar afhankelijk van de opbrengsten die het FOM verdeelt – en eventueel het bedrag dat een autofabrikant (of een merk zoals Red Bull) in een renstal pompt.

BELANGRIJK

Net zoals veel individuele atleten en teams in andere sporten, hebben ook de Formule 1-renstallen namelijk sponsoren en partners. Deze partijen betalen de teams in ruil voor zichtbaarheid, waarmee ze de marketing van hun eigen bestaan of producten een boost kunnen geven. Met de Formule 1-activiteiten wordt immers wereldwijd een miljoenenpubliek bereikt!

In principe gebeurt dat middels het plakken van logo's en figuren op de auto's van de teams, soms ook in de teamruimtes en op de teamvoertuigen en apparatuur. Het komt vaak voor dat ook een bepaalde kleurstelling wordt samengesteld en aangebracht op verzoek van een sponsor of partner.

Daarnaast zijn deze sponsoren terug te zien op de teamkleding van alle teamleden, vooral op de outfits van de coureurs (waarop ook hun naam en nationaliteit staat). Zelfs op hun (brandvrije en lange) ondergoed zijn sponsorlogo's te vinden! Ook 'adverteren' horlogemerken geregeld op de handschoenen van een coureur met de illustratie van zo'n klokje.

VOORBEELD

In veel gevallen leveren sponsoren en vooral partners ook middelen, zoals brandstof en smeermiddelen van een partij als Shell, maar ook vruchtensap van Rauch en zelfs horloges van TAG Heuer.

BELANGRIJK

Het gaat sponsoren en partners echter niet alleen om zichtbaarheid, vaak willen ze ook bewustzijn bij het publiek creëren dat ze betrokken zijn bij de Formule 1 via (in de meeste gevallen) een team. Daarom vindt er activatie plaats.

Dat gebeurt bijvoorbeeld via promotie-evenementen, waarbij coureurs of teamleiders opdraven om een praatje te houden en handtekeningen uit te delen. In sommige gevallen gaat dit gepaard met demonstraties, waarbij een Formule 1-auto in actie komt om voor spektakel te zorgen – in veel gevallen zelfs buiten de circuits, op de openbare weg!

PAS OP

Om te voorkomen dat teams deze gelegenheid kunnen aangrijpen om zaken te testen, moeten Formule 1-auto's gebruikmaken van speciale demonstratiebanden die minder grip geven dan racebanden. Heel erg is dat niet, want het stelt ze in staat om gemakkelijker donuts te draaien, waarbij een coureur de auto op een plek rondjes om z'n eigen as laat draaien en er in een wolk van bandenrook een cirkel van rubber op het baanoppervlak wordt gelegd.

Overigens wordt bij demonstraties vrijwel altijd gebruikgemaakt van een ouder model Formule 1-auto, geregeld ook één met een oudere motor – zoals de veel luidere 2,4-liter V8 die tot 2014 door alle renstallen werd gebruikt.

PAS OP

'VERBODEN SPONSOREN'

Door de jaren heen zijn er allerlei bedrijven en merken actief geweest als sponsor in de Formule 1: van frisdrankmerken tot tijdschriften en filmmaatschappijen tot zelfs condoomfabrikanten!

Jarenlang kwamen verreweg de meeste inkomsten uit tabaksreclame. Sterker nog, tabaksmerk Gold Leaf was tijdens de Grand Prix van Monaco in 1968 de eerste sponsor die zichtbaar was op een Formule 1-auto (van het Lotus-team). Vele andere merken en teams volgden. De producenten van onder meer sigaretten hebben dan ook indirect miljarden uitgegeven aan de uitvoering en het ontwikkelen van autosportactiviteiten.

Om gezondheidsredenen werd tabaksreclame echter al vrij snel verbannen uit Formule 1 Grands Prix. Dat begon in de jaren zeventig al in Duitsland, gevolgd door het Verenigd Koninkrijk en Frankrijk. Rond 2006 werd zichtbare sponsoring door tabaksproducenten in de Formule 1 helemaal verboden – al heeft Ferrari nog steeds een samenwerkingsverband met Philip Morris, het moederbedrijf van onder meer Marlboro.

Tegenwoordig wordt alcoholreclame door bepaalde mensen beschouwd als controversieel, omdat aandacht voor alcoholische dranken volgens hen haaks staat op de promotie van veilig autorijden – waar de FIA ook nadrukkelijk mee bezig is. Door het aantreden van het Nederlandse biermerk Heineken als hoofdsponsor van de Formule 1 sinds 2016, lijkt het onwaarschijnlijk dat alcoholreclame op korte termijn ook verboden wordt.

Ook energiedrankreclame (zoals de aanwezigheid van Red Bull) wordt door een steeds groter wordende groep afgekeurd, omdat onder meer het hoge suikergehalte in deze drankjes volgens onderzoekers niet goed voor de gezondheid is.

Ook werken sponsoren of partners vaak samen met hun teams of coureurs om reclame-uitingen te verzorgen in de media, zoals televisiecommercials en advertenties op social media. Daarnaast kunnen ze gasten uitnodigen: niet alleen eigen relaties, om ze van dichtbij te laten genieten van het Formule 1-circus, maar ook journalisten die met hun verhalen en producties aandacht kunnen besteden aan onderwerpen die relevant gevonden worden.

Bovendien hebben zowel teams (voor de inkomsten) als hun partners (voor de zichtbaarheid) belang bij de verkoop van merchandise, zoals shirts, petten en andere voorwerpen waarop de kleuren, naam en sponsorlogo's van een team of coureur staan afgedrukt.

BELANGRIJK

In bepaalde gevallen hebben sponsoren zich verbonden aan een coureur, die zich door middel van dit sponsorgeld kan inkopen bij een Formule 1-team om te fungeren als ontwikkelingscoureur of zelfs te racen. Zo'n 'betalende' coureur (die formeel nog wel salaris ontvangt van het team) noemen we vaak een *paydriver*. Geregeld compenseert zijn financiële inbreng het feit dat hij minder talent heeft dan andere rijders, al hoeft dit zeker niet altijd het geval te zijn!

Geld moet rollen

Nu we weten op welke manieren de teams aan het grootste deel van hun inkomsten komen, kunnen we ook beter vertellen waar ze al dat geld aan uitgeven: de budgetten!

Inkomsten

PAS OP

Informatie over hun geldstromen geven de teams natuurlijk niet zomaar vrij. Om een idee te geven van de inkomsten van een Formule 1-team, pakken we twee van de grootste spelers in de sport erbij: Red Bull en Mercedes.

Over het seizoen 2021 genereerde de F1-operatie van Mercedes inkomsten ter waarde van 383 miljoen pond, omgerekend ruim 400 miljoen euro. Dit bedrag wordt voornamelijk opgemaakt door sponsor- en prijzengeld. In tegenstelling tot voorgaande jaren brengt moederbedrijf Daimler geen geld meer in het team.

De inkomsten van Red Bull dat jaar liggen in vergelijking wat lager, al heeft het met zo'n 230 miljoen pond niet te klagen. Het financiële plaatje van de Oostenrijkse renstal zal er ondertussen op vooruit zijn gegaan, vanwege het succes in de Formule 1 (twee rijderstitels en één constructeurstitel) en een aantal sponsordeals die zijn afgesloten met Oracle en Bybit. Volgens berichten worden de deals met deze partijen jaarlijks gewaardeerd op respectievelijk 100 en 50 miljoen dollar.

Uitgaven

Om deel te kunnen nemen aan het Formule 1-seizoen – en het liefst een beetje competitief te zijn – gaat bij vrijwel alle teams al het geld dat er in een jaar tijd binnenkomt er ook weer uit.

PAS OP

Dankzij het budgetplafond is de sport gezonder dan ooit, waardoor de teams steeds vaker zwarte cijfers kunnen draaien. Feitelijk mogen de teams in 2023 niet meer dan 135 miljoen dollar uitgeven, maar er zijn uitzonderingen die de uitgaven van teams onderling doen verschillen. Het zijn deze uitzonderingen die het met name voor grote teams mogelijk maken dieper in de buidel te tasten, aangezien zaken als het salaris van de coureurs en de drie best betaalde personeelsleden, reis- en marketingkosten enzovoort niet zijn inbegrepen.

Het gevolg is dat een team als Mercedes over het seizoen 2021 uitgaven heeft van rond de 300 miljoen pond. Datzelfde jaar geeft concurrent Red Bull rond de 230 miljoen pond uit aan F1-gerelateerde activiteiten.

Belangrijk om te vermelden is wel dat de uitgaven van de grootste F1-teams de laatste jaren aanzienlijk gedaald. Het gaat hierbij om tientallen miljoenen euro's. Er is vooral personeel laten gaan of overgeplaatst om aan de eisen van de financiele regels te voldoen. Zodoende heeft de invoering van het budgetplafond wel degelijk effect in het nivelleren van de financiële kracht van de teams.

Verdeling

Naast de wetenschap hoeveel geld er bij een team binnenkomt en uitgaat, is het natuurlijk interessant om te weten wáár die financiële middelen zoal aan besteed worden.

BELANGRIJK

Ook dat verandert natuurlijk behoorlijk afhankelijk van het team. De kosten voor zaken als vrachttransport en brandstof zijn over het algemeen vrijwel gelijk, maar tussen de investeringen die gedaan worden in ontwikkelingsafdelingen kunnen nogal grote verschillen zitten.

Om je toch een idee te geven, is er deze tabel met geschatte percentages over de gemiddelde uitgavenverdeling van Formule 1-teams.

Deze is niet per definitie gebaseerd op het recente seizoen, maar samengesteld uit gegevens van eerdere jaren.

TABEL 6.1 Gemiddelde uitgavenverdeling voor F1-teams

Kostenpost	Percentage
Productie	23,75
Windtunneltests	10,4
Circuittests	6,25
Ander test- en ontwikkelingswerk	9,6
Vervoer, reizen en verblijven	8,3
Entertainment (voor o.a. gasten)	6,25
Vrachttransport	2,9
Computersystemen	2,08
Fabriek	1,25
Diensten	1,25
Brandstof	0,83
Teamsalarissen	16,67
Coureursalarissen	8,3
Directiesalarissen	2,2

PAS OP

Naast deze uitgaven moet elk team jaarlijks een wisselend bedrag aan inschrijfgeld betalen om in het Formule 1-wereldkampioenschap uit te mogen komen. Daarbij geldt: hoe meer WK-punten een team in het afgelopen jaar gescoord heeft, hoe hoger het bedrag. Zo moet Red Bull Racing zo'n 6 miljoen euro inschrijfgeld betalen, terwijl dit voor Williams uitkomt op ongeveer 600.000 euro. Daarnaast moeten ook coureurs inschrijfgeld betalen, afhankelijk van hun score van het jaar daarvoor.

BELANGRIJK

Wellicht is het je opgevallen dat de kosten voor krachtbronnen niet zijn meegenomen in deze tabellen. Dat komt omdat volgens de richtlijnen van de FIA door elk team een gestandaardiseerd bedrag van ongeveer 15 miljoen euro moet kunnen worden gebruikt.

PAS OP

HOE LIBERTY MEDIA HET TIJ WIST TE KEREN

De Formule 1 stond na de gloriedagen van de jaren negentig en de eerste jaren na de eeuwwisseling voor een groot probleem: krimp. De sport weigerde actief in te zetten op social media, was steeds vaker op betaalzenders te vinden en was tot overmaat van ramp een stuk minder spannend geworden – een gevolg van banden sparen, een gebrek aan geluid van de hybride motoren en de dominantie van Mercedes.

Nadat de sport door Liberty Media werd overgenomen, werden er in rap tempo stappen gezet om de krimp tegen te gaan. Met succes, want na zes jaar onder leiding van het mediabedrijf heeft de Formule 1 een zeer prominente positie in de sportwereld ingenomen. Hier zijn meerdere redenen voor:

- De sport is zeer actief op tal van social media en gaf teams direct na de overname van Liberty Media de vrijheid en openheid om allerlei zaken te delen met fans, wat voor een betere verbinding zorgt met het publiek.
- Het succes van *Drive to Survive* (met name in de Verenigde Staten) heeft ervoor gezorgd dat er veel nieuwe interesse is in de Formule 1. Niet alleen in nieuwe markten, maar ook door nieuwe doelgroepen – de gemiddelde leeftijd van de demografie van de sport is in korte tijd rap gedaald tot begin dertig.
- De regels zijn opzettelijk aangepast om de competitie aan de kop van het veld aan te scherpen, met als gevolg dat de hegemonie van Mercedes in 2021 ten einde is gekomen door Max Verstappen en Red Bull. Bovendien resulteerde de regelwijzigingen in intense gevechten op de baan, wat directe gevolgen heeft voor het drama naast de baan. Zo blijft de sport voortdurend in het publieke debat.
- Het doel van Liberty Media is om van iedere Grand Prix een soort Super Bowl te maken, een geweldig spektakel waar meer dan alleen racen bij komt kijken. Dit idee is behoorlijk aangeslagen, met als gevolg dat er in de laatste jaren talloze bezoekersrecords zijn verbroken. De Grand Prix van Nederland ontving meer dan 300.000 fans, terwijl er op de Grand Prix van de Verenigde Staten in Austin, Texas ruim 400.000 mensen afkwamen.

Het einde is nog niet in zicht, want met het toenemende succes van de Formule 1 staan er tal van landen (en steden) te springen om een Grand Prix te organiseren – een luxeprobleem voor Liberty Media.

Hoewel motorleveranciers Mercedes, Renault en Ferrari ook eigen fabrieksteams hebben, worden de krachtbronnen in principe los van de renstallen gebouwd – meestal ook in aparte fabrieken met eigen faciliteiten. Uiteraard hebben de fabrieksteams wel een voorkeursrol: krachtbronnen worden in de praktijk primair voor de renstal van hetzelfde merk (of, in het geval van Red Bull, door Red Bull met ondersteuning van Honda) ontwikkeld.

Het is dan ook moeilijk te zeggen hoeveel geld hier precies in omgaat. Schattingen en cijfers lopen uiteen. Volgens bepaalde ingewijden heeft Mercedes in recente jaren maar liefst één miljard euro geïnvesteerd om de prestaties van de eens zo dominante krachtbron mogelijk te maken.

4 Dicht op de actie

IN DIT DEEL . . .

Kom je meer te weten over hoe je de Formule 1 het best kunt volgen.

Leer je hoe je zelf ook kunt proberen om te gaan racen.

Krijg je informatie over de andere autosportdisciplines en vormen van racen.

IN DIT HOOFDSTUK

- Vanuit je luie stoel de Formule 1 volgen
- Helemaal genieten van de actie door er zelf bij te zijn
- Zelf achter het stuur kruipen om te gaan racen

Hoofdstuk 10
Beleef de Formule 1

Eigenlijk hoef ik je natuurlijk helemaal niet te vertellen dat je op allerlei manieren kunt genieten van de Formule 1. Juist omdat het zo'n grote, meeslepende, complexe en bovenal boeiende wereld is, kun je eindeloos bezig zijn met oude en nieuwe ontwikkelingen in de sport – ook door *Formule 1 voor Dummies* te lezen, natuurlijk!

Om de mogelijkheden toch een beetje in kaart te brengen, vertel ik je in dit hoofdstuk kort hoe je het best kunt genieten van de sport – zowel passief als actief.

Vanuit je luie stoel

Dankzij de gemakken waar we tegenwoordig over beschikken, kun je prima de Formule 1 nauwlettend in de gaten houden via de diverse media. Zo hoef je niet eens je huis uit! Of, als dat juist wél moet naar een andere gelegenheid, is alles rondom de hoogste autosportklasse via onderstaande kanalen goed te volgen op bijvoorbeeld je smartphone of tablet.

Op televisie

BELANGRIJK

Zoals geldt voor bijna elke vorm van sport, kun je de Formule 1 eigenlijk het best volgen door gewoon naar de bewegende beelden te kijken. Zo zie je niet alleen de deelnemers in actie wanneer er gereden wordt tijdens een Grand Prix-weekend, maar krijg je ook de grootste hoeveelheid belangrijke informatie mee, dankzij de informatie op het scherm en commentaar van experts.

In Nederland kun je daarvoor terecht bij Viaplay, de livestreamingdienst van de gelijknamige Viaplay Group AB uit Zweden. Met een abonnement op deze dienst kun je alle sessies live volgen, inclusief voorprogramma's en nabeschouwingen van een groot team met experts, van Nederlandse tot internationale coureurs als Christijan Albers en Mika Häkkinen.

De enige race die (via de NOS) gratis te zien is in Nederland, is de Grand Prix van Nederland. Via de Nederlandse publieke omroep NOS kun je enige tijd na afloop van races kijken naar samenvattingen daarvan. Bij Ziggo (de voormalige rechtenhouder van de Formule 1 in Nederland) kun je terecht voor uitgebreide samenvattingen en meer, bijvoorbeeld met het praatprogramma Race Café.

In België is de Formule 1 te volgen via Telenet Play Sports, al moet je hiervoor wel een abonnement afsluiten.

TECHNISCHE INFO

Verreweg de meest uitgebreide en diepgaande verslaggeving is te zien via het Britse SkySports – een absolute aanrader als je eens in Groot-Brittannië kunt kijken. Waar het in het verleden in landen als Duitsland en Italië mogelijk was gratis de Formule 1 te kijken, heeft Sky hier inmiddels een stokje voor gestoken. Het bedrijf brengt echter verreweg de meest uitgebreide en diepgaande verslaggeving, bijvoorbeeld via het geroemde Britse Sky Sports. Dit is tevens de feed die standaard gebruikt wordt voor de internationale verslaggeving van de Formule 1 via F1TV.

Online

BELANGRIJK

Het is sinds 2018 mogelijk om de Formule 1 te volgen via het officiële streamingplatform F1TV. Hier kun je livebeelden van alle sessies bekijken met commentaar in meerdere talen, waaronder Nederlands. F1TV gebruikt hiervoor het commentaar van Viaplay. F1TV biedt tevens *live timing* – het overzicht met de rondetijden, posities en andere informatie afkomstig van de deelnemers op de baan – van alle sessies, alsmede onboard beelden van alle coureurs. Daarnaast kun je op Formula1.com, de officiële site van F1, terecht voor andere informatie. Zo kun je de trainingen, kwalificatie en race van elk Grand Prix-weekend daar volgen via een liveblog, nieuwsberichten, uitslagen en andere statistieken.

Op social media zoals Twitter, Instagram, Facebook en YouTube kun je officiële accounts van de Formule 1 vinden. Ook hier geldt dat je (op het moment van schrijven nog) niet live kunt kijken, maar je vindt er wel videoclips en samenvattingen.

Ook vind je online natuurlijk sites en social media-accounts van teams en coureurs zelf, waarop foto's en video's afkomstig van hun Formule 1-activiteiten (en andere avonturen) gedeeld worden. Vooral terwijl er gereden wordt tijdens een Grand Prix-weekend kan het zeer de moeite waard zijn om Twitter-accounts van je favoriete teams, coureurs en experts in de gaten te houden, omdat ze waardevolle (of zeer komische) informatie delen!

Verder zijn er vele onafhankelijke partijen die je via internet laten genieten van de Formule 1. Daarbij gaat het vooral om nieuws, maar ook verhalen over het verleden.

In print

Als je echt de diepte in wilt, is het zeer de moeite waard om je ook (letterlijk) 'op papier' in de Formule 1 te verdiepen. De meest uitgebreide exclusieve verhalen vind je (in het Nederlands) namelijk vooral in kranten, tijdschriften en boeken – al kun je die tegenwoordig voor een groot deel ook online terugvinden.

VOORBEELD

ZELF RACEN IN GAMES

Nog een uitstekende manier om te genieten van de snelle sensatie die Formule 1-bolides en andere raceauto's bieden zonder daarvoor je huis uit te hoeven, is het spelen van racegames. Er zijn verschillende titels verkrijgbaar, afhankelijk van of je op je mobiele apparaat (Android en iOS), de computer (Windows of Mac) of een spelcomputer (de PlayStation 4 of 5 of Xbox One) wilt spelen.

Zo is er een officiële Formule 1-spellenreeks van de Britse ontwikkelaar/uitgever Codemasters met alle coureurs, teams en circuits van elk jaar. Wie ook graag virtueel in andersoortige (race)auto's wil rijden, kan goed terecht bij racegames als *Project CARS*, *Assetto Corsa*, *Forza Motorsport* en *Gran Turismo*. Wil je echte uitdaging, dan kun je jezelf ook wagen aan *rFactor 2* of *iRacing* – simulatiespellen die de werkelijkheid dusdanig goed benaderen dat ze ook worden gebruikt door échte autocoureurs ...

Het kan er serieus aan toe gaan, dankzij de toenemende populariteit van Esports. Naast tal van competitieve kampioenschappen waar men de strijd met elkaar aan kan gaan, organiseert de Formule 1 zelf een officieel kampioenschap. Hier is de Nederlandse **Jarno Opmeer**, sinds 2021 verbonden aan Mercedes, twee keer kampioen geworden.

Een Grand Prix bezoeken

Om ultiem te genieten van voorbijsnellende auto's, met hun geluiden en geuren, moet je natuurlijk zelf naar een circuit gaan. Dan is het soms wel lastiger om de competitie op de baan goed te volgen – tenzij je een scherm in de buurt hebt om op te kijken. Hoe dan ook, de allerbeste indruk van de sfeer in de Formule 1-wereld krijg je alleen door zelf naar een Grand Prix-weekend af te reizen.

Daar zijn verschillende manieren voor. De beste manier om dit uit te vinden, is door goed te zoeken op internet. De prijzen voor kaartjes en reisarrangementen kunnen enorm verschillen, dus het is altijd de moeite waard om te zoeken naar een goede aanbieding.

PAS OP

Let daarbij wel altijd goed op wat voor kaartjes je bestelt. Het liefst wil je natuurlijk dicht op de baan (en dus de actie) staan, terwijl veel tribunes op tientallen meters afstand van een bocht geplaatst zijn!

Ook raad ik je aan om niet alleen langs de baan te kijken, maar ook rond te lopen op het circuitterrein – afhankelijk van waar je mag komen, natuurlijk. In elk geval is er meestal een *F1 Fan Zone* met leuke activiteiten en kraampjes. En als je geluk hebt, komen er misschien zelfs wat coureurs langs om een handtekening van te krijgen of mee op de foto te gaan!

Verder is het vooral een kwestie van bedenken naar welk land je graag wilt om een Formule 1 Grand Prix in levenden lijve mee te maken. Logischerwijs geldt dat het duurder is om naar verre landen af te reizen. Toch zijn er ook uitzonderingen – de Grand Prix van Nederland daargelaten zijn races in nabijgelegen landen als België, Oostenrijk, Spanje, Italië en Hongarije financieel de meeste aantrekkelijke opties.

Zélf gaan racen

Mocht je door de unieke aantrekkingskracht van de Formule 1 geïnspireerd zijn om zelf te racen, dan is dat natuurlijk zeer begrijpelijk. Helaas zal het je – naar alle waarschijnlijkheid – nooit lukken om ook echt Formule 1-coureur te worden. Maar er zijn natuurlijk wel andere mogelijkheden.

Karten

Zoals ik al heb beschreven vormt karten de basis voor de carrière van elke autocoureur. In zo'n kleine, lichte 'skelter' met een motor leer je immers de fijne kneepjes van zo snel mogelijk over een circuit rijden.

In Nederland en België zijn er legio kartbanen om dat zelf te ervaren – zowel op binnenbanen (*indoor karting*) als circuits in de buitenlucht (*outdoor karting*). Natuurlijk kun je gewoon voor je plezier gaan karten, maar je kunt het ook heel serieus aanpakken met een echte racekart, heel veel trainen en deelnemen aan wedstrijden.

PAS OP

Hoewel karting de onderste trede van de racetrap is, kan het als je niet oppast wel een zeer prijzige activiteit worden. De beste karters in Nederland investeren al gauw enkele duizenden tot tienduizenden euro's per jaar in zaken als onderhoud, banden en brandstof.

Autosport

'Echt autoracen' doe je natuurlijk met een auto op een circuit. Dat kan op de permanente circuits in Nederland (in Zandvoort en op het circuit van Assen) en België (op Spa-Francorchamps en op het circuit van Zolder).

Om het een beetje toegankelijk te houden, kun je op deze banen met bepaalde organisaties een zogeheten *race experience* boeken. Vaak staat er dan een auto voor je klaar en kun je onder begeleiding van een instructeur enkele rondjes op tempo rijden. Ook zijn er mogelijkheden om op *trackdays* met je eigen auto het circuit op te gaan. In deze gevallen is het echter niet toegestaan om met anderen om posities te gaan racen – maar gaat het puur om met enige voorzichtigheid snelle rondjes rijden.

BELANGRIJK

Wil je het nog serieuzer aanpakken en écht autoracen, dan moet je eerst een racecursus volgen om de nodige vaardigheden op te doen. Als je aan het einde slaagt voor het race-examen, krijg je een racelicentie.

Daarmee kun je aan de slag in verschillende raceklassen van diverse organisaties, zoals het *Dutch National Racing Team* (*DNRT*) en de Belgische *VW Fun Cup*. Let wel: je kunt hier niet gewoon aan de start verschijnen met je eigen auto, maar moet over een exemplaar beschikken dat is voorzien van de juiste uitrusting – naast je eigen brandvrije outfit en helm.

PAS OP

De mogelijkheden om zelf te racen, zijn eigenlijk eindeloos. De belangrijkste factor is echter geld: hoe meer je kunt en wilt uitgeven, hoe meer je kunt racen in betere en snellere auto's. De enige échte beperking is dus het bedrag op je bankrekening!

TOCH (MEE)RIJDEN IN EEN F1-AUTO

TECHNISCHE INFO

Wil je - koste wat het kost - ervaren hoe het is om in een Formule 1-auto te rijden? Mits je het niet erg vindt als het om een ouder exemplaar gaat, zijn er toch mogelijkheden.

Sinds het einde van de jaren negentig bestaat het fenomeen 'tweezitters': omgebouwde Formule 1-auto's waarbij een passagier achter de coureur kan zitten om mee te rijden. Als je goed zoekt, vind je nog wel evenementen waarbij deze ingezet worden - al zul je daarvoor vaak wel naar een ver gelegen circuit moeten rijden.

Daarnaast zijn er bedrijven die het mogelijk maken om zelf een paar rondjes in een oude Formule 1-auto (vaak een model uit de jaren negentig) te rijden. Dit is zonder meer de meest realistische manier om jezelf ooit achter het stuur van een rijdende F1-bolide te krijgen - al zul je er nog steeds gauw enkele duizenden euro's voor over moeten hebben.

IN DIT HOOFDSTUK

Autoraces zonder Formule 1-auto's op circuits

Rallywedstrijden op openbare en onverharde wegen

Andere (motorische) sporten met Grands Prix

Hoofdstuk 11

Andere autosporten

BELANGRIJK

Autosport is veel meer dan alleen Formule 1. Tussen de regels door heb je natuurlijk al gelezen over diverse opstapklassen waarin (vooral jonge) coureurs racen voordat ze het allerhoogste niveau bereiken. Daarnaast zijn er echter nog veel meer disciplines of categorieën – kortom, verschillende autosporten – te benoemen.

In sommige wordt met formuleauto's gereden, in andere juist met wagens die op productieauto's lijken. Bovendien verschillen de ondergrond en de omgeving van het parcours behoorlijk, evenals de afstand en nog veel meer vereisten en regels. Om een beetje wegwijs te worden in dit woud van de takken van autosport, neem ik ze in vogelvlucht even met je door!

Circuitracen

Wanneer het gaat om racen op afgesloten banen met een verhard oppervlak, noemen we dat met een ietwat ouderwets woord **autorensport**. Maar ook binnen die categorie zijn er verschillende soorten te onderscheiden.

Van karten tot formuleracen

BELANGRIJK

Onderaan de autosportladder staat karten, de basis van vrijwel elke vorm van autosport. Toch beschouwen we het racen met gemotoriseerde en soms zeer geavanceerde 'skelters' eigenlijk als een aparte vorm van racen en niet als een vorm van autosport – die term is meer voorbehouden aan competities waarbij grotere voertuigen op wielen worden ingezet.

De weg naar de Formule 1 voert racetalenten daarbij meestal langs verschillende van deze klassen, zoals ik in hoofdstuk 4 uitlegde. Er is niet één ideale route voor iedereen – dat hangt namelijk van allerlei factoren af, zoals iemands rijstijl, de manier waarop een jonge coureur leert en het beschikbare budget. Feit is wel dat we het racen in deze eenzitters allemaal scharen onder de noemer **formuleracen**, of *open-wheel racing* (wegens het gebrek aan spatborden of andere afsluiting van de wielen).

TECHNISCHE INFO

De belangrijkste opstapklassen richting de Formule 1 zijn nationale Formule 4-kampioenschappen, Euroformula Open, Formula Regional, Formule 3 en Formule 2. Daarnaast zijn in recente jaren speciale categorieën in het leven geroepen voor vrouwelijke coureurs, zoals de W Series en F1 Academy.

Klassen die tegenwoordig minder in trek zijn, maar nog steeds geschikt zijn voor jonge coureurs die ervaring op willen doen, zijn er in de vorm van de Formule Ford en nationale Formule 3-kampioenschappen.

PAS OP

Het aanbod in formuleraceklassen verandert eigenlijk constant. Zo hadden we jaren geleden te maken met de Formule 5000 en gold later de Formule 3000 – tot de introductie van de GP2 (nu Formule 2) in 2005 – als de laatste opstapklasse voor de Formule 1.

Ook zijn er alternatieve initiatieven geweest, zoals de A1 Grand Prix en Superleague Formula, waarin respectievelijk geracet werd met landenteams en met renstallen die de namen van bekende voetbalclubs droegen.

TECHNISCHE INFO

ELEKTRISCHE FORMULE

Sinds 2014 bestaat er een formuleraceklasse waarin met volledig elektrisch aangedreven bolides wordt gereden: de Formule E. Hoewel deze klasse in de volksmond ook wel eens 'de elektrische Formule 1' wordt genoemd, gaan deze auto's een stuk minder snel dan F1-bolides. Wel onderscheidt de Formule E zich met veel races, die ePrix worden genoemd, op stratencircuits in grote steden. Het kampioenschap heeft vooral de aandacht van grote autofabrikanten getrokken die zich graag willen bezighouden met elektrotechniek voor hun productiemodellen. De Formule E racet in 2023 met zogeheten Gen3-auto's, derde generatie racewagens die er zeer futuristisch uitzien en meer vermogen dan ooit produceren.

Sportwagens

Natuurlijk gebruiken we de term sportwagens ook wanneer we het hebben over sportieve productieauto's voor de openbare weg. En dat is niet voor niets, want het bouwen van zulke auto's voor sportief gebruik begon ooit (voor de grote oorlogen in de twintigste eeuw) met autoracen in het achterhoofd.

TECHNISCHE INFO

Sinds de jaren zestig onderscheiden we twee soorten sportwagens in de racerij:

- Prototypes, die specifiek ontworpen zijn om mee te racen en daarom een zeer aerodynamische body hebben. Qua techniek en tempo kunnen de snelste prototyperace-auto's zich haast meten met Formule 1-auto's!
- GT's, die gebaseerd zijn op bepaalde sportieve productieautomodellen, vaak bedoeld om – in luxe – lange afstanden op tempo af te leggen. De afkorting komt van de Italiaanse term *Gran Turismo*.

Sportwagens nemen vooral deel aan langeafstandsraces (ook wel *endurance races* genoemd) zoals de 24 uur van Le Mans en de 6 uur van Silverstone. Een aantal van deze wedstrijden bij elkaar vormen het *World Endurance Championship* (*WEC*). Andere bekende endurance races zijn de 24 uur van Spa (alleen voor GT's) en de 12 uur van Sebring.

BELANGRIJK

Hoewel zowel professionele coureurs als amateurrijders met genoeg geld te besteden (met een eerbiedige Britse uitdrukking *gentlemen drivers* genoemd) in sportwagens kunnen racen, wordt deze categorie wel degelijk serieus genomen in de autosportwereld. De 24 uur van Le Mans geldt tegenwoordig nog steeds als één van de grootste autoraces ter wereld, samen met de Formule 1 Grand Prix van Monaco en de Indy 500. Een coureur die ze alle drie weet te winnen in zijn leven, verovert de officieuze *Triple Crown of Motorsport* – een eretitel die tot nu toe alleen Graham Hill wist te veroveren.

Toerwagens

Er bestaan ook raceauto's die niet gebaseerd zijn op de vaak erg dure *Gran Turismo's*, maar juist op productieauto's die ook voor mensen met een minder dikke portemonnee betaalbaar zijn. Deze toerwagens zijn flink gemodificeerd om zo snel mogelijk over een circuit te kunnen gaan, maar lijken (net als GT-raceauto's) vooral aan de buitenkant erg op de auto's die jij en ik op de openbare weg besturen.

TECHNISCHE INFO

Het hoogste niveau waarop met toerwagens geracet werd – in een heus wereldkampioenschap – was de *World Touring Car Cup* (*WTCR*), het voormalige *WTCC*. Ook zijn er diverse internationale en nationale kampioenschappen met de aanduiding *TCR*, waarin met iets minder snelle toerwagens geracet wordt.

Van alle nationale toerwagenkampioenschappen was het Duitse kampioenschap erg bijzonder: de auto's die tijdens deze *Deutsche Tourenwagen Masters* (*DTM*) raceten waren zonder meer de snelste toerwagens die je kon vinden, omdat ze technisch gezien meer op prototypes leken dan op productieauto's. De DTM ging in 2021 over op de *GT3 Pro*-formule om kosten te verlagen voor deelnemende teams. Hierbij wordt een zogeheten *Balance of Performance* (*BoP*) gehanteerd, die de prestaties van de verschillende auto's in balans houdt. Als gevolg heeft de DTM nieuwe autofabrikanten aangetrokken, waaronder Ferrari, Lamborghini en Porsche.

TECHNISCHE INFO

WERELDEN VAN VERSCHILLEN

In de beschrijvingen hebben we het eigenlijk vooral over de manier waarop de autosport in Europa is opgezet – die vaak ook geldt als leidend voor het wereldkampioenschap. In Amerika en Azië worden echter ook nationale wedstrijden en kampioenschappen gehouden volgens eigen gebruiken.

Het bekendste voorbeeld daarvan is *IndyCar* in de Verenigde Staten, een formuleraceklasse die we kunnen zien als de Amerikaanse tegenhanger van de Formule 1. De grootste sportwagenraces en -kampioenschappen worden in Noord-Amerika georganiseerd door de *International Motor Sports Association* (*IMSA*). De populairste vorm van autoracen in de VS is echter *NASCAR*, waarin met stockcars (vaak voorzien van betrekkelijk eenvoudige, maar krachtige techniek) voornamelijk op ovale circuits wordt geracet. En dan hebben we het nog niet eens gehad over dragracen, waarbij (vaak hevig opgevoerde) auto's zo snel mogelijk optrekken in een rechte lijn.

De IndyCar kent na jaren van krimp een behoorlijke influx van interesse. Coureurs die de Formule 1 niet halen om financiële dan wel andere redenen, overwegen steeds vaker een overstap naar deze raceklasse. En wegens de toegewijde Road to Indy-ladder is het voor jonge coureurs erg interessant om al vroeg het vizier te richten op de Verenigde Staten. Schoolvoorbeeld hiervan is de 22-jarige Nederlander Rinus 'VeeKay' van Kalmthout, die in 2023 al aan zijn vierde volledige seizoen in de IndyCar toe is.

In Azië is vooral in Japan een sterke autosportcultuur te vinden. Daar geldt de *Super Formula* als de hoogste formuleraceklasse, terwijl in de *Super GT* met diverse GT's geracet wordt.

Eigenlijk vind je over de hele wereld toerwagens van alle soorten en maten – in theorie kan op basis van bijna elke (moderne) productieauto wel een raceauto gemaakt worden, al gebeurt dit meestal alleen op initiatief van een fabrikant of gespecialiseerde partij.

PAS OP

Wanneer in een toerwagenklasse met alleen maar exemplaren van hetzelfde automodel wordt geracet, spreken we van een ***cuprace***.

Op openbare of onverharde paden

Autosport hoeft zeker niet per se op afgesloten circuits met een verhard oppervlak plaats te vinden. Dat bewezen deze takken van sport namelijk.

Rallysport

BELANGRIJK

Er zijn verschillende soorten competities die met de term 'rally' worden aangeduid.

In eerste instantie beperken we ons even tot rallysport: hierbij gaat het feitelijk om het afleggen – volgens de regels – van een vaak honderden kilometers lange route, voor een groot deel over de openbare weg. Onderweg zijn echter diverse delen van de route afgezet voor reguliere weggebruikers, zodat de rallydeelnemers zo hard mogelijk kunnen rijden op deze zogeheten klassementsproeven. Hierbij krijgen de coureurs elk hulp van hun eigen navigator, die aanwijzingen geeft middels een routeboek en *pacenotes*.

In principe worden rally's alleen verreden met gemodificeerde productieauto's, die tevens voldoen aan alle eisen om op de openbare weg te mogen rijden (wat bijvoorbeeld niet geldt voor Formule 1-auto's). Bovendien wordt er in rally's niet alleen op verharde wegen, maar ook op onverharde (gravel)paden en soms zelfs op sneeuw en ijs gereden.

Een variant hierop is **woestijnrally**, ook wel *rally raid* of *cross-country rallying* genoemd, waaraan naast (vaak nog eens extra gemodificeerde) auto's ook trucks, quads en motoren meedoen. Het gaat dan bijna altijd om zeer lange routes door zeer moeilijk begaanbaar gebied, zoals woestijnen, gebergtes en moerassen. De Dakar Rally is hier het beste voorbeeld van.

PAS OP

Eigenlijk is er bij rally sprake van een heel spectrum. Waar rallysport (en woestijnrally) draaien om een route met klassementsproeven waar zo hard mogelijk gereden mag worden, kennen we ook *regularity rally* waarbij deelnemers een route moeten afleggen door zo min mogelijk van een bepaalde gemiddelde snelheid af te wijken. Ook bestaan er puzzelritten waarin het vinden van de juiste route middels kaartlezen en aanwijzingen centraal staat.

Daarnaast kennen we meer vormen van autosport op onverhard terrein, waarop met 4x4-voertuigen een parcours afgelegd wordt, zoals terreinsport of *trial*.

Rallycross en autocross

Waar rally over een lange route gaat, worden rallycross-wedstrijden (of *rally racing*) juist verreden op korte circuits die deels verhard, deels onverhard zijn. Feitelijk worden hiervoor opgevoerde rallyauto's en lichtgewicht buggy's ingezet.

Vergelijkbaar is autocross, een competitie waarbij diverse soorten gemodificeerde auto's en buggy's op onverharde circuits tegen elkaar racen.

PAS OP

Autocross is in de Verenigde Staten een heel andere vorm van autosport. Hierbij wordt op een terrein of circuit een speciaal parcours met pylonen uitgezet, waar deelnemers zo behendig mogelijk tussendoor moeten sturen.

Sinds 2021 kennen we tevens het fenomeen *Extreme E*, van Formule E-oprichter Alejandro Agag. Dit is een speciale off-road categorie die gezien kan worden als een kruising tussen rally raid, rallycross en Formule E. Er wordt met volledig elektrische SUV's geracet in afgelegen gebieden, zoals Groenland en Uruguay. Niet alleen vanwege de uitdaging, maar ook om mensen bewust te maken van klimaatverandering en andere sociale issues. De teams bestaan uit een mannelijke en vrouwelijke coureur. Extreme E heeft in korte tijd veel grote namen weten aan te trekken, waaronder zevenvoudig F1-kampioen Lewis Hamilton en ex-wereldkampioenen Nico Rosberg en Jenson Button – die ieder een eigen team hebben.

TECHNISCHE INFO

ALLES VOOR DE EER

Over het algemeen beperken coureurs zich in hun carrière tot één of soms enkele disciplines tegelijk. Toch is er elk jaar een evenement dat ze uitdaagt om uit hun comfortzone te komen en andersoortige raceauto's te proberen. Deze *Race of Champions* (in het verleden ook gebruikt als naam voor een nieuwe voor het wereldkampioenschap meetellende Formule 1-race) mengt coureurs en auto's uit verschillende autosportvormen in één grote wedstrijd. De winnaar gaat er vooral met de eer vandoor, als bewijs van zijn veelzijdigheid!

Niet de snelste, wel de beste

Er zijn ook voorbeelden van competities met auto's en soortgelijke voertuigen die niet zozeer draaien om de allersnelste te zijn, maar om het leveren van andere soorten prestaties.

TECHNISCHE INFO

Zo is de laatste twintig jaar **driften** erg populair geworden in de internationale auto(sport)cultuur. Deelnemers laten daarbij de achterkant van hun auto bewust uitbreken (waarmee ze dus overstuur opwekken) en proberen zo mooi, gecontroleerd, snel of lang mogelijk door te glijden terwijl de auto 'dwars' is.

Daaraan verwant is het recent erg populair geworden *gymkhana*, waarbij een coureur met zijn auto halsbrekende toeren uithaalt op een afgezet parcours of afgesloten terrein. Denk daarbij aan drifts, maar ook hoge snelheden en het laten springen van de auto. Deze showsport is vooral voortgekomen uit de rallysport en populair gemaakt door wijlen rally(cross)coureur **Ken Block**.

PAS OP

Weer heel anders van aard zijn bijvoorbeeld zuinigheids- en innovatiewedstrijden, waaraan vaak studenten of jonge technici meedoen. Zij laten bijvoorbeeld in competitief verband auto's op zonne-energie rijden (in de *World Solar Challenge*), proberen op één liter brandstof zo ver mogelijk te rijden (met de Eco-marathon) of bouwen een eigen elektrische formuleraceauto (*Formula Student*).

Andere soorten Grands Prix

PAS OP

Hoewel de term Grand Prix vooral bekend is als aanduiding voor (moderne) Formule 1-wedstrijden, wordt het begrip ook gebruikt door andere raceklassen. Dit is een restant uit de periode na de allereerste Grand Prix van Frankrijk in 1906, waarin allerlei soorten autoraces deze titel kregen van hun eigen organisatoren.

Zo worden nu ook de meeste races van het Amerikaanse IndyCar 'Grand Prix' genoemd (zoals de *Grand Prix at The Glen* in Watkins Glen). Ook grote Formule 3-races door de straten van de steden Pau en Macau worden nog altijd zo aangeduid.

BELANGRIJK

Ook in gemotoriseerde snelheidssporten op twee wielen wordt de term Grand Prix (of Grote Prijs) gebruikt. De belangrijkste voorbeelden zijn de **MotoGP** – oftewel het wereldkampioenschap wegracen – waarvoor op de snelste soort prototype-racemotoren op soortgelijke en deels dezelfde circuits wordt geracet als de Formule 1. Ook de wedstrijden binnen het wereldkampioenschap motorcross (**MXGP**) zijn Grands Prix.

Verder wordt de aanduiding al van oudsher gebruikt in sporten die helemaal niets te maken hebben met auto's of motoren, zoals dressuur in de paardensport, turnen en kunstschaatsen. Al kun je natuurlijk wel stellen dat het in al deze competities gaat om presteren op topniveau!

5 Het deel van de tientallen

IN DIT DEEL . . .

De tien succesvolste Formule 1-coureurs uit de geschiedenis

Tien van de meest memorabele Grand Prix-weekends aller tijden

IN DIT HOOFDSTUK

Leer meer over de carrières van de 'allerbeste autocoureurs aller tijden'

Informatie over eigenschappen die hen hielpen aan vele wereldtitels

Hoofdstuk 12
De tien succesvolste Formule 1-coureurs

Een behoorlijk subjectieve vraag natuurlijk. Wel kunnen we stellen wie de succesvolste coureur aller tijden is, door te kijken naar het aantal wereldtitels dat iedereen behaald heeft.

Michael Schumacher

Met zeven coureurstitels (in 1994, 1995, 2000, 2001, 2002, 2003 en 2004) staat Michael Schumacher (3 januari 1969, Duitsland) met enige afstand bovenaan in de recordboeken – in elk geval qua wereldtitels.

Bij zijn debuut in de Belgische Grand Prix van 1991 maakte hij gelijk indruk door zich als zevende te kwalificeren – om daarna uit te vallen. Direct daarna kon Schumacher aan de slag bij Benetton, waarmee hij in 1994 en 1995 wereldkampioen werd. Die titels staan nog wel geregeld ter discussie, omdat het team elektronische hulpmiddelen gebruikt zou hebben die eigenlijk verboden waren.

Daarna ging de Duitser naar Ferrari, met als doel om het team terug aan de top te krijgen. Dat lukte: hij veroverde vanaf 2000 nog vijf wereldtitels op rij. Hoewel dit succes ook vaak wordt toegeschreven aan voor hem gunstige banden, was het vooral de verdienste van Schumachers harde werk met de mensen om hem heen.

Eind 2006 stopte hij vrij abrupt, al was er in 2010 nog een weinig succesvolle, driejarige comeback met Mercedes. Eind 2013 beleefde Schumacher een heftig skiongeluk, waarna hij zwaar gewond uit de openbaarheid verdween.

Zijn zoon Mick wist het ondanks de persoonlijke tragedie ver te schoppen. Na titels in de Formule 3 en Formule 2 promoveerde hij naar de Formule 1, alwaar hij twee seizoenen (2021-2022) actief was voor het team van Haas. Mick Schumacher is vanaf 2023 reservecoureur bij Mercedes.

Lewis Hamilton

Sir Lewis Hamilton (7 januari 1985, Verenigd Koninkrijk) is de succesvolste van de huidige generatie Formule 1-coureurs. Als leerling binnen het opleidingstraject van McLaren maakte hij zijn debuut op het hoogste niveau in 2007, gelijk bij dit topteam. Met de nodige overwinningen kon hij zelfs strijden om het kampioenschap, maar het behalen ervan lukte hem pas in 2008.

Een transfer naar Mercedes in 2013 bracht nieuw succes. De natuurlijke snelheid van Hamilton bleek een goede match voor de technisch zeer goed ontwikkelde bolide van het Duitse automerk, met veel dominante zeges en wereldtitels als gevolg. De Brit won sinds zijn overstap 82 Grands Prix en 6 wereldtitels voor de renstal, voor een totaal van respectievelijk 103 zeges en 7 titels – een evenaring van het record van Michael Schumacher. Ook staat hij bekend om zijn genadeloze snelheid in de kwalificatie. Hamilton heeft 103 *polepositions* op zijn naam, 35 stuks meer dan nummer twee op de ranglijst.

Los van zijn prestaties op het circuit geniet Hamilton graag nadrukkelijk van het leven. Hij duikt regelmatig op in de showbizzwereld, en deelt veel van zijn privéleven via (social) media. Hamilton gebruikt zijn enorme platform bovendien om zich uit te spreken over sociale kwesties als racisme, diversiteit en het klimaat.

Juan Manuel Fangio

Mede omdat hij actief was in de beginjaren van het Formule 1-wereldkampioenschap, komt de carrière van Juan Manuel Fangio (24 juni 1911 – 17 juli 1995, Argentinië) wat ongrijpbaar over. Niet alleen vanwege zijn vijf wereldtitels (in 1951, 1954, 1955, 1956 en 1957), maar ook vanwege de 52 Grands Prix waarvoor Fangio zich inschreef en waarvan hij bijna de helft won!

Hoewel hij in het allereerste jaar van het WK net de titel miste, domineerde de Argentijn de rest van de jaren vijftig. Minstens zo knap is het feit dat hij zijn vijf titels met vier verschillende merken wist te behalen: Alfa Romeo, Mercedes, Ferrari en Maserati. De enige reden dat Fangio in 1952, 1953 en 1958 geen kampioen werd, was omdat hij die jaren door omstandigheden niet of nauwelijks meereed ...

Alain Prost

Wegens zijn zeer berekende aanpak en zeer nette rijstijl stond Alain Prost (24 februari 1955, Frankrijk) niet voor niets bekend als 'De Professor.' Hij veroverde vier wereldtitels (in 1985, 1986, 1989 en 1993). In de tweede helft van zijn carrière stond vooral zijn felle rivaliteit met Ayrton Senna centraal – terwijl de twee nota bene teamgenoten waren bij McLaren!

Na zijn afscheid keerde Prost in 1997 terug in de Formule 1 met een eigen raceteam, dat na enkele moeilijke jaren eind 2001 weer opgeheven werd. Sindsdien is de Fransman vooral bekend wegens zijn rol binnen Renault, het Franse automerk waarmee hij ook enkele F1-seizoenen reed in de jaren tachtig. Bij het huidige fabrieksteam (Alpine) was hij tot begin 2022 betrokken als speciaal adviseur.

Sebastian Vettel

Sebastian Vettel (3 juli 1987, Duitsland) is een van de succesvolste coureurs uit recente tijden. Met de vier rijderstitels die hij bij het team van Red Bull won (van 2010 tot en met 2013) werd het bewijs geleverd dat het opleidingsprogramma van Red Bull voor jonge coureurs voor grote successen kon zorgen.

Vettel debuteerde namelijk al in de Grand Prix van de Verenigde Staten in 2007, als invaller bij BMW Sauber, waarbij hij achtste werd. In 2008 won de Duitser als eerste coureur een race met Toro Rosso, een prestatie die hij in 2009 herhaalde met Red Bull. Vettel verkaste in 2014 naar Ferrari in de hoop wereldtitels te kunnen winnen met de legendarische renstal – net als zijn jeugdheld Michael Schumacher. Ondanks verwoede pogingen Lewis Hamilton te trotseren, ging zijn droom niet in vervulling. De viervoudig wereldkampioen besloot zijn helm aan de wilgen te hangen na een tweejarig avontuur bij Aston Martin, waar hij zijn ervaring benutte voor de ontwikkeling van het ambitieuze team.

Vettel staat tevens bekend om zijn activisme. Hij zet zich onder meer in voor het klimaat en de rechten van de LGBTIQ+-gemeenschap.

Jack Brabham

Met zijn Formule 1-debuut in 1955 was Jack Brabham (2 april 1926 – 19 mei 2014, Australië) een van de allereerste coureurs op het hoogste niveau afkomstig uit '*Down Under*'. Hij leerde racen op onverharde banen en wegen en had een zeer wilde, spectaculaire rijstijl.

De wereldtitels die hij in 1959 en 1960 behaalde met Cooper waren nog maar een deel van het succesverhaal. Knapper is dat hij in de jaren daarna zijn eigen raceteam opzette, met een klein team een eigen auto ontwikkelde (en voorzag van een eveneens uit Australië afkomstige Repco-motor) en daarmee wereldkampioen werd in 1966. De kans dat er ooit weer een Formule 1-coureur komt die daar met zijn eigen team en auto in slaagt, is bijzonder klein.

Jackie Stewart

Voor zo'n succesvolle coureur was Jackie Stewart (11 juni 1939, Verenigd Koninkrijk) betrekkelijk kort actief. Al in 1965, tijdens zijn debuutseizoen met BRM, wist deze zeer getalenteerde Schot te winnen. Maar het echte succes kwam pas met Tyrrell, waarmee hij in 1969, 1971 en 1973 wereldkampioen werd.

Stewart werd echter des te meer bekend als voorvechter van meer veiligheid in de Formule 1 – een gevolg van het feit dat hij te veel vrienden verloor aan dodelijke ongelukken. Mede daarom stopte hij al na 1973 (en na amper honderd Grand Prix-deelnames) met racen, om zich daarna nog wel op allerlei manieren te blijven bemoeien met de sport – onder meer met een eigen F1-team in de jaren negentig.

Niki Lauda

Ook Niki Lauda (22 februari 1949 – 20 mei 2019, Oostenrijk) gold als een zeer berekenende, maar ook hardwerkende coureur, die met zijn intelligentie een volledig team naar zijn hand kon zetten. Dat leverde hem al in 1975 de wereldtitel op met Ferrari.

Die prestatie leek hij in 1976 te kunnen herhalen, maar daar stak zijn grote Britse rivaal James Hunt van McLaren een stokje voor. Het duel dat de twee coureurs uitvochten, ontaarde in een bijzondere titanenstrijd – in beeld gebracht in de film *Rush*. Een zware crash op de gevaarlijke Nürburgring verminkte Lauda voor het leven en schakelde hem voor enkele Grands Prix uit, maar hij keerde terug en hield het gevecht met de uiteindelijke kampioen Hunt spannend tot de laatste race.

Na nóg een wereldtitel met Ferrari hield Lauda het voor gezien, maar een mislukt zakelijk avontuur dwong hem in 1982 tot een rentree, bij McLaren. Daarmee wist de Oostenrijker in 1984 nog eenmaal kampioen te worden.

Vervolgens waagde ook hij zich aan het (mede) leiden van teams: eerst bij Ferrari in de jaren negentig, later twee jaar bij Jaguar en vanaf 2012 bij het Mercedes-fabrieksteam, waar hij tot zijn dood in 2019 nauw bij betrokken was.

Nelson Piquet

In navolging van Emerson Fittipaldi, de allereerste Braziliaanse (tweevoudig) Formule 1-wereldkampioen, wist ook Nelson Piquet (17 augustus 1952) de hoogste autosportklasse te bereiken, in 1978. Al in 1981 wist hij zijn eerste wereldtitel in de wacht te slepen met Brabham, een kunstje dat hij in 1983 herhaalde – evenals in 1987, met Williams.

Piquet bleef daarna nog vier jaar actief en behaalde nog enkele Grand Prix-overwinningen, maar gaf later toe dat hij vooral in de Formule 1 'bleef hangen' om veel geld te kunnen verdienen. Vervolgens bemoeide hij zich vooral met de racecarrières van zijn zoons Nelson junior en Pedro. Dochter Kelly heeft sinds eind 2020 een relatie met Max Verstappen.

Ayrton Senna

Van alle Formule 1-wereldkampioenen is Ayrton Senna (21 maart 1960 – 1 mei 1994, Brazilië) zonder meer de meest mythische. Hij wist in 1984 met rauw talent en hard werken de hoogste autosportklasse te halen en scoorde direct al podiumfinishes. Hij verkaste naar Lotus en won vrijwel meteen al races. Maar pas vanaf 1988 kon hij om het wereldkampioenschap strijden, als coureur bij McLaren.

Daar ontstond een felle rivaliteit met zijn aanvankelijke teamgenoot Alain Prost. In 1988, 1990 en 1991 trok Senna aan het langste eind. De kemphanen speelden niet alleen psychologische spelletjes met elkaar, maar raakten ook op de baan in de clinch. De grote kracht van Senna schuilde in het behalen van polepositions – niemand was in zijn actieve periode zo vaak de allersnelste in de kwalificaties.

Tegelijkertijd was de Braziliaan zeer geliefd. Niet alleen als begenadigd coureur, die ook veel gaf om het welzijn van zijn collega's, maar ook als filantroop in zijn eigen land. Zijn dodelijke ongeluk tijdens de Grand Prix van San Marino in 1994 (toen hij na twee minder succesvolle jaren bij McLaren met Williams alsnog voor de titel wilde gaan) kwam dan ook als een schok voor de hele wereld.

IN DIT HOOFDSTUK

- Waanzinnige duels tussen topcoureurs
- Technisch vernuft en intrige voor het oog van de wereld
- Emotionele momenten die nooit vergeten worden

Hoofdstuk 13
De tien meest memorabele Formule 1 Grands Prix

Het is bepaald niet eenvoudig om uit de bijna duizend (!) Formule 1 Grands Prix die sinds 1950 zijn verreden zomaar de tien beste aan te wijzen. Toch heb ik dat voor je gedaan. De keuze is natuurlijk erg subjectief, maar als er in de geschiedenis tien Formule 1-raceweekends zijn waar je zeker iets van af moet weten, dan zijn het deze wel.

Top vijf binnen zes tienden

Na de wilde jaren vijftig en zestig begon men iets meer na te denken over veiligheid. Het circuit van Monza bleef echter razendsnel: de gemiddelde racesnelheid van ruim 250 kilometer per uur (!) tijdens de **Grand Prix van Italië in 1971** bleef nog tientallen jaren een record. Ook de race was een soort langdurige dragrace. Terwijl de grote favorieten uitvielen, kon een groepje betrekkelijk onbekende coureurs doorvechten om de leiding. Na 55 bloedstollende ronden lagen 5 deelnemers nog steeds nek aan nek in de strijd om de zege. Die ging uiteindelijk naar de

Brit Peter Gethin van BRM: hij kwam slechts 0,01 seconde eerder over de eindstreep dan Ronnie Peterson in zijn March. Ook de nummers drie, vier en vijf finishten binnen 0,6 seconden van Gethin.

Turbogevecht

De **Grand Prix van Frankrijk in 1979** was om meerdere redenen bijzonder memorabel. Renault werkte al enkele jaren keihard om (als eerste) met een turbomotor een Formule 1 Grand Prix te winnen. Dat lukte eindelijk, voor eigen publiek in Dijon, met de Franse coureur Jean-Pierre Jabouille achter het stuur, op banden van het Franse Michelin en met brandstof van de Franse leverancier Elf.

De belangrijkste reden om deze race te kennen, ligt echter bij de strijd om de tweede plek. Die ging namelijk tussen de Ferrari van Gilles Villeneuve en de tweede Renault van René Arnoux. Ronden achter elkaar wisselden ze van positie en doken naast elkaar bochten in, zonder elkaar van de baan te rijden of schade te berokkenen. Met amper twee tienden van een seconde snelden ze achter elkaar over de finish.

Brandstoftekort

Heel mooi of spannend kun je hem niet echt noemen, maar de **Grand Prix van Monaco in 1982** was zeker wel een van de raarste races aller tijden. Zowel turbomotoren als het grondeffect waren rond deze tijd volop aanwezig in de Formule 1, waardoor de bolides zowel veel brandstof verbruikten als soms erg moeilijk te besturen waren. Dat bleek vooral in de straten van Monte Carlo.

Toen het in de slotfase van deze wedstrijd begon te regenen, leek geen enkele coureur de leiding te kunnen behouden: Alain Prost crashte, Riccardo Patrese spinde en Didier Pironi kwam zonder brandstof te staan, evenals Andrea de Cesaris. De auto van Derek Daly was al zwaar beschadigd en gaf voor de laatste ronde de geest. Uiteindelijk wist Patrese zijn Brabham weer aan de praat te krijgen en te winnen. Pironi en De Cesaris werden ondanks hun lege brandstoftanks tweede en derde.

Stofzuiger veegt de vloer aan

Voor de **Grand Prix van Zweden in 1982** kwam Brabham met een nieuwe uitvinding om het grondeffect te optimaliseren: een grote ventilator, zogenaamd bedoeld voor koeling, zorgde voor een vacuüm onder de auto en dus veel hogere bochtensnelheden. Ondanks protesten mochten Niki Lauda en John Watson er de race op het circuit van Anderstorp mee starten. Hoewel Lauda niet meteen aan de kop van het veld kwam (waarschijnlijk omdat hij zich inhield), bleek de auto volgens ontwerper Gordon Murray 'gênant snel'. De techniek werd teruggetrokken en nooit meer ingezet – ondanks het feit dat Formule 1-auto's er veel sneller door zouden kunnen rijden.

Titanenstrijd

Als teamgenoten bij McLaren streden Ayrton Senna en Alain Prost meer met elkaar dan met alle andere deelnemers. In 1988 veroverde Senna de wereldtitel, in 1989 konden ze in de slotfase van het seizoen allebei kampioen worden. De climax werd bereikt tijdens de **Grand Prix van Japan** op het circuit van Suzuka. Senna wilde de leidende Prost passeren, maar de twee raakten van de baan. Prost gaf op, maar Senna wist zijn weg te vervolgen en te winnen.

Na afloop werd Senna echter gediskwalificeerd – niet voor de botsing met Prost, maar omdat hij na het incident via een afgesloten stuk circuit weer op de baan kwam. Senna was woedend, maar wist ondanks het aantekenen van protest geen gelijk te krijgen. Een jaar later kreeg de Braziliaan echter alsnog zijn wraak: toen de titelstrijd wederom tussen hem en de Fransman (die toen voor Ferrari reed) ging, reed hij zichzelf én Prost wederom op Suzuka van de baan – ditmaal zónder straf.

Vervloekt dramaweekend

De **Grand Prix van San Marino in 1994** is een inktzwarte bladzijde in de geschiedenis van de Formule 1. Dat begon al met een heftig ongeluk in een kwalificatiesessie op vrijdag, waarbij Jordan-coureur Rubens Barrichello bewusteloos raakte, maar snel herstelde. Veel ernstiger was het ongeluk van Roland Ratzenberger op zaterdag: zijn Simtek-bolide crashte hard, waardoor de Oostenrijker een schedelbasisfractuur opliep en overleed. De Formule 1-wereld was in shock: de laatste dodelijke ongelukken waren toen zo'n tien jaar geleden.

Toch werd de race op zondag gestart, al was er gelijk een crash waarbij toeschouwers gewond raakten door vliegende brokstukken. De safety car kwam op de baan. Ayrton Senna leidde op dat moment de race, tot hij na hervatting van de race in de eerste bocht van het circuit van de baan schoot en in de betonnen muur crashte. Ondanks de snelle aanwezigheid van hulpdiensten, die hem even later naar het ziekenhuis vervoerden, overleed Senna aan zijn verwondingen – voornamelijk aan het hoofd door losgeraakte onderdelen.

Over de dood van Senna en het rampweekend in algemene zin (later raakten tijdens een pitstop ook nog enkele monteurs gewond door een losgeraakt wiel) wordt tot op de dag van vandaag nog nagepraat. Er werden wel snel de nodige veiligheidsmaatregelen getroffen, waarmee verdere dodelijk ongelukken voorkomen werden. (Tot de crash van Jules Bianchi, die uiteindelijk overleed aan zijn verwondingen, in de Grand Prix van Japan in 2014.)

Massacrash

De start van de **Grand Prix van België in 1998** staat bekend als een van de duurste aller tijden. Onder zeer natte weersomstandigheden op het circuit van Spa-Francorchamps ging het deelnemersveld van start. Na de eerste bocht raakte David Coulthard met zijn McLaren een afvoerrooster, waarop hij spinde en een kettingreactie veroorzaakte. Maar liefst dertien auto's raakten betrokken bij deze massacrash, waarbij de stukken in de rondte vlogen. Wonder boven wonder raakte niemand gewond.

Na meer dan een uur schoonmaken werd de race herstart. Michael Schumacher kwam aan de leiding, maar raakte door slecht zicht in de regen uitgerekend de auto van Coulthard van achteren en moest door de schade opgeven. Schumacher wilde daarop de Schotse coureur aanvliegen in de pitstraat. Uiteindelijk werd de wedstrijd gewonnen door Damon Hill – de eerste zege voor het Jordan-team.

Crashgate

De overwinning van Fernando Alonso in de allereerste **Grand Prix van Singapore in 2008** is een van de meest controversiële zeges aller tijden. De Spanjaard wist te profiteren van een crash van zijn Renault-teamgenoot Nelson Piquet jr., waardoor de safety car op de baan kwam. Omdat deze samenviel met pitstops van veel topcoureurs, kwamen deze achter Alonso terecht op het circuit. Pas een jaar later bleek dat Piquet door de teamleiding was opgedragen om zijn auto te laten crashen, om zo Alonso een goede kans te geven op de zege. Dat kostte de toenmalige teamleiding van Renault de kop.

Heel even kampioen

Tijdens de **Grand Prix van Brazilië in 2008** werd de titelstrijd tussen McLaren-coureur Lewis Hamilton en Felipe Massa van Ferrari beslist. Massa won de race voor eigen publiek in stijl, en leek daarmee heel even voldoende WK-punten bij elkaar te hebben gesprokkeld om het kampioenschap naar zich toe te trekken. Maar in de laatste bochten van het circuit van São Paulo wist Hamilton ternauwernood nog de vijfde plek van Toyota-coureur Timo Glock af te pakken, waardoor hij nét voldoende punten had om de Braziliaan in de eindstand alsnog te verslaan.

Het Nederlandse sprookje

Max Verstappen schrijft in 2016 geschiedenis, door bij zijn debuut voor Red Bull Racing als eerste Nederlander een Grand Prix te winnen. Na de zege is er geen twijfel mogelijk dat de zoon van oud-F1-coureur Jos Verstappen het ver zal schoppen in de hoogste klasse van de autosport. Het is een kwestie van tijd dat hij wereldkampioen zal worden.

In de jaren die volgen blijft Verstappen vriend en vijand verbazen met zijn uitzonderlijke rijvermogen. In minderwaardig materiaal weet hij magische momenten tevoorschijn te toveren. Wanneer de stercoureur van Red Bull Racing in 2021 een bolide voorgeschoteld krijgt die zich met het machtige Mercedes kan meten, laat hij de kans niet onbenut. Wat volgt is een intense tweestrijd met Lewis Hamilton, waarbij de emmer der emotie meer dan eens overloopt. De coureurs gunnen elkaar het licht in de ogen niet, resulterend in nare incidenten in onder andere Silverstone, Monza en Jeddah.

Het kan niet anders dat de seizoensfinale in de Verenigde Arabische Emiraten, met de **Grand Prix van Abu Dhabi**, het het grootste klapstuk van het jaar zal zijn, maar het slotakkoord lijkt met een sisser af te lopen. Hamilton is met een handvol ronden te gaan op weg naar een schijnbaar overtuigende zege, wanneer Williams-coureur Nicholas Latifi zijn wagen op een ongelukkig deel van het circuit in de muur parkeert. Gedurende de verwarrende safety car-periode maakt het strategische team van Red Bull de beslissing Verstappen naar binnen te halen voor verse banden. Mercedes speelt het veilig en behoudt de leiding, hopende dat de neutralisatie tot het eind van de race duurt. Dan besluit de raceleiding één ronde voor het zwart-wit geblokt wordt gezwaaid de safety car naar binnen te roepen, waardoor Verstappen kan toeslaan. Met een onverwachte en vastberaden actie in de haarspeldbocht vlak voor het lange rechte stuk ontzegt hij Hamilton onsterfelijkheid, die een recordaantal van acht wereldtitels door zijn vingers ziet glippen. Nederland ontploft, het volk jubelt: Max Verstappen is wereldkampioen.

Index

C

D

E

F

G

H

I

J

K

L

M

N

S

T